生态文明建设文库
陈宗兴　总主编

# 生态文明知识问答

廖福霖　主编

中国林业出版社

**图书在版编目(CIP)数据**

生态文明知识问答/廖福霖主编.—北京：中国林业出版社，2019.9
（生态文明建设文库）
ISBN 978-7-5219-0206-8

Ⅰ.①生… Ⅱ.①廖… Ⅲ.①生态文明－问题解答 Ⅳ.① B824.5-44

中国版本图书馆 CIP 数据核字（2019）第 177602 号

| | |
|---|---|
| 出 版 人 | 刘东黎 |
| 总 策 划 | 徐小英 |
| 策划编辑 | 沈登峰　于界芬　何　鹏　李　伟 |
| 责任编辑 | 刘香瑞　于晓文　徐小英 |
| 美术编辑 | 赵　芳 |
| 责任校对 | 梁翔云 |

| | |
|---|---|
| 出版发行 | 中国林业出版社有限公司（100009 北京西城区刘海胡同7号） |
| | http://www.forestry.gov.cn/lycb.html |
| | E-mail:forestbook@163.com 电话：(010)83143523、83143543 |
| 设计制作 | 北京捷艺轩彩印制版有限公司 |
| 印刷装订 | 北京中科印刷有限公司 |
| 版　　次 | 2019年9月第1版 |
| 印　　次 | 2019年9月第1次 |
| 开　　本 | 787mm×1092mm　1/16 |
| 字　　数 | 333 千字 |
| 印　　张 | 17.5 |
| 定　　价 | 60.00 元 |

# "生态文明建设文库"
## 总编辑委员会

**总主编**

陈宗兴

**主　编**

彭有冬

**委　员**

（按姓氏笔画为序）

| | | | | | | | |
|---|---|---|---|---|---|---|---|
| 王国聘 | 王春益 | 王德胜 | 卢　风 | 刘东黎 | 刘青松 | 李庆瑞 | 余谋昌 |
| 宋维明 | 张云飞 | 张春霞 | 陈宗兴 | 陈建成 | 金　旻 | 周宏春 | 郇庆治 |
| 赵良平 | 赵建军 | 胡勘平 | 费世民 | 徐小英 | 黄茂兴 | 黄采艺 | 常纪文 |
| 康世勇 | 彭有冬 | 蒋高明 | 廖福霖 | 樊喜斌 | 黎祖交 | 薛伟江 | 欧阳志云 |

**执行主编**

王春益　黄采艺　黎祖交　刘东黎

# "生态文明建设文库"
## 编撰工作领导小组

**组　长**

刘东黎　成　吉

**副组长**

王佳会　杨　波　胡勘平　徐小英

**成　员**
（按姓氏笔画为序）

于界芬　于彦奇　王佳会　成　吉　刘东黎　刘先银　杜建玲　李美芬　杨　波
杨长峰　杨玉芳　沈登峰　张　锴　胡勘平　袁林富　徐小英　航　宇

## 编辑项目组

**组　长**：徐小英

**副组长**：沈登峰　于界芬　刘先银

**成　员**（按姓氏笔画为序）：

于界芬　于晓文　王　越　刘先银　刘香瑞　许艳艳　李　伟
李　娜　何　鹏　肖基浒　沈登峰　张　璠　范立鹏　周军见
赵　芳　徐小英　梁翔云

**特约编审**：刘　慧　严　丽

# 总 序

生态文明建设是关系中华民族永续发展的根本大计。党的十八大以来,以习近平同志为核心的党中央大力推进生态文明建设,谋划开展了一系列根本性、开创性、长远性工作,推动我国生态文明建设和生态环境保护发生了历史性、转折性、全局性变化。在"五位一体"总体布局中生态文明建设是其中一位,在新时代坚持和发展中国特色社会主义基本方略中坚持人与自然和谐共生是其中一条基本方略,在新发展理念中绿色是其中一大理念,在三大攻坚战中污染防治是其中一大攻坚战。这"四个一"充分体现了生态文明建设在新时代党和国家事业发展中的重要地位。2018年召开的全国生态环境保护大会正式确立了习近平生态文明思想。习近平生态文明思想传承中华民族优秀传统文化、顺应时代潮流和人民意愿,站在坚持和发展中国特色社会主义、实现中华民族伟大复兴中国梦的战略高度,深刻回答了为什么建设生态文明、建设什么样的生态文明、怎样建设生态文明等重大理论和实践问题,是推进新时代生态文明建设的根本遵循。

近年来,生态文明建设实践不断取得新的成效,各有关部门、科研院所、高等院校、社会组织和社会各界深入学习、广泛传播习近平生态文明思想,积极开展生态文明理论与实践研究,在生态文明理论与政策创新、生态文明建设实践经验总结、生态文明国际交流等方面取得了一大批有重要影响力的研究成果，为新时代生态文明建设提供了重要智力支持。"生态文明建设文库"融思想性、科学性、知识性、实践性、可读性于一体，汇集了近年来学术理论界生态文明研究的系列成果以及科学阐释推进绿色发展、实现全面小康的研究著作，既有宣传普及党和国家大力推进生态文明建设的战略举措的知识读本以及关于绿色生活、美丽中国的科普读物，也有关于生态经济、生态哲学、生态文化和生态保护修复等方面的专业图书，从一个侧面反映了生态文明建设的时代背景、思想脉络和发展路径，形成了一个较为系统的生态文明理论和实践专题图书体系。

中国林业出版社秉承"传播绿色文化、弘扬生态文明"的出版理念，把出版生态文明专业图书作为自己的战略发展方向。在国家林业和草原局的支持和中国生态文明研究与促进会的指导下，"生态文明建设文库"聚集不同学科背景、具有良好理论素养的专家学者，共同围绕推进生态文明建设与绿色发展贡献力量。文库的编写出版，是我们认真学习贯彻习近平生态文明思想，把生态文明建设不断推向前进，以优异成绩庆祝新中国成立 70 周年的实际行动。文库付梓之际，谨此为序。

十一届全国政协副主席
中国生态文明研究与促进会会长  陈宗兴

2019 年 9 月

# 前言

中国林业出版社承担的国家生态文明建设电子书包系统平台建设的工作，邀我们编写《生态文明知识问答》一书，我们感到很为难，因为我们以前撰写的都是学术型的书，基本范式都比较熟悉，突然要我们编写既要有学术内涵又要有科普性质、既要有系统性又要有可读性的书，而且生态文明知识博大精深，按照老百姓的话说："生态文明上管天、下管地、中间管空气"，且涉及经济、政治、社会、文化、国内和国际等方方面面，当时都感到无从入手，多次婉言谢绝，但无奈于我的老朋友徐小英编审不懈地坚持，后来只好硬着头皮接受这个任务。

接下任务后我们马上构思写作提纲，根据二十几年研究生态文明的体会，找了书后所列的参考文献阅读，并和徐小英编审进行了沟通，决定分十一章编写：

第一章是"马克思恩格斯生态哲学知识问答"，第二章是"习近平生态文明思想知识问答"。这两章是全书的纲，纲举目张。马克思恩格斯生态哲学和习近平生态文明思想是马克思主义生态文明理论史上的两座丰碑，是史无前例的，对于解决人的发展、人与自然的和谐发展、我国经济的转型发展、中华民族的永续发展、实现我国从站起来富起来到强起来，以及携手共建清洁美丽的世界，都具有十分重要的理论意义和实践价值，是怎么评价都不过分的。所以学习生态文明知识，首先要学好这两方面的知识。在第二章的答题中，大部分是习近平总书记的原话，为表达的方便，有的有加引号，有的没有加引号，还有少部分是作者的阐述和案例，主要是为了解读习近平生态文明思想。本书对这两章共安排了三分之一的篇幅。

第三章是"绿色经典知识问答"。绿色经典对于研究生态文明的同仁，基本上都会研读，但对于社会上广大读者来说，显然还比较生疏，所以在这里多说几句。首先谈谈被称为绿色经典之首的《寂静的春天》，美国前副总统阿尔-戈尔评价说："1962年，当《寂静的春天》第一次出版时，公众政策中还没有'环境'这一款项,《寂静的春天》犹如旷野中的一声呐喊,用它深切的感受、全面的研究和雄辩的论点改变了历史的进程。如果没有这本书,环境运动也许会被延误很长时间,或者现在还没有开始。它是一座丰碑。"《寂静的春天》警告人类:"不是魔法,也不是敌人的活动使这个受损害的世界的生命无法复生,而是人们自己使自己受害。"再看《只有一个地球》,也提出了一个十分著名的思想:"我们已进入了人类进化的全球性阶段,每个人显然也有两个国家,一个是自己的祖国,另一个是地球这颗行星。"它要求每个国家、民族、个人都要"培育一种对地球这个行星作为整体的合理的忠诚"。更有《我们共同的未来》,指出"今天(指1987年)我们最紧迫的任务也许是要说服各国认识回到多边主义的必要性""在全球合作经过15年的停滞甚至倒退之后,——寻求更高的理想、追求共同的目标、增强政治决心以面对我们共同的未来的时刻已经到来"。《我们共同的未来》提出了一个重要方法论:"我们应当在一起估量这个地球,齐心协力地形成一个学科间综合的方法去处理全球所关心的问题和我们共同的未来。"

历史往往有惊人的相似之处,时隔近30年,当2015年全世界190多个国家在巴黎签订了应对气候变化的《巴黎协议》时,正是全球生态环境保护处于最佳时期,然而2016年美国总统特朗普上台后就退出《巴黎协议》,刮起一股"倒绿色"的单边主义浪花,这再一次说明了历史总是波浪式前进螺旋式上升的规律,历史终将证明倒行逆施只能是螳臂挡车。在这个时候,我们重温这些绿色经典,应该更会受到更多的启发。

这里还推荐程虹译的、生活·读书·新知三联书店出版的"美国自然文学经典译丛"中的如《醒来的森林》《遥远的房屋》《心灵的慰藉》《低吟的荒野》,正如程虹在译丛序中所指出:自然文学"主张现代文明应当重新唤起人类思家的亲情,人类与土地的联系,人类与整个生态体系的联系,并从中找出一种平衡的生活方式,引导人们从个人的情感世界走向容纳万物的慈爱境界";"在自然文学作品中,我们看到了爱的循环:由人间的亲情延伸向对大地的热爱,大自然的宁静与定力又作为一种心灵的慰藉反馈于人间。——它所称道的是大爱无疆,爱的循环"。足见自然文学的魅力,它从心灵上促进人与自然和谐共生。

本书的第四章是生态文明学科知识问答,国内外生态文明的大量研究和相关教学,使其基本具备了学科内涵和要素的要求,希望成为独立的学科,而不要再依附于其他学科,所以这一章主要从学科角度作知识问答。第五章是生态科学知识问答,生态科学不仅是生态文明重要的学科基础理论之一,而且是经济社会生态建设实践中遵循生态法则从被动走向主动、从自发走向自觉必须掌握的科学知识,调查发现,干部群众违背自然规律办事的案例中,大部分与他们缺乏生态科学知识有密切关联。第六章是生态文明经济体系知识问答,转变生产生活方式,实现经济的绿色转型发展,是从源头上解决生态衰退、资源枯竭、环境污染、公众工业病的根本之道,是生态文明建设的关键,是人的发展、人与自然和谐发展、中华民族永续发展的基础。"问渠那得清如许，为有源头活水来。"生态文明经济体系是现代经济体系的重要内容，是新的知识，本书比较详细地阐述。第七章是生态文化知识问答，它是生态文明传承的载体，是生态智慧的结晶，"生态兴则文明兴，生态衰则文明衰"，中华民族的文明能够成为世界上唯一源远流长不间断的文明，与中华民族博大精深的生态智慧密不可分，学习生态文化、提高生态智慧，是在全社会树立社会主义生态文明观，走向社会主义生态文明新时代的内在要求。第八章是生态文明与政治建设知识问答，生态文明建设是政治建设的重要内容，习总书记强调：环境污染呈高发态势已经成为民生之患、民心之痛；小康全面不全面，环境质量是关键；如果现在不抓紧解决生态环境问题，将来要付出更大的代价；如果任其发展下去，中华民族的永续发展是不可能的，生态文明建设是大政治。新时期政治建设的重要内容是不忘为人民谋幸福的初心，牢记中华民族伟大复兴的使命。建设生态文明，满足人民群众对优良生态环境和优质生态产品的需求；形成人与自然和谐发展的现代化建设新格局，建成富强民主文明和谐美丽的社会主义强国，是不忘初心牢记使命的重要实践。所以要把生态文明建设全面融入贯穿政治建设的全过程。第九章是生态文明与社会建设知识问答，生态文明是社会建设的题中应有之义，从宏观上看，正如马克思指出的：共产主义就是人与人、人与自然矛盾的真正解决，是人与人、人与自然的真正和解；从中期看，我们要走向社会主义生态文明新时代，完成从工业文明社会向生态文明社会的跨越；从现在看，我们要建设资源节约型、环境友好型的社会；同时，社会建设中的公平、公正、包容等原则，也是生态文明建设的原则，生态文明注重代内的公正、代际的公平和世界的包容等，所以把生态文明全面贯穿融入社会建设是顺理成章的。在第八章、第九章中还编入一些西方国家绿党的观点等知识。第十章是建设美丽中国知识问答，美丽中国的内涵是生态美、生活美和人文美，它是"五位一体"建设成果的集中体现，是生态文明建设的重要目标，党的十九大把美丽中国作为社会主义现代化强国的五大内涵之一（十七大提出建设富强民主文明的社会主义现代化强国；十八大提出建设富强民主文明和谐的社会主义现代化强国；十九大提出建设富强民主文明和谐美丽的社会主义现代化强国）并写进新修订的宪法，十九大要求2035年基本建成美丽中国，2050年基本建成富强民主文明和谐美丽的社会主义现代化强国。第十一章是生态文明制度建设知识问答，包括体制、机制、制度等的内容，以源头严管、过程严控、结果严惩为主线，把生态文明制度的"四梁八柱"立起来，是建设生态文明的根本保障。

  以上是编写本书的基本思路，希望能为读者提供参考。

  本书由廖福霖担任主编，郑晶、吴飞霞担任副主编，由以下人员编写：

  第一章：陈秋云博士

  第二章：廖福霖教授

  第三章：陈婉婷硕士、郑国冼博士

第四章：吴飞霞硕士

第五章：林彤硕士

第六章：官巧燕硕士

第七章：蒋小箐硕士

第八章：吴双霞硕士

第九章：吴双霞硕士

第十章：郑晶博士、于浩在读博士

第十一章：吴双霞硕士

第一稿出炉后几经修改，最后由廖福霖和郑晶、吴飞霞统稿定稿。

著名专家、北京林业大学陈建成教授等著的《推进绿色发展 实现全面小康——绿水青山就是金山银山理论研究与实践探索》一书，给我们很大的启发；本书第一章的编写得到著名专家、厦门大学陈墀成教授的精心指导，陈教授长期致力于马克思恩格斯生态哲学及其当代价值的研究，成果颇丰；在参考文献《生态文明关键词》中，黎祖交教授担任主编，中国科学院蒋高明研究员、中国社会科学院余谋昌研究员、清华大学卢风教授、北京师范大学王德胜教授、国家林业局经济发展研究中心黎祖交教授、国务院发展研究中心周宏春研究员、福建农林大学张春霞教授、北京大学郇庆治教授、中共中央党校赵建军教授、南京晓庄学院王国聘教授、中国人民大学张云飞教授等著名专家以及福建师范大学廖福霖教授分别担任分篇主编并亲自撰写，在此表示由衷感谢和敬意。

中国林业出版社徐小英编审和刘香瑞、于晓文等编辑对本书的出版倾注了大量心血；福建师范大学福清分校的吴飞霞还作了大量编辑和校对工作，在此一并表示感谢。

廖福霖

2019 年 6 月 9 日

# 目 录

总　序／陈宗兴
前　言／廖福霖

## 第一章　马克思恩格斯生态哲学知识问答

| | | |
|---|---|---|
| 1-1 | 马克思恩格斯如何阐述发生学角度的人？ | 1 |
| 1-2 | 恩格斯如何阐述人类以劳动为基础主动适应环境的进化路径？ | 1 |
| 1-3 | 马克思如何阐述人是自然存在物？ | 1 |
| 1-4 | 马克思如何阐述人作为自然存在物的能动性？ | 1 |
| 1-5 | 马克思如何阐述人作为自然存在物的对象性？ | 1 |
| 1-6 | 马克思如何阐述人作为自然存在物的受动性？ | 2 |
| 1-7 | 马克思如何阐述人是人的自然存在物？ | 2 |
| 1-8 | 马克思如何阐述人作为为自身而存在的类存在物的自我意识性？ | 2 |
| 1-9 | 马克思如何阐述人作为为自身而存在的类存在物的社会目的性？ | 2 |
| 1-10 | 马克思恩格斯如何阐述自然是人类"无机的身体"？ | 2 |
| 1-11 | 恩格斯如何阐述劳动和自然界一起才是财富的源泉？ | 2 |
| 1-12 | 恩格斯如何阐述劳动除了财富的源泉以外的作用？ | 3 |
| 1-13 | 马克思如何阐述构成生产要素的自然属性是历史性的存在？ | 3 |
| 1-14 | 马克思如何阐述自然资源的丰裕程度与劳动生产力的高度相关性？ | 3 |
| 1-15 | 马克思如何阐述自然是推动人类劳动发展的重要因素？ | 3 |
| 1-16 | 马克思如何阐述地球自然为人们展现了一个丰富多彩的世界？ | 3 |
| 1-17 | 恩格斯如何阐述自然界是检验辩证法的试金石？ | 3 |
| 1-18 | 恩格斯如何阐述世界的整体性？ | 4 |
| 1-19 | 恩格斯如何阐述动物活动对环境的影响？ | 4 |
| 1-20 | 恩格斯如何阐述人的活动对环境的影响？ | 4 |
| 1-21 | 恩格斯如何阐述人与动物活动在影响环境上的本质差别？ | 4 |
| 1-22 | 恩格斯如何总结形而上学的自然观？ | 4 |
| 1-23 | 恩格斯如何总结辩证唯物主义的自然观？ | 4 |
| 1-24 | 恩格斯如何对比希腊哲学的自然观与辩证唯物主义的自然观？ | 4 |

1-25 马克思恩格斯如何阐述人类历史的第一个前提是有生命的个人的存在？ ………………………………………………………… 5
1-26 马克思恩格斯如何阐述人类的第一个历史活动？ ………… 5
1-27 马克思恩格斯如何阐述人与环境的统一性？ ……………… 5
1-28 恩格斯如何阐述人与动物在创造环境方面的差别？ ……… 5
1-29 恩格斯如何阐述人类社会与动物界的本质区别？ ………… 6
1-30 马克思恩格斯如何阐述自然的自然性与人的自然性的统一？ …… 6
1-31 马克思恩格斯如何阐述人的属人性与自然的对象性的统一？ …… 6
1-32 马克思恩格斯如何阐述自然关系与社会关系的统一？ …… 6
1-33 马克思恩格斯如何阐述历史是人的真正的自然史？ ……… 7
1-34 马克思恩格斯如何阐述对象性的存在？ …………………… 7
1-35 马克思如何阐述人与自然关系中呈现了社会实践特点的对象性关系？ ………………………………………………………… 7
1-36 马克思如何阐述社会交往作为人与自然在社会中的统一形式或途径？ ………………………………………………………… 7
1-37 马克思如何阐述人对人与自然的对象性关系的把握？ …… 8
1-38 马克思恩格斯如何阐述人在生产劳动中形成的双重关系？ …… 8
1-39 马克思如何阐述劳动是人与自然之间的物质变换的一般条件？ …… 8
1-40 马克思如何阐述劳动是人与自然之间物质变换即人类生活得以实现的永恒的自然必然性？ ……………………………………… 8
1-41 马克思如何阐述劳动与物质变换的关系？ ………………… 8
1-42 恩格斯如何阐述与物质变换相关的人类生产生活实践是人类社会存在和发展的物质基础？ …………………………………… 8
1-43 马克思恩格斯如何阐述资本主义条件下物质变换的商品形式？ …… 9
1-44 马克思恩格斯如何阐述资本主义条件下商品成为社会物质变换的媒介？ ………………………………………………………… 9
1-45 马克思恩格斯如何阐述以商品为媒介的物质变换对社会联系的促进作用？ ………………………………………………………… 9
1-46 马克思恩格斯如何阐述资本主义大工业生产对物质变换效率的提高？ ………………………………………………………… 9
1-47 马克思如何阐述资本主义把社会化大生产的物质变换纳入资本追逐利润的过程？ …………………………………………… 9
1-48 马克思恩格斯如何阐述剩余价值生产作为物质变换异化的动力？ ………………………………………………………… 9
1-49 马克思如何阐述农业资本家对土地资源的掠夺？ ………… 9
1-50 马克思如何阐述资本主义工业化下物质变换扩张对物质变换基础的破坏？ ……………………………………………… 10
1-51 马克思如何从人类社会发展的视野阐述实现人与自然之间物质

|  |  |  |
|---|---|---|
|  | 变换过程调节控制的前提、条件与遵循的原则？…………… | 10 |
| 1-52 | 马克思如何阐述资本主义条件下发展社会劳动生产力仍是实现物质变换的调节控制的前提？…………………… | 10 |
| 1-53 | 马克思如何阐述资本主义条件下物质变换对人类历史的进步作用？…………………………………………………………… | 10 |
| 1-54 | 马克思如何阐述解决生产资料的资本主义私有制与社会化大生产之间的矛盾对于实现物质变换的调节控制的根本性作用？即马克思如何阐述从"人与自身的和解"出发解决"人与自然的和解"问题？…………………………………………… | 10 |
| 1-55 | 马克思如何阐述科技发展为实现物质变换的调节控制提供科技基础？………………………………………………………… | 11 |
| 1-56 | 马克思如何阐述"消耗最小的力量、最适合于人类本性"作为实现物质变换的调节控制的基本准则？………………………… | 11 |
| 1-57 | 马克思恩格斯如何阐述科技推动生产力发展的进步作用？…… | 11 |
| 1-58 | 马克思恩格斯如何阐述科技发展为人类造福？………………… | 11 |
| 1-59 | 马克思恩格斯如何阐述科技在资本主义社会所创造的神奇生产力？……………………………………………………………… | 11 |
| 1-60 | 恩格斯如何阐述人类对自然力的首次征服？…………………… | 11 |
| 1-61 | 恩格斯如何阐述摩擦生火这一人类第一次掌握自然力的行为的伟大意义？………………………………………………… | 11 |
| 1-62 | 恩格斯如何看待生产推动科技发展？…………………………… | 12 |
| 1-63 | 马克思如何阐述资本主义生产促进科学技术的发展？………… | 12 |
| 1-64 | 马克思如何阐述资本主义推动科技发展的历史功绩？………… | 12 |
| 1-65 | 马克思恩格斯如何阐述大工业统一整个世界的作用？………… | 12 |
| 1-66 | 马克思如何阐述科技进步推动人类认识水平的发展？………… | 12 |
| 1-67 | 恩格斯如何阐述"工具"在人对自然界中的反作用？………… | 13 |
| 1-68 | 恩格斯如何阐述对自然知识的增加与人对自然界反作用的手段之间的关系的认识？………………………………………… | 13 |
| 1-69 | 恩格斯如何阐述人类对自然的胜利？…………………………… | 13 |
| 1-70 | 恩格斯认为人类应如何认识与处理人与自然的关系？………… | 14 |
| 1-71 | 恩格斯如何阐述人类对今天的生产方式所产生后果的认识？…… | 14 |
| 1-72 | 恩格斯如何阐述今天的生产方式对自然界和社会的影响后果？… | 14 |
| 1-73 | 马克思如何阐述人作为类存在物？……………………………… | 14 |
| 1-74 | 马克思如何通过区分动物的生产与人的生产来阐述人是类存在物？……………………………………………………………… | 14 |
| 1-75 | 马克思如何阐述人的类生活？…………………………………… | 15 |
| 1-76 | 马克思如何阐述异化劳动把人的类生活从目的变成了手段？…… | 15 |
| 1-77 | 马克思如何进一步阐述异化劳动造成人的异化的过程？……… | 16 |

1-78　马克思如何阐述人的能动的类生活？ …………………………… 16
1-79　马克思如何阐述作为类存在的人的类意识？ ………………… 16
1-80　马克思如何通过对比动物生活与人的生活来阐述类生活，阐述实践主体的能动性？ …………………………………………… 16
1-81　恩格斯如何阐述自然界是在永恒的流动和循环中运动着？ …… 17
1-82　马克思如何阐述主体的实践活动的合规律性？ ……………… 17
1-83　恩格斯如何阐述实践主体通过掌握客观规律以使社会实践符合社会目的？ …………………………………………………… 17
1-84　恩格斯如何阐述实践主体的实践活动的创造性？ …………… 18
1-85　马克思如何阐述实践主体的社会性？ ………………………… 18
1-86　马克思恩格斯如何阐述人与自然和解的实质？ ……………… 18
1-87　马克思恩格斯如何阐述人与自然和解的理想路径？ ………… 18
1-88　恩格斯如何阐述通过有组织的社会生产实现从必然王国到自由王国的跳跃，即理想意义上的实现人与自然的和解？ ……… 19
1-89　恩格斯如何阐述通过社会主义革命解决资本主义生产方式下的生存斗争的必要性及其含义？ ………………………………… 19
1-90　恩格斯如何阐述通过变革社会制度来调节人与自然关系？ …… 19
1-91　恩格斯如何阐述无产阶级革命对于人成为真正的自由人原理？ … 20
1-92　马克思如何阐述劳动产生人，以及人与自然的关系？ ……… 20
1-93　马克思如何在"人化自然"中进一步阐述自然界对人的优先地位？ …………………………………………………………… 20
1-94　马克思如何阐述劳动产生人，以及人与人的社会关系？ …… 20
1-95　恩格斯如何阐述劳动创造了人本身，以及劳动创造了人与人的社会关系？ …………………………………………………… 21
1-96　恩格斯如何阐述现实的、社会化的人是人与自然交往的主体？ … 21
1-97　恩格斯如何阐述社会生产组织作为将人从动物性提升出来的唯一途径？ ………………………………………………………… 21
1-98　马克思如何阐述历史是人的真正的自然史？ ………………… 21
1-99　马克思如何阐述社会是人同自然界的完成了的本质的统一？ …… 22

**第二章　习近平生态文明思想知识问答**

2-1　习近平生态文明思想的出发点是什么？ ……………………… 23
2-2　习近平生态文明思想的落脚点是什么？ ……………………… 23
2-3　习近平对生态文明建设在中华民族永续发展的战略定位的表达经过一个怎样的过程？ …………………………………………… 23
2-4　习近平生态文明思想的显著特征是什么？ …………………… 23
2-5　习近平生态文明思想是在哪里形成的？ ……………………… 24
2-6　习近平生态文明思想是在哪里发展的？ ……………………… 24
2-7　习近平生态文明思想是在哪里系统化的？ …………………… 24

2-8 怎样认识习近平生态文明思想是马克思主义中国化的最新成果? …… 25
2-9 怎样理解习近平生态文明思想是中华民族从站起来、富起来到强起来的伟大飞跃,是实现中华民族伟大复兴的重要理论指导? …… 25
2-10 为什么说习近平生态文明思想成为经济新常态下解决中国特色社会主义建设新瓶颈的新理论? …… 25
2-11 新时代我国社会主要矛盾是什么? …… 25
2-12 新时代我国人民日益增长的美好生活需要表现在哪几个方面? …… 26
2-13 怎样理解习近平生态文明思想是解决新时代社会主要矛盾的重要指导? …… 26
2-14 党的十九大对我国现代化建设目标有哪些重大变化? …… 26
2-15 十九大提出"两个一百年"奋斗目标"分两个阶段来安排",在第一阶段(从2020年到2035年)有关生态文明建设的目标是什么? …… 26
2-16 第二阶段(从2035年到本世纪中叶)有关生态文明建设的目标是什么? …… 26
2-17 我国生态文明建设的显著成效表现在哪些方面? …… 26
2-18 中国特色社会主义事业总体布局是什么? …… 27
2-19 习近平在"五位一体"的总体布局中,对于生态文明建设有什么明确的要求? …… 27
2-20 十八届五中全会提出的新发展理念是什么? …… 27
2-21 党的十八大以来,我们党深刻回答了建设生态文明的哪几个重大理论和实践问题? …… 27
2-22 体现生态文明建设在新时代党和国家事业发展中重要地位的"四个一"是什么? …… 27
2-23 什么是社会主义生态文明观? …… 28
2-24 党的十九大提出实施乡村振兴战略的总要求是什么? …… 28
2-25 乡村振兴战略"产业兴旺、生态宜居、乡风文明、治理有效、生活富裕"的总要求与生态文明建设有什么样的联系? …… 28
2-26 我国走向生态文明新时代有哪些具体要求? …… 28
2-27 新修订的宪法中写进了哪些生态文明建设的内容? …… 29
2-28 把生态文明建设写进新修订的宪法的重要意义是什么? …… 29
2-29 保持加强生态环境保护建设定力的"三个不"是什么? …… 29
2-30 如何理解习近平生态文明思想对于全球生态文明建设的意义? …… 29
2-31 为什么要坚持党对生态文明建设的领导? …… 30
2-32 习近平生态文明思想有哪几方面内容? …… 30
2-33 "文明兴衰论"是何时何地提出的? …… 30
2-34 怎样从历史角度看文明兴衰? …… 31
2-35 如何从现实角度看文明兴衰? …… 31

| | | |
|---|---|---|
| 2-36 | 怎样从未来角度看文明兴衰？ | 31 |
| 2-37 | 古代埃及、古代巴比伦的文明为什么衰落？ | 31 |
| 2-38 | 我国古代有没有由于生态环境衰退导致文明衰落的惨痛教训？ | 31 |
| 2-39 | 当今世界有没有由于生态环境衰退导致文明衰落的教训？ | 31 |
| 2-40 | 我国现在有没有生态环境衰退带来的惨痛教训？ | 32 |
| 2-41 | 如何从理论上分析文明兴衰？ | 32 |
| 2-42 | 为什么许多国家都把生态安全摆在重要的战略位置？ | 32 |
| 2-43 | 我国的生态安全处于什么位置？ | 32 |
| 2-44 | 我国现阶段生态环境的基本国情是什么？ | 33 |
| 2-45 | 森林在生态安全中有什么作用？ | 33 |
| 2-46 | 习近平提出的关系国家生态安全的"四个着力"是什么？ | 33 |
| 2-47 | 筑牢我国的生态安全屏障，要重点做好哪些工作？ | 33 |
| 2-48 | 青藏高原综合科学考察研究有什么意义？ | 33 |
| 2-49 | 生态环境质量在实现全面小康中处于什么位置？ | 33 |
| 2-50 | 哪些生态环境状况成为全面建成小康的突出短板？ | 33 |
| 2-51 | 哪些生态环境状况是人民群众不会认同的？ | 34 |
| 2-52 | 生态环境的什么情况不是人民希望的小康？ | 34 |
| 2-53 | 生态环境的什么情况是经不起历史检验的全面小康？ | 34 |
| 2-54 | 在实现全面小康中如何补上生态文明建设这块短板？ | 34 |
| 2-55 | 党的十九大提出的构建生态安全的要求是什么？ | 35 |
| 2-56 | 党的十九大提出的生态系统"三条控制线"是什么？ | 35 |
| 2-57 | 我国环境保护的"三大保卫战"是什么？ | 35 |
| 2-58 | 我国生态文明建设正处于什么样的关键期？ | 35 |
| 2-59 | 我国生态文明建设已进入什么样的攻坚期？ | 35 |
| 2-60 | 我国的生态文明建设也到了什么样的窗口期？ | 35 |
| 2-61 | 福建武平县、永安市林改后的发展说明了什么？ | 35 |
| 2-62 | 我国现代化建设的新格局是什么？ | 35 |
| 2-63 | 习近平还在哪些时间和场合强调人与自然和谐共生？ | 35 |
| 2-64 | "坚持人与自然和谐共生"是不是新时代坚持和发展中国特色社会主义的基本方略？ | 36 |
| 2-65 | "坚持人与自然和谐共生"方略有哪些具体要求？ | 36 |
| 2-66 | 绿色发展注重解决的问题是什么？ | 36 |
| 2-67 | 怎样认识人与自然的母子关系？ | 36 |
| 2-68 | 怎样认识人与自然的兄弟关系？ | 36 |
| 2-69 | 怎样认识人与自然的主客关系？ | 37 |
| 2-70 | 怎样认识人与自然的师生关系？ | 37 |
| 2-71 | 人与自然关系的本质是什么？ | 38 |

| | | |
|---|---|---|
| 2-72 | 生态文明的本质特征是什么？ | 38 |
| 2-73 | 人与自然和谐共生的根本要求是什么？ | 38 |
| 2-74 | 人与自然和谐共生的核心是什么？ | 38 |
| 2-75 | "大禹治水"是顺应自然还是征服自然？ | 38 |
| 2-76 | 什么原因造成人与自然关系的紧张？ | 39 |
| 2-77 | 为什么说和谐协调是自然界的普遍规律？ | 39 |
| 2-78 | 和谐的主要内涵是什么？ | 39 |
| 2-79 | 现代企业管理三法则是什么？ | 39 |
| 2-80 | 历史上的"黑龙事件"是怎么回事？ | 40 |
| 2-81 | 历史上的"白龙事件"是怎么回事？ | 40 |
| 2-82 | 党的十九大报告对于"绿水青山就是金山银山"理念有什么新的要求？ | 40 |
| 2-83 | "绿水青山就是金山银山"的理念什么时候正式写进中央文件？ | 40 |
| 2-84 | "绿水青山就是金山银山"阐述了什么样的关系，揭示了什么样的道理，指明了什么样的新路径？ | 40 |
| 2-85 | 我们在实践中对于"两山"之间关系的认识经过了几个阶段？ | 41 |
| 2-86 | 如何理解"两山"的辩证统一？ | 41 |
| 2-87 | 2019年3月10日，习近平参加福建代表团审议政府工作报告时对生态文明建设作了哪些重要指示？ | 41 |
| 2-88 | 如何利用生态优势脱贫致富？ | 41 |
| 2-89 | 我国贫困地区的旅游资源如何？ | 42 |
| 2-90 | 如何从国家战略层面理解"两山理论"？ | 42 |
| 2-91 | 如何从生态文明财富观上理解"两山理论"？ | 42 |
| 2-92 | 如何从绿色富民方面理解"两山理论"？ | 43 |
| 2-93 | 如何从绿色惠民方面理解"两山理论"？ | 43 |
| 2-94 | 绿水青山和金山银山会不会产生矛盾？ | 43 |
| 2-95 | 在"两山"出现矛盾时怎么办？ | 43 |
| 2-96 | 在保护绿水青山方面，我们必须管控住哪三条红线？ | 43 |
| 2-97 | 在生态保护红线方面我们应当怎么办？ | 43 |
| 2-98 | 在保障环境质量底线方面我们应当怎么办？ | 44 |
| 2-99 | 在资源利用方面我们应当怎么办？ | 44 |
| 2-100 | 在"两山"面前，我们如何处理好代际关系？ | 44 |
| 2-101 | 树立和践行"两山理论"的关键是什么？ | 44 |
| 2-102 | 填补国内空白的全球首条固态全贴合智能平板生产线为什么落户在偏僻的福建省顺昌县郑坊乡？ | 44 |
| 2-103 | 经典的生产力理论新论断是什么？ | 44 |

| | | |
|---|---|---|
| 2-104 | 如何界定新生产力？ | 45 |
| 2-105 | 新生产力理论包括哪些内容？ | 45 |
| 2-106 | 新生产力与原生产力有什么联系与区别？ | 45 |
| 2-107 | 新生产力理论有哪些理论创新？ | 45 |
| 2-108 | 新生产力理论的理论意义有哪些？ | 46 |
| 2-109 | 新生产力理论有哪些实践意义？ | 46 |
| 2-110 | 新生产力发展理念和原来有什么不同？ | 46 |
| 2-111 | 怎样理解"在保护中发展,在发展中保护"的理念？ | 46 |
| 2-112 | 新生产力必须坚持什么方针、布局、结构和方式？ | 47 |
| 2-113 | 为什么反哺自然是新生产力的重要要求？ | 47 |
| 2-114 | 如何从人民群众的新需求看新生产力的发展？ | 47 |
| 2-115 | 如何从人民群众的新期待看新生产力的发展？ | 47 |
| 2-116 | 如何从新瓶颈看新生产力的发展？ | 48 |
| 2-117 | 如何全面理解新生产力？ | 48 |
| 2-118 | 建设生态文明的根本要求是什么？ | 48 |
| 2-119 | 在生态文明新时代,转变生产生活方式的目标指向是什么？ | 48 |
| 2-120 | 如何高度重视绿色发展方式和生活方式？ | 49 |
| 2-121 | 党的十九大对推进绿色发展提出哪些要求？ | 49 |
| 2-122 | 转变生产方式的核心是什么？ | 49 |
| 2-123 | 生态文明新时代生产生活方式的主流是什么？ | 49 |
| 2-124 | 实现资源节约、环境友好,必须坚持哪"三严"？ | 49 |
| 2-125 | 转变生产生活方式的立足点和基点是什么？ | 50 |
| 2-126 | 如何在转变发展方式中创造新的增长点？ | 50 |
| 2-127 | 习近平对长江流域提出什么样的战略定位和要求？ | 50 |
| 2-128 | 绿色低碳循环发展的经济体系与工业文明的经济体系有什么区别？ | 50 |
| 2-129 | 绿色低碳循环发展的经济体系与单个形态的绿色经济、低碳经济、循环经济有什么区别？ | 50 |
| 2-130 | 绿色低碳循环发展的经济体系具有哪些显著特征？ | 51 |
| 2-131 | 绿色低碳循环发展经济体系运行必须遵循什么法则？ | 51 |
| 2-132 | 绿色低碳循环经济体系必须建立健全什么样的市场？ | 52 |
| 2-133 | 转变生产生活方式必须加快构建哪"四大体系"？ | 52 |
| 2-134 | 转变生产生活方式必须根本改变哪三个过多依赖？ | 52 |
| 2-135 | 转变生产生活方式必须做到哪两手都要坚定不移？ | 52 |
| 2-136 | 转变生产生活方式的重点难点是什么？ | 52 |
| 2-137 | 转变生产生活方式需要什么样的管理？ | 52 |
| 2-138 | 生态文明视野下我们党对社会主义建设规律在实践和认识 | |

|  |  |  |
|---|---|---|
|  | 上不断深化的重要成果是什么？ | 53 |
| 2-139 | 如何有效防止在开发利用自然上走弯路？ | 53 |
| 2-140 | 人类发展活动必须遵循什么规律？ | 53 |
| 2-141 | 新发展理念集中反映了什么？ | 53 |
| 2-142 | 解决城市缺水必须遵循什么规律？ | 53 |
| 2-143 | 城市建设如何遵循生态规律？ | 53 |
| 2-144 | 要探索什么样的绿化之路？ | 54 |
| 2-145 | 推动长江经济带发展必须坚持什么样的战略？ | 54 |
| 2-146 | 什么是生态优先？ | 54 |
| 2-147 | 遵循自然规律建设要求人们具备什么素质？ | 54 |
| 2-148 | 什么是生命共同体？ | 54 |
| 2-149 | 习近平"生命共同体"理论的意义是什么？ | 54 |
| 2-150 | 如何从整体上、长远上看待生命共同体？ | 55 |
| 2-151 | 怎样以生命共同体理论为指导寻求新的治理之道？ | 55 |
| 2-152 | 如何转变治水的思路？ | 55 |
| 2-153 | 如何用系统思想治水？ | 55 |
| 2-154 | 如何以生命共同体理论解决华北的严重缺水问题？ | 55 |
| 2-155 | 加快推进生态保护修复的方针是什么？ | 55 |
| 2-156 | 如何用系统论思想进行城市规划和建设？ | 55 |
| 2-157 | 如何用系统思想把长江经济带建设成为我国生态文明建设的先行示范区、创新驱动带、协调发展带？ | 56 |
| 2-158 | 对于民生福祉而言，良好生态环境的最显著特征是什么？ | 56 |
| 2-159 | 解决好人民群众反映强烈的突出环境问题有什么意义？ | 56 |
| 2-160 | 习近平是如何高度重视人民群众健康的？ | 56 |
| 2-161 | 为什么要打好"三大保卫战"？ | 56 |
| 2-162 | 生态建设环境保护要坚持什么样的方针？ | 57 |
| 2-163 | 城市应当如何处理建设空间与绿色空间的关系？ | 57 |
| 2-164 | 城市建设如何保留山水特色？ | 57 |
| 2-165 | 要让良好生态环境成为什么样的增长点和发力点？ | 57 |
| 2-166 | 农业供给侧结构性改革要围绕什么问题多做文章？ | 57 |
| 2-167 | 对哪些企业要坚决关闭淘汰？ | 57 |
| 2-168 | 生态环境保护能否落到实处关键在什么？ | 57 |
| 2-169 | 领导干部应当树立什么样的发展思路？ | 58 |
| 2-170 | 领导干部应当如何处理好经济发展与生态环境保护的关系？ | 58 |
| 2-171 | 如何正确评价领导干部的政绩？ | 58 |
| 2-172 | 领导干部在生态环境保护方面应当有怎么样的思想境界？ | 58 |
| 2-173 | 如何完善领导干部的考核评价体系？ | 58 |

| | | |
|---|---|---|
| 2-174 | 如何追究领导干部的责任？ | 58 |
| 2-175 | 怎样做好严重缺水地区的政绩考核？ | 59 |
| 2-176 | 落实领导干部任期生态文明建设责任必须坚持什么样的原则？ | 59 |
| 2-177 | 对领导干部在造林绿化方面有什么要求？ | 59 |
| 2-178 | 生态文明建设为什么要全民行动？ | 59 |
| 2-179 | 怎样实现生态文明建设的全民行动？ | 59 |
| 2-180 | 在热爱自然保护自然方面，习近平对少年儿童寄予什么样的希望？ | 59 |
| 2-181 | 如何做到节水洁水？ | 59 |
| 2-182 | 如何推动能源消费革命？ | 60 |
| 2-183 | 如何从源头上减少垃圾？ | 60 |
| 2-184 | 要倡导什么样的生活方式？ | 60 |
| 2-185 | 植树造林有什么意义？ | 60 |
| 2-186 | 什么是塞罕坝精神？ | 60 |
| 2-187 | 如何发扬塞罕坝精神？ | 60 |
| 2-188 | 习近平什么时候提出地球村的理念？ | 61 |
| 2-189 | 人类命运共同体与生态文明有什么联系？ | 61 |
| 2-190 | 在面对全球面临的生态方面的共同挑战，中国该怎么办？ | 61 |
| 2-191 | 应对气候变化的《巴黎协定》有什么意义？ | 61 |
| 2-192 | 中国在全球应对气候变化方面作了哪些努力？ | 61 |
| 2-193 | 在构建人类命运共同体方面中国提出什么样的倡导？ | 62 |
| 2-194 | 我国在共谋全球生态文明建设方面作出什么贡献？ | 62 |
| 2-195 | 发展中国家如何坚持共同但有区别的责任原则？ | 62 |
| 2-196 | 我国提出绿色金融新议题的旨意是什么？ | 62 |
| 2-197 | 防治荒漠化有什么重大意义，我国做了怎样的努力？ | 62 |
| 2-198 | 保护生态环境必须依靠什么？ | 63 |
| 2-199 | 我国生态环境保护中存在的突出问题大多同什么有关？ | 63 |
| 2-200 | 深化生态文明体制改革的当务之急是什么？ | 63 |
| 2-201 | 制度的生命力在于什么？ | 63 |
| 2-202 | 如何树立制度的刚性和权威？ | 63 |
| 2-203 | 我国现行环保体制存在的四个突出问题是什么？ | 63 |
| 2-204 | 如何解决我国现行环保体制存在的四个突出问题？ | 64 |
| 2-205 | 我国当前必须推进健全生态保护的哪些制度？ | 64 |
| 2-206 | 如何运用税收和价格手段管理好水资源和水生态？ | 64 |
| 2-207 | 如何落实生态空间用途管制？ | 64 |

**第三章　绿色经典知识问答**

| | | |
|---|---|---|
| 3-1 | 《寂静的春天》的作者是谁？ | 65 |

| | | |
|---|---|---|
| 3-2 | 美国前副总统阿尔·戈尔是怎么评价《寂静的春天》? | 65 |
| 3-3 | 《寂静的春天》警告人类什么? | 65 |
| 3-4 | 解决环境问题的根本出路是什么? | 65 |
| 3-5 | 如同生产力和生产关系的对立统一推动了人类社会的发展一样,人类未来社会发展的新矛盾是什么? | 65 |
| 3-6 | 标志着现代环境运动的肇始是哪部著作? | 65 |
| 3-7 | 减少杀虫剂污染的三种有效措施是什么? | 66 |
| 3-8 | 生命体的进化过程是什么样的过程? | 66 |
| 3-9 | 经过喷洒杀虫剂后,害虫数量反而比以前更多的原因是什么? | 66 |
| 3-10 | 过度追求经济效益而想方设法控制一些不想要的物种会导致什么结果? | 66 |
| 3-11 | 蕾切尔·卡逊在《寂静的春天》中一直强调我们除了允许化学药物的使用,还应更重视什么? | 66 |
| 3-12 | 海洋面积占了地球的71%,但我们仍感觉到缺水的原因? | 66 |
| 3-13 | 为什么说地下水的污染就是整个世界水体的污染? | 66 |
| 3-14 | 土壤与生命的关系是什么? | 66 |
| 3-15 | 比地毯式喷洒农药更科学的方法是什么,其优越性体现在哪? | 67 |
| 3-16 | 在细胞中,物质转化为能量是一个什么样的过程? | 67 |
| 3-17 | 在蕾切尔·卡逊看来,人类癌症频发的原因是什么? | 67 |
| 3-18 | 死于癌症的学龄儿童比其他任何疾病的数目都多的原因是什么? | 67 |
| 3-19 | 相比较于集中力量找寻癌症的治疗方法,以预防为主的方法更为科学更为人道的原因是什么? | 67 |
| 3-20 | 致癌的化学因素通过什么途径建立了自己的掩体防线? | 67 |
| 3-21 | 自然平衡是一个什么样的状态? | 67 |
| 3-22 | 现代人们在制定控制昆虫的计划时忽视了哪两个重要事实? | 68 |
| 3-23 | 蕾切尔·卡逊认为,在应对昆虫爆发对自然界及人类生活产生的影响有哪一种另外的道路? | 68 |
| 3-24 | 《寂静的春天》的问世,对后世生态生产力与生态科技有什么积极意义? | 68 |
| 3-25 | 绿色经典《我们共同的未来》的作者是谁? | 68 |
| 3-26 | 《我们共同的未来》这份报告认为最紧迫的任务是什么? | 68 |
| 3-27 | 《我们共同的未来》提出了一个重要方法论是什么? | 68 |
| 3-28 | 《共同的未来》中文版的问世,对于中国公众来说有什么积极意义? | 69 |
| 3-29 | 我们应如何看待环境与发展是一个整体? | 69 |
| 3-30 | 我国环境保护政策的核心是什么? | 69 |
| 3-31 | 全球性的环境问题有哪些? | 69 |

| | | |
|---|---|---|
| 3-32 | 所有环境政策和发展政策的最终目标是什么？ | 69 |
| 3-33 | 目前,全球性危机有哪些？ | 69 |
| 3-34 | 预测和防止环境破坏的能力,要求在制定政策时需要考虑什么？ | 69 |
| 3-35 | 不发达国家经济和生态相互起破坏作用,进而导致灾难的原因有哪些？ | 69 |
| 3-36 | 造成环境压力的原因有哪些？ | 70 |
| 3-37 | 减轻贫困和生态压力的多种方式会受到什么阻碍？ | 70 |
| 3-38 | 如何理解可持续发展？ | 70 |
| 3-39 | 根据可持续发展的概念而制定的环境与发展政策主要目标有哪些？ | 70 |
| 3-40 | 如何改变增长质量？ | 70 |
| 3-41 | 提高生产率可部分缓解农作物和牲畜生产对农田的压力,但是,如果只顾眼前短期内生产率的提高,可能造成哪些生态问题？ | 70 |
| 3-42 | 先污染后治理是耗资昂贵的解决方法,如何更好地预见和防止这些污染问题？ | 71 |
| 3-43 | 可持续发展战略的要求是什么？ | 71 |
| 3-44 | 降低人口增长率是许多发展中国家实现可持续发展的一个必要条件,关键要做到什么？ | 71 |
| 3-45 | 人口增长与发展的联系是什么？ | 71 |
| 3-46 | 如何保护农业资源基地和保障穷人生计？ | 71 |
| 3-47 | 如何发挥所有地区,尤其是生态条件不利的地区的发展潜力？ | 71 |
| 3-48 | 什么样的农业系统能够实现可持续发展,适应未来的挑战？ | 72 |
| 3-49 | 有哪些生物资源的保护对于发展来说是具有重要意义的？ | 72 |
| 3-50 | 引起物种灭绝的原因有哪些？ | 72 |
| 3-51 | 保护野生物种和生态系统最佳的长期方法是什么？ | 72 |
| 3-52 | 面对物种不断消失的危机以及认识到它构成了资源和发展的一个重要挑战,政府能采取的措施有哪些？ | 73 |
| 3-53 | 能源的可持续使用必须满足的关键要素是什么？ | 73 |
| 3-54 | 导致一次能源消耗的全球性分配的极大不平衡的原因是什么？ | 73 |
| 3-55 | 能源高消耗会带来哪些环境风险和问题？ | 73 |
| 3-56 | 可再生能源有哪些？ | 73 |
| 3-57 | 如何实现工业的高产低耗？ | 73 |
| 3-58 | 海洋生物资源面临的严重威胁主要原因？ | 74 |
| 3-59 | 强紫外线的辐射,会对海洋生物及海洋系统造成什么危害？ | 74 |
| 3-60 | 海洋管理中必须采取的措施有哪些？ | 74 |
| 3-61 | 改善海洋管理体系可以采取什么措施？ | 74 |

3-62　利用宇宙飞船可以解决森林问题,说明环境保护,即研究地球
自然资源和控制其合理利用及再生迫切需要什么样的技术? …… 74
3-63　有哪些方法可以限制在太空中使用放射性材料? ………… 74
3-64　《南极洲条约》是什么时候签订的,其主要目标是什么? ……… 74
3-65　为什么说环境压力既是政治紧张局势和武装冲突的起因,也是
它们的结果? ………… 75
3-66　引起大规模难民迁移,除了政治动乱和军事冲突,潜在的原因
是什么? ………… 75
3-67　早在1986年,萨斯克彻温环境学会的斯坦利·罗就指出,经济
发展和环境保护可以同时并举的前提条件是什么? ………… 75
3-68　造成政治不稳定的重要因素有哪些? ………… 75
3-69　经济、环境和安全领域之间相互依赖,应对环境安全的威胁的
手段是什么? ………… 75
3-70　四种最为紧迫的全球环境问题是什么? ………… 75
3-71　环境政策的方法大体可以分为哪两种? ………… 75
3-72　为了实现可持续发展,国家、地区和国家一级的机构和立法变
革的主要方向是什么? ………… 75
3-73　《只有一个地球》是一本怎样的书? ………… 75
3-74　《只有一个地球》提出了一个十分著名的思想是什么? ……… 76
3-75　1972年联合国人类环境会议为鼓舞和指导世界各国人民保持
和改善人类环境,制定了哪些共同的原则? ………… 76
3-76　人类生活在哪两个世界里? ………… 76
3-77　《只有一个地球》所说的人类面临的转折点指的是什么? ……… 77
3-78　如何理解地球的脆弱的平衡? ………… 77
3-79　发达国家的经济中,存在着哪三个与生产和消费有关的问题? … 77
3-80　为什么我们在探讨杀虫剂、除草剂以及肥料的使用时,要牢记
使用限度、相互依赖性和体系的复杂性等三项原则? ………… 77
3-81　进入新的城市和工业化的社会以来,水污染带来哪些复杂得
多的问题? ………… 78
3-82　为什么仅靠经济的压力和作用不能在工业化后为建立良好的
城市环境提供最有效的指导方针? ………… 78
3-83　合理利用土地要考虑哪些因素? ………… 78
3-84　什么方式是和平利用核能的前景呢? ………… 78
3-85　和平利用原子能三种途径的优点和危害是什么? ………… 79
3-86　技术革命较迟的国家会碰到哪些难题? ………… 79
3-87　发展中国家在资源利用方面面临哪些困难或问题? ………… 79
3-88　人类活动有哪些杠杆支点影响自然界脆弱的平衡? ………… 80
3-89　有哪几个明显的领域可以看到若干全球性政策必须遵循的

　　　　　　方向？ …………………………………………………………… 80
3-90　罗马俱乐部是一个什么样的组织？ ………………………………… 81
3-91　罗马俱乐部"关于人类困境的研究计划"的主要内容是什么？ … 81
3-92　罗马俱乐部的研究结论是什么？ …………………………………… 81
3-93　世界的经济增长和人口增长需要什么东西来维持？ …………… 82
3-94　人口、粮食生产、工业化、污染以及资源消耗这五项有什么
　　　关系？ ……………………………………………………………… 82
3-95　世界系统的前途是不是必然要先增长然后衰退，成为一种阴
　　　郁的、消耗殆尽的状态呢？ ……………………………………… 82
3-96　新的技术会改变世界系统发展和衰退的趋势吗？ ……………… 83
3-97　假设资源不成问题，世界系统是否就可以维持无限增长？ …… 83
3-98　过度发展的方式与结果会怎样？ …………………………………… 83
3-99　现实世界中，原因和终极结果之间的时间延迟有哪些类型？ …… 83
3-100　社会在接受每一种新的技术进步时，先要确立哪些问题的
　　　答案？ ……………………………………………………………… 84
3-101　《增长的极限》研究有什么目的？ ………………………………… 84
3-102　世界局势实际上是不是像《增长的极限》这本书以及罗马
　　　俱乐部的评论所提示的那样严重呢？ ………………………… 84

## 第四章　生态文明学科知识问答

4-1　生态文明观的来源有哪些？ ……………………………………… 86
4-2　什么是"类的文明"和"社会文明"？ ……………………………… 86
4-3　"类的生态文明"和"社会生态文明"之间的关系是怎样的？ …… 86
4-4　生态文明的定义是什么？ ………………………………………… 87
4-5　生态文明包括哪些类的文明层面？ ……………………………… 87
4-6　生态文明的发展可能经历哪两个阶段？ ………………………… 87
4-7　如何理解"生态文明学是研究自然—人—社会复合生态系统
　　和谐协调、共生共荣、共同发展的科学"？ ……………………… 87
4-8　生态文明学关于人的理性假设是什么？ ………………………… 87
4-9　如何理解生态文明学中的"地球村人"的人的理性假设？ ……… 88
4-10　"地球村人"与人类中心主义、泛生态主义有何不同？ ………… 88
4-11　生态文明学的研究方法主要有哪些方面？ …………………… 88
4-12　浅生态学的主要观点及其缺陷有哪些？ ……………………… 88
4-13　深生态学的主要观点及其缺陷有哪些？ ……………………… 89
4-14　生态文明学与浅生态学、深生态学的区别主要体现在哪些方面？ … 89
4-15　生态文明、工业文明、深生态学的重要分野是什么？ ………… 90
4-16　生态文明学的学科理论基础主要包括哪些？ ………………… 90
4-17　生态文明学最重要的理论基础是什么？ ……………………… 90
4-18　如何理解"以复合生态系统观和整体方法论来分析人类

　　　　　社会的发展进程,实现了自然观和历史观的有机统一"? ……… 91
4-19　如何理解"社会发展与自然发展是有机整体"? ……………… 91
4-20　如何理解"人并没有创造物质本身"的思想? ………………… 91
4-21　生态法则包括哪些方面? ……………………………………… 92
4-22　协同演进原理有哪三层含义? ………………………………… 92
4-23　如何理解自然—人—社会复合生态生态系统的循环转化? …… 92
4-24　如何理解生产系统的循环转化? ……………………………… 93
4-25　如何理解消费系统的循环转化? ……………………………… 93
4-26　什么是生态平衡? ……………………………………………… 93
4-27　生态平衡包括几个方面? ……………………………………… 93
4-28　生态平衡具有哪些特征? ……………………………………… 94
4-29　生态文明哲学观是什么? ……………………………………… 94
4-30　在不同社会文明观中,人类的主观能动性在人与自然由对立
　　　转化为同一中的作用有何不同? ………………………………… 94
4-31　如何理解生态整体主义中的几个关系? ……………………… 94
4-32　什么是生态安全观? …………………………………………… 95
4-33　如何理解"国家生态安全是生态安全观的核心"? …………… 95
4-34　生态文明价值观是什么? ……………………………………… 95
4-35　生态文明价值观的最高准则和根本要求是什么? …………… 96
4-36　如何理解自然生态系统两个层次价值的统一? ……………… 96
4-37　如何科学理解"以人为本"的内涵与外延? …………………… 96
4-38　生态文明伦理观的核心是什么? ……………………………… 96
4-39　生态文明伦理观的道德原则是什么? ………………………… 96
4-40　生态文明道德的实质是什么? ………………………………… 97
4-41　生态文明道德具有哪些功能? ………………………………… 97
4-42　落实生态文明伦理观的关键环节什么? ……………………… 97
4-43　生态文明本质特征和基本特征是什么? ……………………… 97
4-44　生活方式转变的核心是什么? ………………………………… 97
4-45　如何理解生态文明的绿色精神? ……………………………… 98
4-46　生态文明建设需遵循哪些基本原理? ………………………… 98
4-47　如何理解"生态生产力的发展是21世纪人类财富的源泉"? … 98
4-48　如何理解生态文明的发展要遵循认识论原理? ……………… 98
4-49　"生态智慧论"与"生态中心主义"的本质区别是什么? ……… 98
4-50　如何理解"人作为目的与作为手段的关系"? ………………… 99
4-51　生态文明建设的核心是什么? ………………………………… 99
4-52　如何理解生态文明在生产力发展理念的转变与创新? ……… 99
4-53　如何理解生态文明生产力目的的转变与创新? ……………… 99

| | | |
|---|---|---|
| 4-54 | 如何理解经济发展理念的创新？ | 99 |
| 4-55 | 如何理解生态生产力科技的转变与创新？ | 100 |
| 4-56 | 如何理解生态文明经济管理的创新？ | 100 |
| 4-57 | 如何理解生态文明市场的创新？ | 100 |
| 4-58 | 如何理解生态生产力机制的创新？ | 100 |
| 4-59 | 生态效应、经济效应和社会效应三大效应相统一与最优化中的优化是指什么？ | 100 |
| 4-60 | 生态文明的消费观及其模式是什么？ | 101 |
| 4-61 | 建成生态文明区域的标志是什么？ | 101 |
| 4-62 | 生态文明建设包括哪些子系统？ | 101 |
| 4-63 | 生态文明建设的核心内容是什么？ | 101 |
| 4-64 | 生态生产力定义是什么？ | 101 |
| 4-65 | 如何理解生态生产力结构的水平维？ | 102 |
| 4-66 | 如何理解生态生产力的力量维？ | 102 |
| 4-67 | 如何理解生态生产力的价值维？ | 102 |
| 4-68 | 工业文明与生态文明关于生产力的理解有何不同？ | 102 |
| 4-69 | 如何理解"发达生产力不等同于先进生产力"？ | 103 |
| 4-70 | 如何理解"生态生产力是先进的生产力"？ | 103 |
| 4-71 | 生态生产力对复合生态系统具有正价值的作用,集中体现在哪些方面？ | 104 |
| 4-72 | 生态文明生产力与工业文明生产力有何差异？ | 104 |
| 4-73 | 生态文明生产力与工业文明生产力在生产领域有什么不同？ | 105 |
| 4-74 | 生态文明生产力与工业文明生产力在生活领域有何差异？ | 105 |
| 4-75 | 什么是自然生产力？ | 105 |
| 4-76 | 生态文明建设的技术体系是什么？ | 105 |
| 4-77 | 生态化技术体系的内涵是什么？ | 106 |
| 4-78 | 企业生态化技术体系、产业生态化技术体系和区域生态化技术体系各指什么？ | 106 |
| 4-79 | 生态化技术体系的内部结构是怎样的？ | 106 |
| 4-80 | 生态化技术体系的功能是什么？ | 107 |
| 4-81 | 生态化技术体系有哪些特点？ | 107 |
| 4-82 | 生态化技术体系在新兴产业有哪些方面的应用？ | 107 |
| 4-83 | 生态化技术体系在传统产业上有哪些方面的应用？ | 108 |
| 4-84 | 生态化技术体系在农业有哪些方面的应用？ | 108 |
| 4-85 | 生态化技术体系在服务业有哪些方面的应用？ | 108 |
| 4-86 | 生态化技术体系在文化产业有哪些方面的应用？ | 108 |
| 4-87 | 生态化技术体系在经济管理有哪些方面的应用？ | 108 |

| | | |
|---|---|---|
| 4-88 | 人与自然、人与人、人与社会三大关系之间的相互关系是什么？ | 109 |
| 4-89 | 如何理解"人类经济活动系统与地球生态母系统之间有着本质的统一"？ | 109 |
| 4-90 | 生态文明建设的包容性原则指什么？ | 109 |
| 4-91 | 生态文明建设的公平公正原则指什么？ | 110 |
| 4-92 | 生态文明建设的"三大效应"相统一原则指什么？ | 110 |
| 4-93 | 为什么说"三大效应"相统一的原则是实现包容性和公平、公正的基础和保障？ | 110 |

### 第五章　生态科学知识问答

| | | |
|---|---|---|
| 5-1 | 什么是生物圈？ | 111 |
| 5-2 | 生物圈的运转原理有哪些？ | 111 |
| 5-3 | 生态文明中的生态含义是什么？ | 111 |
| 5-4 | 社会—经济—自然复合生态系统的内涵是什么？ | 112 |
| 5-5 | 生物圈是怎样进化的？ | 112 |
| 5-6 | 生物圈的组成有哪些？ | 112 |
| 5-7 | 生态系统的重要特点有哪些？ | 113 |
| 5-8 | 生态系统类型主要有哪些？ | 113 |
| 5-9 | 十大陆地生态系统类型是什么？ | 113 |
| 5-10 | 生态系统是什么样的结构？ | 113 |
| 5-11 | 什么是生态系统功能？ | 114 |
| 5-12 | 生态系统能量流动的特点是什么？ | 114 |
| 5-13 | 水循环指什么？ | 114 |
| 5-14 | 气体型循环指什么？ | 114 |
| 5-15 | 碳循环指什么？ | 114 |
| 5-16 | 什么是沉积型循环？ | 114 |
| 5-17 | 生态系统中包含的信息有哪些？ | 115 |
| 5-18 | 海洋生态环境具有哪些特点？ | 115 |
| 5-19 | 海洋生态系统是什么样的结构？ | 115 |
| 5-20 | 海洋生产力指什么？ | 115 |
| 5-21 | 海洋生态系统是怎么划分的？ | 116 |
| 5-22 | 森林生态系统有几种主要类型？ | 116 |
| 5-23 | 湿地生态系统是指什么？ | 117 |
| 5-24 | 湿地形成的简要过程是什么？ | 117 |
| 5-25 | 湿地生态系统的特征是什么？ | 117 |
| 5-26 | 森林形成的沼泽是怎样演替的？ | 117 |
| 5-27 | 草甸形成的沼泽是怎样演替的？ | 118 |

| | | |
|---|---|---|
| 5-28 | 湿地生态系统具有怎样的生态结构？ | 118 |
| 5-29 | 什么是草原生态系统？ | 118 |
| 5-30 | 草原生态系统具有怎样的结构？ | 119 |
| 5-31 | 中国境内主要草原生态系统类型有哪些？ | 119 |
| 5-32 | 草原包括哪些生态功能？ | 119 |
| 5-33 | 荒漠生态系统的特点是什么？ | 119 |
| 5-34 | 荒漠生态系统必然具有怎样的结构？ | 120 |
| 5-35 | 在荒漠的利用过程中应该注意哪些问题？ | 120 |
| 5-36 | 什么是冻原生态系统？ | 120 |
| 5-37 | 冻原有几类？ | 120 |
| 5-38 | 冻原生物群落的特点有哪些？ | 121 |
| 5-39 | 生态系统承载力包括哪些基本含义？ | 121 |
| 5-40 | 生态系统承载力有什么特征？ | 121 |
| 5-41 | 目前生态系统承载力的分析方法有哪些？ | 121 |
| 5-42 | 生态系统健康指什么？ | 122 |
| 5-43 | 生态系统健康标准有哪些？ | 122 |
| 5-44 | 评判生态系统健康的原则有哪些？ | 122 |
| 5-45 | 生态系统质量指什么？ | 123 |
| 5-46 | 什么是生态系统稳定性？ | 123 |
| 5-47 | 什么是生态系统服务？ | 123 |
| 5-48 | 生态系统服务价值指什么？ | 123 |
| 5-49 | 生态系统服务价值评价有何意义？ | 124 |
| 5-50 | 什么是千年生态系统评估？ | 124 |
| 5-51 | 什么是自然资产？ | 124 |
| 5-52 | 按自然资源资产的主体性质划分自然资产有哪些类别？ | 124 |
| 5-53 | 自然资产有哪些特点？ | 125 |
| 5-54 | 研究复合系统整体观有哪些要求？ | 125 |
| 5-55 | 元素循环指什么？ | 125 |
| 5-56 | 什么是生物多样性？ | 125 |
| 5-57 | 生物多样性的空间分布规律有哪些？ | 125 |
| 5-58 | 什么是生态系统多样性？ | 126 |
| 5-59 | 什么是物种多样性？ | 126 |
| 5-60 | 什么是遗传多样性？ | 126 |
| 5-61 | 复合生态系统三个衡量指标是什么？ | 126 |
| 5-62 | 千年生态系统评估的方法和步骤有哪些？ | 127 |
| 5-63 | 千年生态系统评估的核心任务是什么？ | 127 |
| 5-64 | 什么是红树林生态系统？ | 127 |

| 5-65 | 什么是海水运动？ | 128 |
| 5-66 | 一个营养级的生物所同化的能量可用在几个方面？ | 128 |
| 5-67 | 生态系统中的组分结构指什么？ | 128 |
| 5-68 | 生态系统中的时空结构指什么？ | 128 |
| 5-69 | 生态系统中的营养结构指什么？ | 128 |
| 5-70 | 自然生态系统主要有哪几种类型的食物链？ | 128 |
| 5-71 | 一个完整生态系统的要素是什么？ | 128 |
| 5-72 | 海洋沉积物由哪几方面组成？ | 129 |
| 5-73 | 大洋生态系统指什么？ | 129 |
| 5-74 | 什么是海洋藻类生态系统？ | 129 |
| 5-75 | 永冻层指什么？ | 129 |
| 5-76 | 如何按自然资源资产存在的位置特性划分自然资产？ | 129 |
| 5-77 | 怎样看待人在社会—经济—自然复合系统的作用 | 130 |
| 5-78 | 自然子系统内涵有哪些？ | 130 |
| 5-79 | 经济子系统的内涵有哪些？ | 130 |
| 5-80 | 社会子系统的内涵指什么？ | 131 |
| 5-81 | 如何按自然资源资产的所有权分割特性划分自然资源？ | 131 |
| 5-82 | 农业生态系统质量存在哪些严重问题？ | 131 |
| 5-83 | 什么是城市生态系统质量？ | 131 |
| 5-84 | 森林功能有哪些具体实例？ | 132 |

### 第六章 生态文明经济体系知识问答

| 6-1 | 生态文明经济体系发展必须遵循什么规律？ | 133 |
| 6-2 | 生态文明经济体系的内涵是什么？ | 133 |
| 6-3 | 生态文明经济体系有哪些经济形态？ | 133 |
| 6-4 | 各种经济形态在生态文明经济体系中的作用如何？ | 133 |
| 6-5 | 如何正确认识低碳经济？ | 134 |
| 6-6 | 什么是转变发展方式？ | 134 |
| 6-7 | 生态文明经济各种发展形态有哪些不同？ | 135 |
| 6-8 | 如何判断一种经济是否生态文明的经济形态？ | 135 |
| 6-9 | 生态文明经济体系基本特征是什么？ | 135 |
| 6-10 | 生态文明经济体系与工业文明经济体系在理念上有哪里不同？ | 136 |
| 6-11 | 生态文明经济体系发展要素的要求有哪些？ | 136 |
| 6-12 | 生态文明经济体系发展的优质要素包含哪些？ | 136 |
| 6-13 | 生态文明经济体系运行机制是怎样的？ | 136 |
| 6-14 | 创新生态文明经济体系发展模式有哪些？ | 137 |
| 6-15 | 在工业文明发达经济的基础上发展起来的生态文明经济 | |

|  |  |  |
|---|---|---|
|  | 主要指什么？ | 137 |
| 6-16 | 在农业文明经济比较发达的基础上发展起来的生态文明经济主要指什么？ | 137 |
| 6-17 | 在农业文明经济比较落后的基础上发展起来的生态文明经济主要指什么？ | 138 |
| 6-18 | 什么是生态环境的显性优势和隐性优势？ | 138 |
| 6-19 | 生态文明经济体系的理论基础有哪些？ | 138 |
| 6-20 | 马克思恩格斯的物质变换的内涵是什么？ | 138 |
| 6-21 | 什么是物质变换断裂的思想？ | 139 |
| 6-22 | 马克思恩格斯对物质变换顺利进行提出了哪些措施？ | 139 |
| 6-23 | 什么是全球经济一体化？它包含哪些层次？ | 139 |
| 6-24 | 什么是区域经济一体化？ | 140 |
| 6-25 | 当前区域经济一体化有哪些新趋势和新特点？ | 140 |
| 6-26 | 经济全球化与世界经济一体化的区别是什么？ | 140 |
| 6-27 | 外部性系统分为哪几类？ | 141 |
| 6-28 | 外部性的三类系统分别有什么不同？ | 141 |
| 6-29 | 三类外部性分别有哪些特征？ | 141 |
| 6-30 | 人的全面发展和生态文明经济是什么关系？ | 141 |
| 6-31 | 马克思关于"人的全面发展"有哪些涵义及具体内容？ | 141 |
| 6-32 | 生态文明经济结构有什么要求？ | 142 |
| 6-33 | 如何建立生态文明经济的产业结构？ | 142 |
| 6-34 | 生态文明经济的基本功能有哪些？ | 143 |
| 6-35 | 生态文明经济的具体功能有哪些？ | 143 |
| 6-36 | 生态文明经济发展的差异性表现在哪里？ | 143 |
| 6-37 | 影响生态文明经济非均衡发展的因素有哪些？ | 143 |
| 6-38 | 什么是后发优势？ | 143 |
| 6-39 | 我国发展生态文明经济的后发优势表现在哪里？ | 143 |
| 6-40 | 什么是先发优势？ | 144 |
| 6-41 | 先发优势包含哪几个方面？ | 144 |
| 6-42 | 先发优势的表现形式有哪些？ | 144 |
| 6-43 | 生态文明经济的先发优势是什么？ | 145 |
| 6-44 | 什么是经济社会优势发展转化为生态环境优势？ | 145 |
| 6-45 | 经济社会发展优势转化为生态环境优势有哪些策略？ | 145 |
| 6-46 | 什么是生态文明观下的生态环境优势转化为经济社会发展优势？ | 145 |
| 6-47 | 为什么区域间协同发展生态文明经济是必要的？ | 145 |
| 6-48 | 区域间协同发展生态文明经济的可能性有哪些？ | 146 |

| | | |
|---|---|---|
| 6-49 | 区域间协同发展生态文明经济的困难性有哪些？ | 146 |
| 6-50 | 区域生态文明经济发展需要经历哪些过程？ | 146 |
| 6-51 | 阻碍生态文明经济协同发展的因素有哪些？ | 146 |
| 6-52 | 国家间进行协同发展生态文明经济的客观基础有哪些？ | 147 |
| 6-53 | 如何实现国家间协同发展生态文明经济？ | 147 |
| 6-54 | 协同发展生态文明经济，促成国际良性合作，有哪些具体措施？ | 147 |
| 6-55 | 生态文明经济发展过程的逻辑联系是怎样的？ | 147 |
| 6-56 | 生态文明经济的观念导引机制是如何发挥作用的？ | 148 |
| 6-57 | 如何完善区域利益协调机制？ | 148 |
| 6-58 | 自然环境资源社会再生产所需要的劳动包括哪几类？ | 148 |
| 6-59 | 我国"自然资源无价或低价"现象产生的原因是什么？ | 148 |
| 6-60 | 我国自然资源价格扭曲的表现是什么？ | 149 |
| 6-61 | 如何建立发展生态文明经济的财税金融机制？ | 149 |
| 6-62 | 如何实施绿色财政政策？ | 149 |
| 6-63 | 如何建立健全绿色信贷制度？ | 150 |
| 6-64 | 如何完善生态文明经济发展制度的落实机制？ | 150 |
| 6-65 | 什么是技术创新的生态化？ | 150 |
| 6-66 | 传统的技术创新和生态化的技术创新的成功标志分别是什么？ | 150 |
| 6-67 | 生态化技术创新包含了哪些层次？ | 151 |
| 6-68 | 什么是技术层次生态化技术创新？ | 151 |
| 6-69 | 什么是管理层次生态化技术创新？ | 151 |
| 6-70 | 什么是人文层次生态化技术创新？ | 151 |
| 6-71 | 生态化技术创新应遵循什么要求？ | 151 |
| 6-72 | 加强高校生态文明教育，对促进生态文明经济具有什么作用？ | 151 |
| 6-73 | 为什么需求在发展生态文明经济中是不可或缺的？ | 152 |
| 6-74 | 生态文明创新经济的内涵是什么？ | 152 |
| 6-75 | 生态文明创新经济包含哪些内容？ | 152 |
| 6-76 | 工业文明经济系统的缺陷有哪些？ | 152 |
| 6-77 | 为什么创新经济是生态文明经济的核心形态？ | 152 |
| 6-78 | 生态文明创新经济有哪些发展阶段？ | 153 |
| 6-79 | 我国生态文明创新经济发展有何特点？ | 153 |
| 6-80 | 我国生态文明创新经济发展过程中存在哪些问题？ | 153 |
| 6-81 | 我国生态文明创新经济发展策略有哪些？ | 154 |
| 6-82 | 什么是生态文明经济发展的方法论？ | 154 |

6-83　生态文明经济发展的方法论有哪些特点？……………………… 154
6-84　工业文明经济的方法论有哪些？ ……………………………… 154
6-85　生态文明经济发展的方法论有哪些？ ………………………… 154
6-86　为什么循环经济是生态文明经济的方法论形态？ …………… 155
6-87　什么是生态文明经济方法论的循环经济？ …………………… 155
6-88　"系统循环经济"可以从哪些层面去理解？ ………………… 155
6-89　"系统循环经济"有哪些特征？ ……………………………… 156
6-90　"系统循环经济"和"微循环经济"有哪些联系？ ………… 156
6-91　"系统循环经济"和"微循环经济"有哪些区别？ ………… 156
6-92　"系统循环经济"的创新点有哪些？ ………………………… 157
6-93　循环经济与各生态文明经济形态有什么联系？ ……………… 157
6-94　循环经济与各生态文明经济形态的区别是什么？ …………… 157
6-95　体验经济是什么？ ……………………………………………… 157
6-96　体验经济与其他经济形态的不同在哪里？ …………………… 158
6-97　体验经济的外延是什么？ ……………………………………… 158
6-98　体验经济的基本特征有哪些？ ………………………………… 158
6-99　服务经济与体验经济的联系与区别在哪里？ ………………… 158
6-100　为什么体验经济是生态文明经济的高级形态？ …………… 159
6-101　体验经济发展的层次性是怎样的？ ………………………… 159
6-102　体验经济发展的两面性是怎样的？ ………………………… 160
6-103　体验经济发展的不平衡性表现在哪里？ …………………… 160
6-104　加快我国体验经济发展的对策有哪些？ …………………… 160
6-105　生态经济和生态文明经济的区别是什么？ ………………… 161
6-106　绿色经济与生态经济、循环经济、低碳经济的区别在哪里？ …… 161
6-107　低碳经济的内涵是什么？ …………………………………… 162
6-108　发展低碳经济的内生力量有哪些？ ………………………… 162
6-109　我国和发达国家低碳经济发展侧重点有何不同？ ………… 162
6-110　当前我国发展低碳经济的基本要求有哪些？ ……………… 162
6-111　生态文明消费型经济的内涵是什么？ ……………………… 162
6-112　什么是"以人为本"的消费观和全面发展的消费模式？ ……… 162
6-113　什么是资源节约环境友好的消费观和绿色消费模式？ …… 163
6-114　什么是和谐消费观和公平消费模式？ ……………………… 163
6-115　生态文明消费型经济有什么特征？ ………………………… 163
6-116　发展生态文明消费型经济有哪些意义？ …………………… 164
6-117　传统经济发展方式存在哪些内在矛盾？ …………………… 164
6-118　为什么生态文明经济是社会经济系统发展演变的必然
　　　　趋势？ ………………………………………………………… 164

### 第七章　生态文化知识问答

- 7-1　生态文化产生的背景有哪些? ………………………… 166
- 7-2　哲学与文化背景内容有哪些? ………………………… 166
- 7-3　文学背景内容有哪些? ………………………………… 166
- 7-4　生态文化的性质包括哪两个方面? …………………… 166
- 7-5　如何理解生态文化是中华传统文化的一部分? ……… 166
- 7-6　如何理解生态文化的内涵? …………………………… 167
- 7-7　如何界定生态文化学的学科性质? …………………… 167
- 7-8　如何理解生态文化学属文化学范畴? ………………… 167
- 7-9　如何理解生态文化学属生态学范畴? ………………… 167
- 7-10　如何理解生态文化学是文化学与生态学交叉的学科? … 168
- 7-11　如何理解生态文化学是一个文化学科体系? ………… 168
- 7-12　如何理解生态文化学是涵盖各类文化形态的文化学? … 168
- 7-13　生态文化学有哪些研究方法? ………………………… 168
- 7-14　生态文化学的研究方法要与什么原则保持一致? …… 168
- 7-15　为什么说生态文化学的研究方法要坚持理论与实践相结合的原则呢? ……………………………………… 168
- 7-16　为什么说生态文化学的研究方法要坚持逻辑与历史相统一的原则呢? ……………………………………… 169
- 7-17　发展生态文化的目的和使命有哪几个方面? ………… 169
- 7-18　生态文化的基本范式有哪些方面? …………………… 169
- 7-19　什么是生态文化的基本范畴? ………………………… 169
- 7-20　为什么说生态文化本身是一个有机整体? …………… 169
- 7-21　如何看待生态文化范畴之共生? ……………………… 170
- 7-22　生态文化把循环作为其基本范畴有何意义? ………… 170
- 7-23　如何理解生态文化把平衡作为其基本范畴? ………… 170
- 7-24　生态文化视域中的和谐目标有哪三个方面? ………… 170
- 7-25　生态文化的基本形式有哪两种形式? ………………… 170
- 7-26　人类文化是指什么? …………………………………… 171
- 7-27　非人类存在物文化包括哪几种形式? ………………… 171
- 7-28　物种(生物)文化包含哪些方面? ……………………… 171
- 7-29　生态系统文化主要包含哪些方面? …………………… 171
- 7-30　地球生物圈文化包含哪些方面? ……………………… 171
- 7-31　生态文化的基本特征有哪些? ………………………… 171
- 7-32　生态文化结构的整体性主要体现在哪三个方面? …… 172
- 7-33　生态文化个体的多样性包括哪三个层面? …………… 172
- 7-34　如何理解生态文化民族的多样性? …………………… 172

| 编号 | 条目 | 页码 |
|---|---|---|
| 7-35 | 如何理解生态文化地域的多样性？ | 172 |
| 7-36 | 如何理解生态文化空间的多样性？ | 172 |
| 7-37 | 生态文化是非宗教的,生态文化应遵奉什么原则？ | 173 |
| 7-38 | 如何理解生态文化遵循的平等原则？ | 173 |
| 7-39 | 如何理解生态文化遵奉的博爱精神？ | 173 |
| 7-40 | 生态文化在时间上除了呈现一度性、阶段性和周期性等特征外,还呈现生态文化本身固有哪些特征呢？ | 173 |
| 7-41 | 如何理解生态文化的开放性？ | 173 |
| 7-42 | 生态文化的发展规律有哪些？ | 173 |
| 7-43 | 如何辩证理解生态文化与生态环境的关系？ | 174 |
| 7-44 | 如何辩证理解生态文化的竞争性与妥协性？ | 174 |
| 7-45 | 如何理解生态文化的渗透性？ | 174 |
| 7-46 | 生态文化的基本要素包括有哪些？ | 174 |
| 7-47 | 生态美学的主要特征有哪些？ | 174 |
| 7-48 | 生态美的范畴有哪些？ | 175 |
| 7-49 | 生态美的形态分为哪几种？ | 175 |
| 7-50 | 生态美学的内涵有哪些方面？ | 175 |
| 7-51 | 什么是生态文学？ | 175 |
| 7-52 | 生态文学的特点有哪些方面？ | 175 |
| 7-53 | 生态文学和传统文学有何区别？ | 175 |
| 7-54 | 什么是生态文学的目标？ | 176 |
| 7-55 | 如何建构生态文学？ | 176 |
| 7-56 | 如何理解建构生态文学的"回归"？ | 176 |
| 7-57 | 如何理解科技是一把双刃剑？ | 176 |
| 7-58 | 科学技术需要承担的自然与社会的责任有哪些？ | 177 |
| 7-59 | 科学技术的生态转型包含有哪些内容？ | 177 |
| 7-60 | 如何理解工业文化与生态文化的冲突与融合？ | 177 |
| 7-61 | 如何理解生态文化是时代的必然选择？ | 177 |
| 7-62 | 发展生态文化应处理好几个关系呢？ | 177 |
| 7-63 | 如何理解生物社会的生态文化？ | 178 |
| 7-64 | 如何理解原始文明社会的生态文化？ | 178 |
| 7-65 | 如何理解农耕文明社会的生态文化？ | 178 |
| 7-66 | 如何理解工业文明社会的生态文化？ | 178 |
| 7-67 | 工业文化向生态文化转型要经历几个阶段？ | 178 |
| 7-68 | 创建生态文化应遵循的基本原则有哪些？ | 178 |
| 7-69 | 创建生态文化有哪些形式？ | 179 |
| 7-70 | 从产业层面上如何创建生态文化？ | 179 |

| | | |
|---|---|---|
| 7-71 | 从区域层面上如何创建生态文化？ | 179 |
| 7-72 | 从单位层面上如何创建生态文化？ | 179 |
| 7-73 | 从个体层面上如何创建生态文化？ | 179 |
| 7-74 | 什么是生态文化产业？ | 179 |
| 7-75 | 什么是生态文化产品？ | 180 |
| 7-76 | 生态文化产品分成哪几类？ | 180 |
| 7-77 | 生态文化产品有哪些特征？ | 180 |
| 7-78 | 如何界定文化产业的内涵？ | 180 |
| 7-79 | 如何界定生态文化产业的内涵？ | 180 |
| 7-80 | 如何理解生态文化产品的两重属性？ | 181 |
| 7-81 | 如何理解发展生态文化产业的战略选择？ | 181 |
| 7-82 | 什么是文化建设的生态导向？ | 181 |
| 7-83 | 文化生态导向的背景意义包含哪些方面？ | 181 |
| 7-84 | 生态文化和文化生态有哪些共同点？ | 181 |
| 7-85 | 生态文化和文化生态有哪些不同点？ | 181 |
| 7-86 | 大众文化的产生依赖于哪三个条件？ | 182 |
| 7-87 | 社会文明有哪些特点？ | 182 |
| 7-88 | 如何描述森林文化的特点？ | 182 |
| 7-89 | 如何描述森林文化的内容结构？ | 182 |
| 7-90 | 森林文化主要作用有哪些？ | 183 |
| 7-91 | 如何阐述湿地文化？ | 183 |
| 7-92 | 如何理解湿地文化的独特性？ | 183 |
| 7-93 | 应从哪些方面开发利用湿地文化？ | 183 |
| 7-94 | 如何理解海洋文化？ | 183 |
| 7-95 | 海洋文化有哪些特性？ | 184 |
| 7-96 | 海洋文化包括哪几个方面的内容？ | 184 |
| 7-97 | 何为海洋文化产业？ | 184 |
| 7-98 | 如何理解生态科技？ | 184 |
| 7-99 | 生态科技是如何实现社会的可持续发展？ | 184 |
| 7-100 | 研究生态科技应遵循哪四条原则？ | 185 |
| 7-101 | 研究生态科技发展，应注意哪四条对策？ | 185 |
| 7-102 | 什么是生态文艺？ | 185 |
| 7-103 | 生态文艺的实践目标一共有哪四个？ | 185 |
| 7-104 | 生态文艺的建设方法有哪些具体实践？ | 185 |
| 7-105 | 生态教育可分为哪几种类型？ | 186 |
| 7-106 | 生态教育的内容有哪些？ | 186 |
| 7-107 | 实施生态教育有哪几点意义？ | 186 |

7-108　实施生态教育应注意哪些方面? ………………………………… 186
7-109　生态文化的内涵在纵向上和横向上分为哪几个方面? ……… 186
7-110　如何理解生态文化载体? …………………………………… 187
7-111　不同角度下的生态文化载体有哪些类型? ………………… 187
7-112　如何看待文化载体作为建设生态文化的切入点? ………… 187
7-113　文化创意产业的内涵是什么? ……………………………… 187
7-114　文化创意产业有哪些作用? ………………………………… 187
7-115　中国文化创意产业要想获得长足发展,必须高度重视哪几个方面? …………………………………………………………… 187
7-116　如何从广义上理解非物质化的内涵? ……………………… 188
7-117　如何从狭义上理解非物质化的内涵? ……………………… 188
7-118　如何理解非物质化产业的内涵? …………………………… 188
7-119　要实现经济产业的非物质化,需要做到哪几点? ………… 188
7-120　如何理解非商业性文化活动内涵? ………………………… 189
7-121　非商业性文化活动有哪些类型? …………………………… 189
7-122　国家要想大力发展非商业性文化活动,应该从哪些方面着手? ………………………………………………………… 189
7-123　非商业性文化社团有哪几种类型? ………………………… 189
7-124　如何说明非商业性文化社团的生存环境是不容乐观的? … 189
7-125　如何促进非商业性文化社团的进一步发展? ……………… 189
7-126　如何理解生态文化旅游的内涵? …………………………… 190
7-127　生态文化旅游有哪四个特点? ……………………………… 190
7-128　生态文化旅游有哪些重要意义? …………………………… 190
7-129　生态文明宣传有哪三点基本内容? ………………………… 190
7-130　加强生态文明宣传要增强哪三个意识? …………………… 190

## 第八章　生态文明与政治建设知识问答

8-1　什么是生态文明国家? ………………………………………… 192
8-2　什么是环境国家? ……………………………………………… 192
8-3　"环境国家"概念的提出,凸显了生态文明建设视野下哪些需要进一步讨论的问题? …………………………………………… 193
8-4　什么是生态民主? ……………………………………………… 193
8-5　学界目前对生态民主的探讨,有哪些是特别需要关注的? … 193
8-6　什么是环境公民? ……………………………………………… 193
8-7　作为一种环境政治社会理论的环境公民理论,主要包括哪些派别? ……………………………………………………………… 193
8-8　什么是生态(文明)新人? …………………………………… 193
8-9　如何培育生态新人或生态文明新人? ………………………… 194

8-10 什么是环境正义? …………………………………… 194
8-11 极端经济主义的单向度"发展",具有哪些环境非正义意蕴? … 194
8-12 什么是公众环境权利? …………………………………… 194
8-13 从方法论上说,关于环境权利的著述可以分为哪几类? ……… 195
8-14 什么是环境公益诉讼? …………………………………… 195
8-15 完整的或合法的环境公益诉讼,包括哪些基本性元素? …… 195
8-16 环境公益诉讼的特点是什么? …………………………… 195
8-17 泰州环境公益诉讼案,有哪些标志性和突破性意义? ………… 196
8-18 我国环境公益诉讼制度中存在哪些体制性缺陷或障碍? …… 196
8-19 什么是环境公众参与? …………………………………… 196
8-20 什么是环境行政管理? …………………………………… 196
8-21 环境行政管理的范围有哪些? ……………………………… 197
8-22 什么是环境立法? ………………………………………… 197
8-23 我国的环境立法已经实现了哪几方面的阶段性突破? ……… 197
8-24 环境法律制度按其性质可分为哪几大类? ………………… 197
8-25 我国的环境立法、司法和行政执法,存在哪些缺陷与不足? … 197
8-26 如何解决我国的环境立法、司法和行政执法存在的缺陷? …… 198
8-27 什么是政府环境政策? …………………………………… 198
8-28 我国环境政策体系是如何划分的? ………………………… 198
8-29 第一次全国环境保护会议上,我国政府提出了"三十二字"
工作总方针是什么? ……………………………………… 199
8-30 我国政府于1992年8月提出了"环境与发展十大对策",包
括哪些? …………………………………………………… 199
8-31 什么是环境经济政策? …………………………………… 199
8-32 环境经济政策如何划分? ………………………………… 199
8-33 我国生态文明建设领导体制的组成结构是什么? ………… 199
8-34 什么是联合国环境治理体制? …………………………… 200
8-35 联合国第一次人类环境会议的主要成果有哪些? ………… 200
8-36 1992年6月3~14日,联合国环境与发展大会的主要成果
有哪些? …………………………………………………… 200
8-37 国内应对与治理层面上,中国政府的全球气候变化政策举
措主要体现在哪些方面? ………………………………… 200
8-38 中国逐渐加入以联合国为核心的全球环境治理体制的过程,
大致区分为哪几个阶段? ………………………………… 200
8-39 中国政府在2009年哥本哈根气候大会上的立场是什么? …… 200
8-40 一个中国所偏好的全球环境治理体制包括哪些关键性元素? … 201
8-41 什么是"共同但有区别责任"原则? ……………………… 201
8-42 "共同但有区别责任"原则在政策意蕴及其贯彻机制层面

　　　　　　上存在的"弹性"具体表现在哪些方面？ ……………………… 201
　8-43　什么是左翼政党环境转向？ …………………………………… 201
　8-44　依据西欧社会民主党的地缘关系和对环境问题观点立场的
　　　　差异，可以划分为哪些类型？ ………………………………… 201
　8-45　西欧社会民主党借助绿化以实现其政治目标的自身更新有
　　　　哪些进展？ …………………………………………………… 201

## 第九章　生态文明与社会建设知识问答

　9-1　什么是资源节约型社会？ ……………………………………… 203
　9-2　如何创建资源节约型社会？ …………………………………… 203
　9-3　什么是环境友好型社会？ ……………………………………… 203
　9-4　如何创建环境友好型社会？ …………………………………… 204
　9-5　什么是生态文明社会风尚？ …………………………………… 204
　9-6　崇尚自然的道德风尚有哪些？ ………………………………… 204
　9-7　尊重生命的道德风尚有哪些？ ………………………………… 204
　9-8　生态公正的道德风尚有哪些？ ………………………………… 204
　9-9　清洁生产的道德风尚有哪些？ ………………………………… 205
　9-10　循环利用的道德风尚有哪些？ ………………………………… 205
　9-11　合理消费的道德风尚有哪些？ ………………………………… 205
　9-12　如何培养绿色生活方式？ ……………………………………… 205
　9-13　什么是绿色消费？ ……………………………………………… 205
　9-14　绿色消费有什么意义？ ………………………………………… 205
　9-15　什么是乡村民俗生态化？ ……………………………………… 206
　9-16　乡村民俗生态化的要求是什么？ ……………………………… 206
　9-17　什么是生态系统管理？ ………………………………………… 206
　9-18　生态化调整机制是什么？ ……………………………………… 206
　9-19　什么是绿色城镇化？ …………………………………………… 206
　9-20　绿色城镇化的主要要求有哪些？ ……………………………… 207
　9-21　什么是社会管理绿色化？ ……………………………………… 207
　9-22　社会管理绿色化有何必要性？ ………………………………… 207
　9-23　什么是环境纠纷调解？ ………………………………………… 207
　9-24　环境纠纷调解需要遵循的基本原则有哪些？ ………………… 207
　9-25　环境纠纷调解类型有哪些？ …………………………………… 208
　9-26　环境纠纷调解如何持续、有效地发挥作用？ ………………… 208
　9-27　绿色教育的内涵是什么？ ……………………………………… 208
　9-28　如何更好地开展绿色教育？ …………………………………… 208
　9-29　什么是生态文明先行示范区？ ………………………………… 209
　9-30　什么是生态文明先行示范区建设？ …………………………… 209

| | | |
|---|---|---|
| 9-31 | 生态文明先行示范区建设有什么意义？ | 209 |
| 9-32 | 什么是国家生态文明试验区建设？ | 209 |
| 9-33 | 开展国家生态文明试验区建设有什么意义？ | 209 |
| 9-34 | 什么是全民参与的行动体系？ | 209 |
| 9-35 | 生态文明建设全民参与的行动体系的特点有哪些？ | 210 |
| 9-36 | 如何构建全民参与生态文明建设的社会行动体系？ | 210 |
| 9-37 | 什么是绿色 NGO？ | 210 |
| 9-38 | 绿色 NGO 的特征有哪些？ | 211 |
| 9-39 | 什么是绿色志愿者？ | 211 |
| 9-40 | 绿色志愿者的意义有哪些？ | 211 |

## 第十章 建设美丽中国知识问答

| | | |
|---|---|---|
| 10-1 | 可以从哪三个维度研究美丽中国？ | 212 |
| 10-2 | 建设美丽中国理念的基本内容是什么？ | 212 |
| 10-3 | 生态文明新时代人民的新期待是什么？ | 212 |
| 10-4 | 如何理解美丽中国的内涵？ | 213 |
| 10-5 | 理念创新对建设美丽中国、推进生态文明有什么重要作用和意义？ | 213 |
| 10-6 | 尊重自然、顺应自然、保护自然的理念的内涵是什么？ | 213 |
| 10-7 | 需要理论对建设美丽中国有何指导作用？ | 214 |
| 10-8 | 美学理论对建设美丽中国有何指导作用？ | 214 |
| 10-9 | 美丽城市的内涵是什么？ | 214 |
| 10-10 | 美丽城市的基本特征有哪些？ | 214 |
| 10-11 | 美丽城市的建设目标是什么？ | 215 |
| 10-12 | 美丽乡村的内涵是什么？ | 215 |
| 10-13 | 为什么说建设美丽中国的出发点和落脚点是建设美丽乡村？ | 215 |
| 10-14 | 现代农业含义是什么？ | 215 |
| 10-15 | 现代农业对美丽乡村建设有何意义？ | 215 |
| 10-16 | 精细农业的内涵是什么？ | 216 |
| 10-17 | 乡村生物多样性的层次和分类有哪些？ | 216 |
| 10-18 | 乡村生物多样性保护措施有哪些？ | 216 |
| 10-19 | 乡村文化的构成包括哪些？ | 216 |
| 10-20 | 乡村文化的功能是什么？ | 216 |
| 10-21 | 如何破解美丽乡村建设中乡村文化发展的困境？ | 217 |
| 10-22 | 建设美丽森林的战略意义是什么？ | 217 |
| 10-23 | 建设美丽森林的途径有哪些？ | 217 |
| 10-24 | 美丽海洋的内涵是什么？ | 217 |
| 10-25 | 建设美丽海洋的目标是什么？ | 218 |

10-26 建设美丽海洋的原则应坚持哪些? ………………………… 218
10-27 建设美丽海洋可采取哪些对策? ………………………… 218
10-28 中国发展海洋强国的对策有哪些? ……………………… 218
10-29 美丽草原的功能是什么? ………………………………… 219
10-30 建设美丽草原的对策有哪些? …………………………… 219
10-31 湿地的生态功能有哪些? ………………………………… 219
10-32 湿地的经济功能有哪些? ………………………………… 219
10-33 湿地的社会功能有哪些? ………………………………… 220
10-34 建设美丽湿地可采取哪些现实途径? …………………… 220
10-35 美丽沙漠的内涵是什么? ………………………………… 220
10-36 建设美丽沙漠的目标是什么? …………………………… 220
10-37 建设美丽沙漠需坚持什么原则? ………………………… 220
10-38 建设美丽沙漠的对策有哪些? …………………………… 221
10-39 百姓期盼的天蓝、地绿、水净的实现途径是什么? …… 221
10-40 天蓝、地绿、水净作为生态文明建设的具体目标,需要在哪些地方作出努力? ……………………………………… 221

## 第十一章 生态文明制度建设知识问答

11-1 什么是生态文明制度? ……………………………………… 222
11-2 生态文明制度设计和体系完善还需要从哪些方面着手? ……… 222
11-3 什么是生态文明统计监测制度? …………………………… 222
11-4 环境统计监测和生态系统指标制定方面,欧洲和美国等发达国家有哪些较为成熟的经验? ……………………………… 223
11-5 建立生态文明综合指标体系,需要从哪几个方面加强建设? …… 223
11-6 什么是生态文明标准体系? ………………………………… 224
11-7 生态文明标准体系建设存在哪些问题? …………………… 224
11-8 生态文明标准体系的建设应该着重于哪几方面? ………… 224
11-9 什么是生态文明绩效评价制度? …………………………… 224
11-10 什么是生态文明责任追究制度? …………………………… 224
11-11 建立和完善生态文明责任追究制度还需要从哪几个方面考虑? ……………………………………………………… 224
11-12 什么是自然资源资产产权制? ……………………………… 225
11-13 建立和完善自然资源资产产权制度,应该重点从哪几个方面着手? ………………………………………………… 225
11-14 什么是自然资源用途管理制度? …………………………… 225
11-15 建立和完善自然资源用途管理制度,可以从哪几个方面着手? ……………………………………………………… 225
11-16 什么是自然资源有偿使用制度? …………………………… 226
11-17 《生态文明体制改革总体方案》从哪几个方面对自然资源

| | | |
|---|---|---|
| | 有偿使用制度进行改革和完善？ | 226 |
| 11-18 | 自然资源有偿使用制度的建设尚存在哪些问题？ | 226 |
| 11-19 | 制定架构完善的自然资源有偿使用制度体系，可以从哪几个方面着手？ | 226 |
| 11-20 | 什么是自然资源资产负债表？ | 227 |
| 11-21 | 目前自然资源资产负债表建设需要解决哪些瓶颈问题？ | 227 |
| 11-22 | 什么是自然资源资产离任审计？ | 227 |
| 11-23 | 自然资源资产离任审计制度的建立面临的问题和难题有哪些？ | 227 |
| 11-24 | 实现对于生态安全的有效保障，需要从哪几个方面着手？ | 228 |
| 11-25 | 目前中国国家公园体制试点有哪些？ | 228 |
| 11-26 | 中国国家公园体制试点区具有哪些特征？ | 228 |
| 11-27 | 什么是环境治理体系？ | 228 |
| 11-28 | 按照党的十九大报告的要求，可以从哪几个方面着手积极引导社会各行为主体参与环境保护和治理中去？ | 228 |
| 11-29 | 如何进行广泛的社会动员以健全环境治理体系？ | 229 |
| 11-30 | 如何提高公众参与环境治理的能力和水平？ | 229 |
| 11-31 | 什么是生态环境保护制度？ | 229 |
| 11-32 | 如何促进建立最严格的生态环境保护制度？ | 229 |
| 11-33 | 什么是国土空间开发保护制度？ | 229 |
| 11-34 | 建立国土空间开发保护制度和国土空间规划体系需要做好哪些工作？ | 230 |
| 11-35 | 什么是生态保护红线制度？ | 230 |
| 11-36 | IUCN自然保护地的分类系统的类别有哪些？ | 230 |
| 11-37 | 在设定和落实生态保护红线制度方面，需要从哪几个方面考虑？ | 230 |
| 11-38 | 什么是耕地草原森林河流湖泊休养生息制度？ | 231 |
| 11-39 | 如何进一步完善耕地草原森林河流湖泊休养生息制度？ | 231 |
| 11-40 | 什么是生态修复（恢复）制度？ | 231 |
| 11-41 | 生态修复包括哪两种形式？ | 231 |
| 11-42 | 建立生态修复（恢复）制度，需要从哪几方面进一步努力？ | 231 |
| 11-43 | 什么是生态补偿制度？ | 232 |
| 11-44 | 探索生态补偿制度的建立，还需要从哪几个方面着手？ | 232 |
| 11-45 | 什么是环保信用评价制度？ | 232 |
| 11-46 | 国外普遍运用的信用评价模式有哪些？ | 232 |
| 11-47 | 环境影响评价（评估）制度的内涵？ | 233 |
| 11-48 | 环境影响评价书（表）的基本内容？ | 233 |

| | | |
|---|---|---|
| 11-49 | 建立和完善环境影响评价制度可以从哪几个方面着手? | 233 |
| 11-50 | 什么是生态保护修复和污染防治区域联动机制? | 233 |
| 11-51 | 建立生态保护修复和污染防治区域联动机制,还需要做好哪几方面的工作? | 233 |
| 11-52 | 什么是生态环境损害赔偿制度? | 234 |
| 11-53 | 我国生态环境损害赔偿制度的设计和运行还存在哪些不足? | 234 |
| 11-54 | 在建立和完善生态环境损害赔偿制度方面,可以考虑哪几方面加强设计和规划? | 234 |
| 11-55 | 什么是环境信息公开制度? | 235 |
| 11-56 | 环境信息公开的主体和内容有哪些? | 235 |
| 11-57 | 我国环境信息公开制度的建设还存在哪些亟须解决的问题? | 235 |
| 11-58 | 建立环境信息公开制度,还需要从哪几方面加强努力? | 235 |
| 11-59 | 什么是生态环境监管制度? | 235 |
| 11-60 | 建设生态环境监管制度可从哪几方面努力? | 236 |

**参考文献** ............................................................ 237

# 第一章

## 马克思恩格斯生态哲学知识问答

**1-1 马克思恩格斯如何阐述发生学角度的人？**
答："人是自然界发展到一定阶段的产物，历史本身是自然史的即自然界生成为人这一过程的一个现实部分。"

**1-2 恩格斯如何阐述人类以劳动为基础主动适应环境的进化路径？**
答："随着手的发展、随着劳动而开始的人对自然的统治，随着每一新的进步又扩大了人的眼界。他们在自然对象中不断地发现新的、以往所不知道的属性。"

**1-3 马克思如何阐述人是自然存在物？**
答："人直接地是自然存在物。"

**1-4 马克思如何阐述人作为自然存在物的能动性？**
答："人作为自然存在物，而且作为有生命的自然存在物，一方面具有自然力、生命力，是能动的自然存在物；这些力量作为天赋和才能、作为欲望存在于人身上。"

**1-5 马克思如何阐述人作为自然存在物的对象性？**
答："人作为自然的、肉体的、感性的、对象性的存在物，和动植物一样，是受动的、受制约的和受限制的存在物，也就是说，他的欲望的对象是作为不依赖于他的对象而存在于他之外的；但这些对象是他的需要的对象；是表现和确证他的本质力量所不可缺少的、重要的对象。"

**1-6　马克思如何阐述人作为自然存在物的受动性?**

答:"说人是肉体的、有自然力的、有生命的、现实的、感性的、对象性的存在物,这就等于说,人有现实的、感性的对象作为自己的本质即自己的生命表现的对象;或者说,人只有凭借现实的、感性的对象才能表现自己的生命。"

**1-7　马克思如何阐述人是人的自然存在物?**

答:"人不仅仅是自然存在物,而且是人的自然存在物,也就是说,是为自身而存在着的存在物,因而是类存在物。"

**1-8　马克思如何阐述人作为为自身而存在的类存在物的自我意识性?**

答:"他必须既在自己的存在中也在自己的知识中确证并表现自身。""动物和自己的生命活动是直接同一的。动物不把自己同自己的生命活动区别开来。它就是自己的生命活动。人则使自己的生命活动本身变成自己意志的和自己意识的对象。他具有有意识的生命活动。……有意识的生命活动把人同动物的生命活动直接区别开来。"

**1-9　马克思如何阐述人作为为自身而存在的类存在物的社会目的性?**

答:"从理论领域说来,植物、动物、石头、空气、光等等,一方面作为自然科学的对象,一方面作为艺术的对象,都是人的意识的一部分,是人的精神的无机界,是人必须事先进行加工以便享用和消化的精神食粮;同样,从实践领域说来,这些东西也是人的生活和人的活动的一部分。人在肉体上只有靠这些自然产品才能生活,不管这些产品是以食物、燃料、衣着的形式还是以住房等等的形式表现出来。在实践上,人的普遍性正表现在把整个自然界——首先作为人的直接的生活资料。"

**1-10　马克思恩格斯如何阐述自然是人类"无机的身体"?**

答:"整个自然界——首先作为人的直接的生活资料,其次作为人的生命活动的材料、对象和工具——变成人的无机的身体。自然界,就它本身不是人的身体而言,是人的无机的身体。人靠自然界生活。这就是说,自然界是人为了不致死亡而必须与之不断交往的、人的身体。所谓人的肉体生活和精神生活同自然界相联系,也就等于说自然界同自身相联系,因为人是自然界的一部分。"

**1-11　恩格斯如何阐述劳动和自然界一起才是财富的源泉?**

答:"政治经济学家说:劳动是一切财富的源泉。其实,劳动和自然界在一起才是一切财富的源泉,自然界为劳动提供材料,劳动把材料转变为财富。"

**1-12　恩格斯如何阐述劳动除了财富的源泉以外的作用？**
答："但是劳动的作用还远不止于此。劳动是整个人类生活的第一个基本条件，而且达到这样的程度，以致我们在某种意义上不得不说：劳动创造了人本身。"

**1-13　马克思如何阐述构成生产要素的自然属性是历史性的存在？**
答："外部自然条件在经济上可以分为两大类：生活自然的自然富源，例如土壤的肥力，渔产丰富的水域等等；劳动资料的自然富源，如奔腾的瀑布、可以航行的河流、森林、金属、煤炭等等。"

**1-14　马克思如何阐述自然资源的丰裕程度与劳动生产力的高度相关性？**
答："不同的共同体在各自的自然环境中，找到不同的生产资料和不同的生活资料。""除了各个人的先天的能力和后天获得的生产技能的区别，劳动生产力主要应当取决于：首先，劳动的自然条件，如土地的肥沃程度、矿山的丰富程度等；其次，劳动的社会力的日益改进……"

**1-15　马克思如何阐述自然是推动人类劳动发展的重要因素？**
答："对于一个民族来说，最大的不幸莫过于他们所居住的地方天然就能产生出大部分生活资料和食物。……而气候又使人们不必为穿和住担忧……当然也可能有另一方面的极端。投入劳动不能带来任何结果的土地，同不投入任何劳动就能产出丰富产品的土地是一样坏的。"

**1-16　马克思如何阐述地球自然为人们展现了一个丰富多彩的世界？**
答："正像人的本质规定和活动是多种多样的一样，人的现实也是多种多样的。""从理论领域来说，植物、动物、石头、空气、光等等，一方面作为自然科学的对象，一方面作为艺术的对象，都是人的意识的一部分，是人的精神的无机界，是人必须事先进行加工以便享用和消化的精神食粮。"

**1-17　恩格斯如何阐述自然界是检验辩证法的试金石？**
答："自然界是检验辩证法的试金石，而且我们必须说，现代自然科学为这种检验提供了极其丰富的、与日俱增的材料，并从而证明了，自然界的一切归根到底是辩证地而不是形而上学地发生；自然界不是循着一个永远不变的不断重复的圆圈运动，而是经历着实在的历史。这里首先就应当指出达尔文，他极其有力地打击了形而上学的自然观，因为他证明了今天的整个有机界，植物和动物，因而也包括人类在内，都是延续了几百万年的发展过程的产物。"

**1-18 恩格斯如何阐述世界的整体性？**

答："世界表现为一个统一的体系，即一个有联系的整体，这是显而易见的，但是要认识这个体系，必须先认识整个自然界和历史，这种认识人们永远不会达到。"

**1-19 恩格斯如何阐述动物活动对环境的影响？**

答："动物通过它们的活动同样也改变外部自然界，虽然在程度上不如人。我们也看到：动物对环境的这些改变又反过来作用于改变环境的动物，使它们发生变化。因为在自然界中任何事物都不是孤立发生的。"

**1-20 恩格斯如何阐述人的活动对环境的影响？**

答："人离开动物越远，他们对自然界的影响就越带有经过事先思考的、有计划的、以事先知道的一定目标为取向的行为的特征。"

**1-21 恩格斯如何阐述人与动物活动在影响环境上的本质差别？**

答："一切动物的一切有计划的行动，都不能在地球上打下自己的意志的印记。这一点只有人才能做到。一句话，动物仅仅利用外部自然界，简单地通过自身的存在在自然界中引起变化；而人则通过他所做出的改变来使自然界为自己的目的服务，来支配自然界。这便是人同其他动物的最终的本质的差别，而造成这一差别的又是劳动。"

**1-22 恩格斯如何总结形而上学的自然观？**

答："这个时期的突出特征是形成了一种独特的总观点，其核心就是自然界绝对不变的看法。不管自然界本身是怎样产生的，只要它一旦存在，那么它在存在的时候就总是这个样子。"

**1-23 恩格斯如何总结辩证唯物主义的自然观？**

答："新的自然观就其基本点来说已经完备：一切僵硬的东西溶解了，一切固定的东西消散了，一切被当作永恒存在的特殊的东西变成了转瞬即逝的东西，整个自然界被证明是在永恒的流动和循环中运动着。"

**1-24 恩格斯如何对比希腊哲学的自然观与辩证唯物主义的自然观？**

答："于是我们又回到了希腊哲学的伟大创立者的观点：整个自然界，从最小的东西到最大的东西，从沙粒到太阳，从原生生物到人，都处于永恒的产生和消逝中，处于不断的流动中，处于不息的运动和变化中。只有这样一个本质的差别：在希腊人那里是天才的直觉，在我们这里则是以实验为依据的严格科学的研究的结果，因而其形式更加明确得多。"

**1-25　马克思恩格斯如何阐述人类历史的第一个前提是有生命的个人的存在？**

答："任何人类历史的第一个前提无疑是有生命的个人的存在。因此第一个需要确定的具体事实就是这些个人的肉体组织，以及受肉体组织制约的他们与自然界的关系。当然，我们在这里既不能深入研究人们自身的生理特性，也不能深入研究各种自然条件——地质条件、地理条件、气候条件以及人们所遇到的其他条件。任何历史记载都应当从这些自然基础以及它们在历史进程中由于人们的活动而发生的变更出发。"

**1-26　马克思恩格斯如何阐述人类的第一个历史活动？**

答："我们首先应当确定一切人类生存的第一个前提也就是一切历史的第一个前提，这个前提就是：人们为了能够'创造历史'，必须能够生活。但是为了生活，首先就需要衣、食、住以及其他东西。因此第一个历史活动就是生产满足这些需要的资料，即生产物质生活本身。同时这也是人们仅仅为了能够生活就必须每日每时都要进行的（现在也和几千年前一样）一种历史活动，即一切历史的一种基本条件。"

**1-27　马克思恩格斯如何阐述人与环境的统一性？**

答："历史的每一阶段都遇到有一定的物质结果、一定数量的生产力总和，人和自然以及人与人之间在历史上形成的关系，都遇到有前一代传给后一代的大量生产力、资金和环境，尽管一方面这些生产力、资金和环境为新的一代所改变，但另一方面，它们也预先规定新的一代的生活条件，使它得到一定的发展和具有特殊的性质。……人创造环境，同样环境也创造人。"

**1-28　恩格斯如何阐述人与动物在创造环境方面的差别？**

答："动物的正常生存条件，是在它们当时所生活和所适应的环境中现成具有的；而人一旦从狭义的动物中分化出来，其正常生存条件却从来就不是现成具有的，这种条件只是由以后的历史的发展造成的。人是唯一能够挣脱纯粹动物状态的动物——他的正常状态是一种同他的意识相适应的状态，是需要他自己来创造的状态。"

**1—29　恩格斯如何阐述人类社会与动物界的本质区别？**

答："人类社会和动物界的本质区别在于，动物最多是采集，而人则从事生产。仅仅由于这个唯一的然而是基本的区别，就不可能把动物界的规律直接搬到人类社会中来。"

**1—30　马克思恩格斯如何阐述自然的自然性与人的自然性的统一？**

答："人作为自然存在物，而且作为有生命的自然存在物，一方面具有自然力、生命力，是能动的自然存在物；这些力量作为天赋和才能、作为欲望存在于人身上；另一方面，是受动的、受制约的和受限制的存在物，就是说，他的欲望的对象是作为不依赖于他的对象而存在于他之外的。"

**1—31　马克思恩格斯如何阐述人的属人性与自然的对象性的统一？**

答："通过实践改造对象世界，改造无机界，人证明自己是有意识的类存在物。"

"自然界的人的本质只有对社会的人来说才是存在的；因为只有在社会中，自然界……才是人的现实的生活要素。……社会是人同自然界的完成了的本质统一，是自然界的真正复活。"

"在人类历史中即在人类社会的形成过程中生成的自然界，是人的现实的自然界；因此，通过工业——尽管以异化的形式——形成自然界，是真正的、人本学的自然界。"

"从实践领域来说，这些东西也是人的生活和人的活动的一部分。人在肉体上只有靠这些自然产品才能生活，不管这些产品是以食物、燃料、衣着的形式还是以住房等等的形式表现出来。在实践上，人的普遍性正是表现为这样的普遍性，它把整个自然界——首先作为人的直接的生活资料，其次作为人的生命活动的对象（材料）和工具——变成人的无机的身体。"

**1—32　马克思恩格斯如何阐述自然关系与社会关系的统一？**

答："人和自然之间的物质变换即人类生活得以实现的永恒的自然必然性。"

"人对自然的关系直接就是人对人的关系，正像人对人的关系直接就是人对自然的关系，就是他自己的自然的规定。"

"人们在生产中不仅仅影响自然界，而且也互相影响。他们只有以一定的方式共同活动和互相交换其活动，才能进行生产。为了进行生产，人们相互之间便发生一定的联系和关系；只有在这些社会联系和社会关系的范围内，才会有他们对自然界的影响，才会有生产。"

### 1-33　马克思恩格斯如何阐述历史是人的真正的自然史？

答："正像一切自然物必须形成一样，人也有自己的形成过程即历史，但历史对人来说是被认识到的历史，因而它作为形成过程是一种有意识地扬弃自身的形成过程。历史是人的真正的自然史。"

### 1-34　马克思恩格斯如何阐述对象性的存在？

答："一个存在物如果在自身之外没有自己的自然界，就不是自然存在物，就不能参加自然界的生活。一个存在物如果在自身之外没有对象，就不是对象性的存在物。一个存在物如果本身不是第三存在物的对象，就没有任何存在物作为自己的对象，就是说，它没有对象性的关系，它的存在就不是对象性的存在。……非对象性的存在物，是一种非现实的、非感性的、只是思想上的即只是想象出来的存在物，是抽象的东西。"

### 1-35　马克思如何阐述人与自然关系中呈现了社会实践特点的对象性关系？

答："凡是有某种关系存在的地方，这种关系都是为我而存在的；动物不对什么东西发生'关系'，而且根本没有'关系'；对于动物来说，它对他物的关系不是作为关系存在的。"

### 1-36　马克思如何阐述社会交往作为人与自然在社会中的统一形式或途径？

答："社会的活动和社会的享受绝不仅仅存在于直接共同的活动和直接共同的享受这种形式中，虽然共同的活动和共同的享受，即直接通过同别人的实际交往表现出来和得到确证的那种活动和享受，在社会性的上述直接表现以这种活动或这种享受的内容本身为根据并且符合其本性的地方都会出现。"

"甚至当我从事科学之类的活动，即从事一种我只是在很少情况下才能同别人直接交往的活动的时候，我也是社会的，因为我是作为人活动的。不仅我的活动所需的材料，甚至思想家用来进行活动的语言本身，都是作为社会的产品给予我的，而且我本身的存在就是社会的活动；因此，我从自身所做出的东西，是我从自身为社会做出的，并且意识到我自己是社会的存在物。"

"我的普遍意识不过是以现实共同体、社会存在物为生动形式的那个东西的理论形式,而在今天,普遍意识是现实生活的抽象,并且作为这样的抽象是与现实生活相敌对的。因此,我的普遍意识的活动本身也是我作为社会存在物的理论存在。"

**1-37　马克思如何阐述人对人与自然的对象性关系的把握?**
答:"工业的历史和工业的已经生成的对象性的存在,是一本打开了的关于人的本质力量的书,是感性地摆在我们面前的人的心理学。"

**1-38　马克思恩格斯如何阐述人在生产劳动中形成的双重关系?**
答:"生命的生产,无论是通过劳动而达到的自己生命的生产,或是通过生育而达到的他人生命的生产,就立即表现为双重关系:一方面是自然关系,另一方面是社会关系。"

**1-39　马克思如何阐述劳动是人与自然之间的物质变换的一般条件?**
答:"劳动过程……是制造使用价值的有目的的活动,是为了人类的需要而对自然物的占有,是人和自然之间的物质变换的一般条件,是人类生活的永恒的自然条件,因此,它不以人类生活的任何形式为转移,倒不如说,它为人类生活的一切社会形式所共有。因此,我们不必来叙述一个劳动者与其他劳动者的关系。一边是人及其劳动,另一边是自然及其物质,这就够了。"

**1-40　马克思如何阐述劳动是人与自然之间物质变换即人类生活得以实现的永恒的自然必然性?**
答:"劳动作为使用价值的创造者,作为有用劳动,是不以一切社会形式为转移的人类生存条件,是人和自然之间的物质变换即人类生活得以实现的永恒的自然必然性。"

**1-41　马克思如何阐述劳动与物质变换的关系?**
答:"劳动首先是人和自然之间的过程,是人以自身的活动为中介、调整和控制人和自然之间的物质变换的过程。"

**1-42　恩格斯如何阐述与物质变换相关的人类生产生活实践是人类社会存在和发展的物质基础?**
答:"人们首先必须吃、喝、住、穿,然后才能从事政治、科学、艺术、宗教等等;所以,直接的物质的生活资料的生产,从而一个民族或一个时代的一定的经济发展阶段，便构成基础。"

**1-43　马克思恩格斯如何阐述资本主义条件下物质变换的商品形式？**
答："社会劳动的物质变换，是在资本循环和构成这个循环的一个阶段的商品形态变化中完成的。"

**1-44　马克思恩格斯如何阐述资本主义条件下商品成为社会物质变换的媒介？**
答："交换过程使商品从把它们当作非使用价值的人手里转到把它们当作使用价值的人手里，就这一点说，这个过程是一种社会的物质变换。"

**1-45　马克思恩格斯如何阐述以商品为媒介的物质变换对社会联系的促进作用？**
答："一方面，我们看到，商品交换怎样打破了直接的产品交换的个人的和地方的限制，发展了人类劳动的物质变换。另一方面，整整一系列不受当事人控制的天然的社会联系发展起来了。"

**1-46　马克思恩格斯如何阐述资本主义大工业生产对物质变换效率的提高？**
答："资本主义生产方式一方面促进社会劳动生产力的发展，另一方面也促进不变资本使用上的节约。"

**1-47　马克思如何阐述资本主义把社会化大生产的物质变换纳入资本追逐利润的过程？**
答："劳动本身，不仅在目前的条件下，而且就其一般目的仅仅在于增加财富而言，在我看来是有害的、招致灾难的。"

**1-48　马克思恩格斯如何阐述剩余价值生产作为物质变换异化的动力？**
答："在一种不是物质财富为工人的发展需要而存在，相反是工人为现有价值的增值需要而存在的生产方式下……""剩余价值的生产是生产的直接目的和决定动机。"

**1-49　马克思如何阐述农业资本家对土地资源的掠夺？**
答："资本主义生产使它汇集在各大中心的城市人口越来越占优势，这样一来，它一方面聚集着社会的历史动力，另一方面又破坏着人和土地之间的物质变换，也就是使人以衣食形式消费掉的土地的组成部分不能回归土地，从而破坏土地持久肥力的永恒的自然条件。这样，它同时就破坏城市工人的身体健康和农村工人的精神生活。"

**1-50　马克思如何阐述资本主义工业化下物质变换扩张对物质变换基础的破坏？**
答："资本主义生产发展了是社会生产过程的技术和结合，只是由于它同时破坏了一切财富的源泉——土地和工人。"

**1-51　马克思如何从人类社会发展的视野阐述实现人与自然之间物质变换过程调节控制的前提、条件与遵循的原则？**
答："像野蛮人为了满足自己的需要，为了维持和再生产自己的生命，必须与自然搏斗一样，文明人也必须这样做；而且在一切社会形式中，在一切可能的生产方式中，他都必须这样做。这个自然必然性的王国会随着人的发展而扩大，因为需要会扩大；但是，满足这种需要的生产力同时也会扩大。这个领域内的自由只能是：社会化的人，联合起来的生产者，将合理地调节他们和自然之间的物质变换，把它置于他们的共同控制之下，而不让它作为一种盲目的力量来统治自己；靠消耗最小的力量，在最无愧于和最适合于他们的人类本性的条件下来进行这种物质变换。但是，这个领域始终是一个必然王国。在这个必然王国的彼岸，作为目标本身的人类能力的发挥，真正的自由王国，就开始了。但是，这个自由王国只有建立在必然王国的基础上，才能繁荣起来。"

**1-52　马克思如何阐述资本主义条件下发展社会劳动生产力仍是实现物质变换的调节控制的前提？**
答："发展社会劳动的生产力，是资本的历史任务和存在理由。资本正是以此不自觉地创造着一种更高级的生产形式的物质条件。"

**1-53　马克思如何阐述资本主义条件下物质变换对人类历史的进步作用？**
答："资本的文明面之一是，它榨取这种剩余劳动的方式和条件，同以前的奴隶制、农奴制等形式相比，都更有利于生产力的发展，有利于社会关系的发展，有利于更高级的新形态的各种要素的创造。"

**1-54　马克思如何阐述解决生产资料的资本主义私有制与社会化大生产之间的矛盾对于实现物质变换的调节控制的根本性作用？即马克思如何阐述从"人与自身的和解"出发解决"人与自然的和解"问题？**
答："生产资料的社会占有，不仅会消除生产的现存的人为障碍，而且还会消除生产力和产品的有形的浪费和破坏，这种浪费和破坏在目前是生产的无法摆脱的伴侣，并且在危机时期达到顶点。此外，这种占有还由于消除了现在的统治阶级及其政治代表的穷奢极欲的挥霍而为全社会节省出大量的生产资料和产品。"

**1-55  马克思如何阐述科技发展为实现物质变换的调节控制提供科技基础?**
答:"自由不在于幻想中摆脱自然规律而独立,而在于认识这些规律,从而能够有计划地使自然规律为一定的目的服务。"

**1-56  马克思如何阐述"消耗最小的力量、最适合于人类本性"作为实现物质变换的调节控制的基本准则?**
答:"社会地控制自然力以便经济地加以利用,用人力兴建大规模的工程以便占有或驯服自然力,——这种必要性在产业发展史上起着最有决定性的作用。"

**1-57  马克思恩格斯如何阐述科技推动生产力发展的进步作用?**
答:"人类支配的生产力是无法估量的。资本、劳动和科学的应用,可以使土地的生产能力无限地提高。"

**1-58  马克思恩格斯如何阐述科技发展为人类造福?**
答:"资本日益增加,劳动力随着人口的增长而增长,科学又日益使自然力受支配。这种无法估量的生产能力,一旦被自觉地运用并为大众造福,人类肩负的劳动就会很快地减少到最低限度。"

**1-59  马克思恩格斯如何阐述科技在资本主义社会所创造的神奇生产力?**
答:"自然力的征服,机器的采用,化学在工业和农业中的应用,轮船的行驶,铁路的通行,电报的使用,整个大陆的开垦,河川的通航,……资产阶级在它的不到一百年的阶级统治中所创造的生产力,比过去一切世代创造的全部生产力还要多,还要大。"

**1-60  恩格斯如何阐述人类对自然力的首次征服?**
答:"尽管工具和驯养动物的发明在先,但是人类只是在学会摩擦取火以后,才第一次迫使一种无生命的自然力替自己服务。"

**1-61  恩格斯如何阐述摩擦生火这一人类第一次掌握自然力的行为的伟大意义?**
答:"在人类历史的初期,发现了从机械运动到热的转化,即摩擦生火;在到目前为止的发展的末期,发现了从热到机械运动的转化,即蒸汽机。而尽管蒸汽机在社会领域中实现了巨大的解放性的变革——这一变革还没有完成一半,——但是毫无疑问,就世界性的解放作用而言,摩擦生火还是超过了蒸汽机,因为摩擦生火第一次使人支配了一种自然力,从而最终把人同动物界分开。"

**1-62 恩格斯如何看待生产推动科技发展?**

答:"科学的产生和发展一开始就是由生产决定的。如果说,在中世纪的黑夜之后,科学以意想不到的力量一下子重新兴起,并且以神奇的速度发展起来,那么,我们要再次把这个奇迹归功于生产。"恩格斯认为,"以前人们只夸耀生产应归功于科学,但是科学应归功于生产的事实却多得不可胜数。"

**1-63 马克思如何阐述资本主义生产促进科学技术的发展?**

答:"只有资本主义生产才把物质生产过程变成科学在生产中的应用——被运用于实践的科学。"

**1-64 马克思如何阐述资本主义推动科技发展的历史功绩?**

答:"资产阶级历史时期负有为新世界创造物质基础的使命:一方面要造成以全人类互相依赖为基础的普遍交往,以及进行这种交往的工具,另一方面要发展人的生产力,把物质生产变成对自然力的科学统治。资产阶级的工业和商业正为新世界创造这些物质条件,正像地质变革创造了地球表层一样。"

**1-65 马克思恩格斯如何阐述大工业统一整个世界的作用?**

答:"大工业通过普遍的竞争迫使所有人的全部精力极度紧张起来。只要可能,它就消灭意识形态、宗教、道德等等,而当它不能做到这一点时,它就把它们变成赤裸裸的谎言。它首次开创了世界历史,因为它使每个文明国家以及这些国家中的每一个人的需要的满足都依赖于整个世界,因为它消灭了以往自然形成的各国的孤立状态。它使自然科学从属于资本,并使分工丧失了自然性质的最后一点痕迹。它把自然形成的关系一概消灭掉(只要这一点在劳动范围内可能做到的话);它把这些关系变成金钱的关系。它建立了现代化大工业城市(它们像闪电般迅速地成长起来)来代替从前自然成长起来的城市。……它使商业城市最终战胜了乡村。[它的第一个前提]是自动化体系。[它的发展]造成了大量的生产力,……大工业到处造成了社会各阶级间大致相同的关系,从而消灭了各民族的特殊性。同样,大工业发达的国家也 plus ou moins [或多或少]影响着非工业国家,因为非工业国家由于世界贸易而被卷入普遍竞争的斗争中。"

**1-66 马克思如何阐述科技进步推动人类认识水平的发展?**

答:"工艺学会揭示出人对自然的能动关系,人的生活的直接生产过程,以及人的生活条件和由此产生的精神观念的直接生产过程。"

**1-67 恩格斯如何阐述"工具"在人对自然界中的反作用？**
答："手的专业化意味着工具的出现，而工具意味着人所特有的活动，意味着人对自然界进行改造的反作用，意味着生产。"

"狭义的动物也有工具，然而这只是它们的身躯的肢体，蚂蚁、蜜蜂、海狸就是这样；动物也进行生产，但是它们的生产对周围自然界的作用在自然界面前等于零。只有人能够做到给自然界打上自己的印记，因为他们不仅迁移动植物，而且也改变了他们的居住地的面貌、气候，甚至还改变了动植物本身，以致他们活动的结果只能和地球的普遍灭亡一起消失。"

**1-68 恩格斯如何阐述对自然知识的增加与人对自然界反作用的手段之间的关系的认识？**
答："随着自然规律知识的迅速增加，人对自然界起反作用的手段也增加了；如果人脑不随着手、不和手一起、不是部分地借助于手而相应地发展起来，那么单靠手是永远造不出蒸汽机来的。"

"随同人，我们进入了历史。……人离开狭义的动物越远，就越是有意识地自己创造自己的历史，未能预见的作用、未能控制的力量对这一历史的影响就越小，历史的结果和预定的目的就越加符合。但是，如果用这个尺度来衡量人类的历史，甚至衡量现代最发达的民族的历史，我们就会发现：在这里，预定的目的和达到的结果之间还总是存在着极大的出入。未能预见的作用占据优势，未能控制的力量比有计划运用的力量强大得多。"

**1-69 恩格斯如何阐述人类对自然的胜利？**
答："但是我们不要过分陶醉于我们人类对自然界的胜利。对于每一次这样的胜利，自然界都对我们进行报复。每一次胜利，起初确实取得了我们预期的结果，但是往后和再往后却发生完全不同的、出乎预料的影响，常常把最初的结果又消除了。美索不达米亚、希腊、小亚细亚以及其他各地的居民，为了得到耕地，毁灭了森林，但是他们做梦也想不到，这些地方今天竟因此而成为不毛之地，因为他们使这些地方失去了森林，也就失去了水分的积聚中心和贮藏库。"

"因此我们每走一步都要记住：我们决不像征服者统治异族人那样支配自然界，决不像站在自然界之外的人似的去支配自然界——相反，我们连同我们的肉、血和头脑都是属于自然界和存在于自然界之中的；我们对自然界的整个支配作用，就在于我们比其他一切生物强，能够认识和正确运用自然规律。"

**1-70 恩格斯认为人类应如何认识与处理人与自然的关系？**

答："事实上，我们一天天地学会更正确地理解自然规律，学会认识我们对自然界习常过程的干预所造成的较近或较远的后果。特别自本世纪自然科学大踏步前进以来，我们越来越有可能学会认识并从而控制那些至少是由我们的最常见的生产行为所造成的较远的自然后果。而这种事情发生得越多，人们就越是不仅再次地感觉到，而且也认识到自身和自然界的一体性，那种关于精神和物质、人类和自然、灵魂和肉体之间的对立的荒谬的、反自然的观点，也就越不可能成立了，这种观点自古典古代衰落以后出现在欧洲并在基督教中得到最高度的发展。"

"但是，如果说我们需要经过几千年的劳动才多少学会估计我们的生产行为在自然方面的较远的影响，那么我们想学会预见这些行为在社会方面的较远的影响就更加困难得多了。"

**1-71 恩格斯如何阐述人类对今天的生产方式所产生后果的认识？**

答："到目前为止的一切生产方式，都仅仅以取得劳动的最近的、最直接的效益为目的。那些只是在晚些时候才显现出来的、通过逐渐的重复和积累才产生效应的较远的结果，则完全被忽视了。"

**1-72 恩格斯如何阐述今天的生产方式对自然界和社会的影响后果？**

答："西班牙的种植场主曾在古巴焚烧山坡上的森林，以为木灰作为肥料足够最能赢利的咖啡树利用一个世代之久，至于后来热带的倾盆大雨竟冲毁毫无保护的沃土而只留下赤裸裸的岩石，这同他们又有什么相干呢？在今天的生产方式中，面对自然界和社会，人们注意的主要只是最初的最明显的成果，可是后来人们又感到惊讶的是：取得上述成果的行为所产生的较远的后果，竟完全是另外一回事，在大多数情况下甚至是完全相反的；需求和供给之间的和谐，竟变成二者的两极对立，每十年一次的工业周期的过程就显示了这种对立……"

**1-73 马克思如何阐述人作为类存在物？**

答："人是类存在物，不仅因为人在实践上和理论上都把类——自身的类以及其他物的类——当作自己的对象；而且因为——这只是同一件事情的另一种说法——人把自身当作现有的、有生命的类来对待，当作普遍的因而也是自由的存在物来对待。"

**1-74 马克思如何通过区分动物的生产与人的生产来阐述人是类存在物？**

答："通过实践创造对象世界，即改造无机界，证明了人是有意识的类存在物，也就是这样一种存在物，它把类看作自己的本质，或者说把自身看作类存在物。诚然，动物也生产。它也为自己营造巢穴或住所，如蜜蜂、海狸、蚂蚁等。但是动物只生产它自己或它的幼仔所直接需要的东西；动物的生产是片面的，而人的生产是全面的；动物只是在直接的肉体需要的支配下生产，而人甚至不受肉体需要的支配也进行生产，并且只有不受这种需要的支配时才进行真正的生产；动物只生产自身，而人再生产整个自然界；动物的产品直接同它的肉体相联系，而人则自由地对待自己的产品。动物只是按照它所属的那个种的尺度和需要来建造，而人却懂得按照任何一个种的尺度来进行生产，并且懂得怎样处处都把内在的尺度运用到对象上去；因此，人也按照美的规律来建造。"

**1-75 马克思如何阐述人的类生活？**

答："无论是在人那里还是在动物那里，类生活从肉体方面说来就在于：人（和动物一样）靠无机界生活，而人比动物越有普遍性，人赖以生活的无机界的范围就越广阔。从理论领域说来，植物、动物、石头、空气、光等，一方面作为自然科学的对象，一方面作为艺术的对象，都是人的意识的一部分，是人的精神的无机界，是人必须事先进行加工以便享用和消化的精神食粮；同样，从实践领域说来，这些东西也是人的生活和人的活动的一部分。人在肉体上只有靠这些自然产品才能生活，不管这些产品是以食物、燃料、衣着的形式还是以住房等等的形式表现出来。在实践上，人的普遍性正表现在把整个自然界——首先作为人的直接的生活资料，其次作为人的生命活动的材料、对象和工具——变成人的无机的身体。自然界，就它本身不是人的身体而言，是人的无机的身体。人靠自然界生活。这就是说，自然界是人为了不致死亡而必须与之不断交往的、人的身体。所谓人的肉体生活和精神生活同自然界相联系，也就等于说自然界同自身相联系，因为人是自然界的一部分。"

**1-76 马克思如何阐述异化劳动把人的类生活从目的变成了手段？**

答："异化劳动从人那里夺去了他的生产的对象，也就从人那里夺去了他的类生活，即他的现实的、类的对象性，把人对动物所具有的优点变成缺点，因为从人那里夺走了他的无机的身体即自然界。"

"同样，异化劳动把自我活动、自由活动贬低为手段，也就把人的类生活变成维持人的肉体生存的手段。"

"因而，人具有的关于他的类的意识也由于异化而改变，以致类生活对他说来竟成了手段。"

**1-77　马克思如何进一步阐述异化劳动造成人的异化的过程?**

**答**：异化劳动会造成"人的类本质——无论是自然界,还是人的精神的、类的能力——变成人的异己的本质,变成维持他的个人生存的手段。异化劳动使人自己的身体,以及在他之外的自然界,他的精神本质,他的人的本质同人相异化。""人同自己的劳动产品、自己的生命活动、自己的类本质相异化这一事实所造成的直接结果就是人同人相异化。当人同自身相对立的时候,他也同他人相对立。""人的异化,一般地说人同自身的任何关系,只有通过人同其他人的关系才得到实现和表现。因而,在异化劳动的条件下,每个人都按照他本身作为工人所处的那种关系和尺度来观察他人。"

**1-78　马克思如何阐述人的能动的类生活?**

**答**："正是在改造对象世界中,人才真正地证明自己是类存在物。这种生产是人的能动的类生活。通过这种生产,自然界才表现为他的作品和他的现实。因此,劳动的对象是人的类生活的对象化:人不仅像在意识中那样理智地复现自己,而且能动地、现实地复现自己,从而在他所创造的世界中直观自身。"

"人的个人生活和类生活并不是各不相同的,尽管个人生活的存在方式必然是类生活的较为特殊的或者较为普遍的方式,而类生活必然是较为特殊的或者较为普遍的个人生活。"

**1-79　马克思如何阐述作为类存在的人的类意识?**

**答**："作为类意识,人确证自己的现实的社会生活,并且只是在思维中复现自己的现实存在;反之,类存在则在类意识中确证自己,并且在自己的普遍性中作为思维着的存在物自为地存在着。"

"因此,人是一个特殊的个体,并且正是他的特殊性使他成为一个个体,成为一个现实的、单个的社会存在物,同样地他也是总体、观念的总体、被思考和被感知的社会的主体的自为存在,正如他现实中既作为社会存在的直观和现实享受而存在,又作为人的生命表现的总体而存在一样。"

**1-80　马克思如何通过对比动物生活与人的生活来阐述类生活,阐述实践主体的能动性?**

**答**："生产生活本来就是类生活。这是产生生命的生活。一个种的全部特性、种的类特性就在于生命活动的性质,而人的类特性恰恰就是自由的自觉的活动。生活本身却仅仅成为生活的手段。"

"动物和它的生命活动是直接同一的。动物不把自己同自己的生命活动区别开来。它就是这种生命活动。人则使自己的生命活动本身变成自己的意志和意识的对象。他的生命活动是有意识的。这不是人与之直接融为一体的那种规定性。有意识的生命活动把人同动物的生命活动直接区别开来。正是由于这一点，人才是类存在物。或者说，正因为人是类存在物，他才是有意识的存在物，也就是说，他自己的生活对他是对象。仅仅由于这一点，他的活动才是自由的活动。异化劳动把这种关系颠倒过来，以至人正因为是有意识的存在物，才把自己的生命活动，自己的本质变成仅仅维持自己生存的手段。"

**1-81 恩格斯如何阐述自然界是在永恒的流动和循环中运动着？**
答：恩格斯指出："一切僵硬的东西溶化了，一切固定的东西消散了，一切被当作永久存在的特殊东西变成了转瞬即逝的东西，整个自然界被证明是在永恒的流动和循环中运动着。"在自然界本身的发展过程中，"物质在它的一切变化中永远还是物质，它的任何一个属性都不会丧失，因此，物质虽然在某个时候一定以铁的必然性在地球上毁灭自己最高的精华——思维着的精神，而在另外的某个地方和另外的某个时候一定又以同样的铁的必然性把它重新产生出来"。

**1-82 马克思如何阐述主体的实践活动的合规律性？**
答："诚然，动物也生产。它也为自己营造巢穴或住所，如蜜蜂、海狸、蚂蚁等。但是动物只生产它自己或它的幼仔所直接需要的东西；动物的生产是片面的，而人的生产是全面的；动物只是在直接的肉体需要的支配下生产，而人甚至不受肉体需要的支配也进行生产，并且只有不受这种需要的支配时才进行真正的生产；动物只生产自身，而人再生产整个自然界；动物的产品直接同它的肉体相联系，而人则自由地对待自己的产品。动物只是按照它所属的那个种的尺度和需要来建造，而人却懂得按照任何一个种的尺度来进行生产，并且懂得怎样处处都把内在的尺度运用到对象上去；因此，人也按照美的规律来建造。"

**1-83 恩格斯如何阐述实践主体通过掌握客观规律以使社会实践符合社会目的？**
答："自由不在于幻想中摆脱自然规律而独立，而在于认识这些规律，从而能够有计划地使自然规律为一定的目的服务。这无论对外部自然界的规律，或对支配人本身的肉体存在和精神存在的规律来说，都是一样的。这两类规律，我们最多只能在观念中而不能在现实中把他们互相分开。因此，意志自由只是借助于对事物的认识来作出决定的那种能力。因此，人对一定问题的判断愈是自由，这个判断的内容所具有的必然性就愈大；而犹豫不决是以不知为基础的，它看来好像是在许多不同的和相互矛盾的可能的决定中任意进行选择，但恰好由此证明它的不自由，证明它被正好应该由它支配的对象所支配。因此，自由是在于根据对自然界的必然性的认识来支配我们自己和外部自然界；因此它必然是历史发展的产物。"

**1-84　恩格斯如何阐述实践主体的实践活动的创造性？**
答："动物只是在直接的肉体需要的支配下生产，而人甚至不受肉体需要的支配也进行生产，并且只有不受这种需要的支配时才进行真正的生产；动物只生产自身，而人再生产整个自然界；动物的产品直接同它的肉体相联系，而人则自由地对待自己的产品。"

**1-85　马克思如何阐述实践主体的社会性？**
答："我们越往前追溯历史，个人，从而也是进行生产的个人，就越表现为不独立，从属于一个较大的整体：最初还是十分自然地在家庭和扩大成为氏族的家庭中；后来是在由氏族间的冲突和融合而产生的各种形式的公社中。只有到18世纪，在'市民社会'中，社会联系的各种形式，对个人说来，才表现为只是达到他私人目的的手段，才表现为外在的必然性。但是，产生这种孤立个人的观点的时代正是具有迄今为止最发达的社会关系（从这种观点看来是一般关系）的时代。人是最名副其实的政治动物，不仅是一种合群的动物，而且是只有在社会中才能独立的动物。孤立的一个人在社会之外进行生产——这是罕见的事，在已经内在地具有社会力量的文明人偶然落到荒野时，可能会发生这种事情——就像许多个人不在一起生活和彼此交谈而竟有语言发展一样，是不可思议的。"

**1-86　马克思恩格斯如何阐述人与自然和解的实质？**
答："社会是人同自然界的完成了的本质的统一，是自然界的真正复活，是人的实现了的自然主义和自然界的实现了的人道主义。"
"第一个需要确认的事实就是这些个人的肉体组织以及由此产生的个人对其他自然的关系。"

**1-87　马克思恩格斯如何阐述人与自然和解的理想路径？**
答："社会化的人，联合起来的生产者，将合理地调节他们和自然之间的物质变换，把它置于他们的共同控制之下，而不让它作为一种盲目的力量来统治自己；靠消耗最小的力量，在最无愧于和最适合于他们的人类本性的条件下来进行这种物质变换。但是，这个领域始终是一个必然王国。在这个必然王国的彼岸，作为目标本身的人类能力的发挥，真正的自由王国，就开始了。但是，这个自由王国只有建立在必然王国的基础上，才能繁荣起来。"

**1-88  恩格斯如何阐述通过有组织的社会生产实现从必然王国到自由王国的跳跃，即理想意义上的实现人与自然的和解？**

答："通过社会生产，不仅可能保证一切社会成员有富足的和一天比一天充裕的物质生活，而且还可能保证他们的体力和智力获得充分的自由的发展和运用，这种可能性现在是第一次出现了，但是它确实是出现了。"

"一旦社会占有了生产资料，商品生产就将被消除，而产品对生产者的统治也将随之消除。社会生产内部的无政府状态将为有计划的自觉的组织所代替。生存斗争停止了。于是，人才在一定意义上最终脱离了动物界，从动物的生存条件进入真正人的生存条件。人们周围的、至今统治着人们的生活条件，现在却受到人们的支配和控制，人们第一次成为自然界的自觉的和真正的主人，因为他们已经成为自己的社会结合的主人了。人们自己的社会行为的规律，这些直到现在都如同异己的、统治着人们的自然规律一样而与人们相对立的规律，那时就将被人们熟练地运用起来，因而将服从他们的统治。人们自己的社会结合一直是作为自然界和历史强加于他们的东西而同他们相对立的，现在则变成他们自己的自由行动了。一直统治着历史的客观的异己的力量，现在处于人们自己的控制之下了。只是从这时起，人们才完全自觉地自己创造自己的历史；只是从这时起，由人们使之起作用的社会原因才在主要的方面和日益增长的程度上达到他们所预期的结果。这是人类从必然王国进入自由王国的飞跃。"

**1-89  恩格斯如何阐述通过社会主义革命解决资本主义生产方式下的生存斗争的必要性及其含义？**

答："在资本主义生产方式下，生产达到这样的高度，以致社会不再能够消耗掉所生产出来的生活资料、享受资料和发展资料，因为生产者大众被人为地和强制地同这些资料隔离开来；因此，十年一次的危机不仅毁灭生产出来的生活资料、享受资料和发展资料，而且毁灭生产力本身的一大部分，以此来重建平衡；因此，所谓生存斗争就采取了如下的形式：必须保护资产阶级的资本主义社会所生产出来的产品和生产力，使之免遭这个资本主义社会制度本身的毁灭性的、破坏性的作用的影响，办法是从不能办到这一点的居于统治地位的资本家阶级手中夺取社会生产和社会分配的领导权，并把它转交给生产者群众——这就是社会主义革命。"

"生存斗争的含义只能是，生产者阶级把生产和分配的领导权从迄今为止掌握这种领导权但现在已经无力领导的那个阶级手中夺过来，而这就是社会主义革命。"

**1-90  恩格斯如何阐述通过变革社会制度来调节人与自然关系？**

答："我们也经过长期的、往往是痛苦的经验，经过对历史材料的比较和研究，渐渐学会了认清我们的生产活动在社会方面的间接的、较远的影响，从而有可能去控制和调节这些影响。"

"但是要实行这种调节，仅仅有认识还是不够的。为此需要对我们的直到目前为止的生产方式，以及同这种生产方式一起对我们的现今的整个社会制度实行完全的变革。"

**1-91　恩格斯如何阐述无产阶级革命对于人成为真正的自由人原理？**
答："无产阶级将取得社会权力，并且利用这个权力把脱离资产阶级掌握的社会化生产资料变为公共财产。通过这个行动，无产阶级使生产资料摆脱了它们迄今具有的资本属性，给它们的社会性以充分发展的自由。从此按照预定计划进行的社会生产就成为可能的了。生产的发展使不同社会阶级的继续存在成为时代的错误。随着社会生产的无政府状态的消失，国家的政治权威也将消失。人终于成为自己的社会结合的主人，从而也就成为自然界的主人，成为自己本身的主人——自由的人。"

**1-92　马克思如何阐述劳动产生人，以及人与自然的关系？**
答："劳动首先是人和自然之间的过程，是人以自身的活动来中介、调整和控制人和自然之间的物质变换的过程。人自身作为一种自然力与自然物质相对立。为了在对自身生活有用的形式上占有自然物质，人就使他身上的自然力——臂和腿、头和手运动起来。当他通过这种运动作用于他身外的自然并改变自然时，也就同时改变他自身的自然。"

"自然界，就它自身不是人的身体而言，是人的无机的身体。人靠自然界生活。这就是说，自然界是人为了不致死亡而必须与之处于持续不断地交互作用过程的、人的身体。所谓人的肉体生活和精神生活同自然界相联系，不外是说自然界同自身相联系，因为人是自然界的一部分。"

**1-93　马克思如何在"人化自然"中进一步阐述自然界对人的优先地位？**
答：人"周围的感性世界决不是某种开天辟地以来就直接存在的、始终如一的东西，而是工业和社会状况的产物，是历史的产物，是世世代代活动的结果。""这种活动、这种连续不断的感性劳动和创造、这种生产，正是整个现存的感性世界的基础，它哪怕只中断一年，……不仅在自然界将发生巨大的变化，而且整个人类世界以及他自己的直观能力，甚至他本身的存在也会很快就没有了。""当然，在这种情况下，外部自然界的优先地位仍然会保持着。"

**1-94　马克思如何阐述劳动产生人，以及人与人的社会关系？**
答："现实的、活生生的人在创造这一切，拥有这一切并且进行战斗。并不是

'历史'把人当作手段来达到自己——仿佛历史是一个独具魅力的人——的目的。历史不过是追求着自己目的的人的活动而已。"

"人们为了能够'创造历史',必须能够生活。但是为了生活,首先就需要吃喝住穿以及其他一些东西。因此第一个历史活动就是生产满足这些需要的资料,即生产物质生活本身,而且这样的历史活动,是一切历史的一种基本条件,人们单是为了能够生活就必须每日每时去完成它,现在和几千年前都是这样。"

"一旦人开始生产自己的生活资料的时候,这一步是由他们的肉体组织所决定的,人本身就开始把自己和动物区别开来。"

**1—95　恩格斯如何阐述劳动创造了人本身,以及劳动创造了人与人的社会关系?**
答:"已经得到满足的第一个需要本身、满足需要的活动和已经获得的为满足需要而用的工具又引起新的需要,而这种新的需要的产生是第一个历史活动。"

"每日都在重新生产自己生命的人们开始生产另外一些人,即繁殖。这就是夫妻之间的关系,父母和子女之间的关系,也就是家庭。这种家庭起初是唯一的社会关系,后来,当需要的增长产生了新的社会关系而人口的增加又产生了新的需要的时候,这种家庭便成为从属的关系了(德国除外)。"

**1—96　恩格斯如何阐述现实的、社会化的人是人与自然交往的主体?**
答:"全部人类历史的第一个前提无疑是有生命的个人的存在。""人们生产自己的生活资料,同时间接地生产着自己的物质生活本身。""必须把这些人作为在历史中行动的人去考察。"

**1—97　恩格斯如何阐述社会生产组织作为将人从动物性提升出来的唯一途径?**
答:"只有一种有计划地生产和分配的自觉的社会生产组织,才能在社会方面把人从其余的动物中提升出来,正像一般生产曾经在物种方面把人从其余的动物中提升出来一样。历史的发展使这种社会生产组织日益成为必要,也日益成为可能。一个新的历史时期将从这种社会生产组织开始,在这个时期中,人自身以及人的活动的一切方面,尤其是自然科学,都将突飞猛进,使以往的一切都黯然失色。"

**1—98　马克思如何阐述历史是人的真正的自然史?**
答:"自然界,无论是客观的还是主观的,都不是直接地同人的存在物相适应的。正像一切自然物必须产生一样,人也有自己的产生活动即历史,但历史是在人的意识中反映出来的,因而它作为产生活动是一种有意识地扬弃自身的产生活动。历史是人的真正的自然史。"

**1-99　马克思如何阐述社会是人同自然界的完成了的本质的统一？**

答："自然界的人的本质只有对社会的人说来才是存在的；因为只有在社会中，自然界对人说来才是人与人联系的纽带，才是他为别人的存在和别人为他的存在，才是人的现实的生活要素；只有在社会中，自然界才是人自己的人的存在的基础。只有在社会中，人的自然的存在对他说来才是他的人的存在，而自然界对他说来才成为人。因此，社会是人同自然界的完成了的本质的统一，是自然界的真正复活，是人的实现了的自然主义和自然界的实现了的人道主义。"

# 第二章

# 习近平生态文明思想知识问答

**2-1  习近平生态文明思想的出发点是什么？**

答：习近平生态文明思想的出发点是：人民。习近平在关于生态文明建设论述中，最牵挂也最语重心长的是把生态的严重破坏和环境的严重污染当作"民生之患""民心之痛"，把生态文明建设当作"关系人民福祉"的重大战略，把蓝天保卫战、碧水保卫战、净土保卫战，护卫人民群众的健康，当作既是重大的经济问题，也是关系民生的重大社会问题和关系党的使命宗旨的重大政治问题，是以人民为中心发展观的重要内涵。这就是人的发展。

**2-2  习近平生态文明思想的落脚点是什么？**

答：习近平生态文明思想的落脚点是中华民族的永续发展和伟大复兴。他强调"走向生态文明新时代，建设美丽中国，是实现中华民族伟大复兴梦的中国梦的重要内容"，他在一系列生态文明建设的论述中，一而再、再而三地强调这个大战略。这就是民族的可持续发展。

**2-3  习近平对生态文明建设在中华民族永续发展的战略定位的表达经过一个怎样的过程？**

答：习近平对生态文明建设在中华民族永续发展的战略定位的表达，也有一个发展过程，即经过从党的十九大前"建设生态文明是中华民族永续发展的长远之计"，到党的十九大的"建设生态文明是中华民族永续发展的千年大计"的发展过程。"长远之计"与"千年大计"，几字之差，却蕴含着重要区别。

**2-4  习近平生态文明思想的显著特征是什么？**

答：习近平生态文明思想的显著特征是：根本性、开创性、长远性、系统性、实践性。特别是重大理论和实践创新，带来了发展理念和发展方式的深刻转变。这些特征是国际国内史无前例的。如实践性，他强调，"我是崇尚行动的。实践高于认识的地方正在于它是行动"。实践是检验真理的唯一标准，马克思主义的活的灵魂在于实践性。

**2-5　习近平生态文明思想是在哪里形成的？**
答：习近平生态文明思想是在河北正定、福建形成。比如，习近平经典的"两山统一"论，他在正定时就强调"保护环境，消除污染，治理开发利用资源，保持生态平衡，是现代化建设的重要任务，也是人民生产、生活的迫切要求""宁肯不要钱，也不要污染环境，严格防止污染搬家、污染下乡"；在福建宁德任地委书记时，就提出"森林三库"思想，即森林是水库、粮库、钱库，提出森林生态扶贫的思想："什么时候闽东的山都绿了，什么时候闽东就富裕了。闽东群众的这句话，说出了一个很深刻的道理：闽东经济发展的潜力在于山，兴旺在于林"；任福州市委书记在永泰现场办公时进一步提出永泰的经济发展要画好山水画的思想；任省委副书记时在将乐县常口村调研中提出"绿水青山是无价之宝"；任省长时创建绿色餐桌工程、长汀治理水土流失、武平林改第一县、建设生态省等，并提出"保护生态环境就是保护生产力，改善生态环境就是发展生产力"的重要思想。可以说，这是他在实践中形成了"两山统一"思想，并用这一思想指导实践，取得丰硕的成果。

**2-6　习近平生态文明思想是在哪里发展的？**
答：习近平生态文明思想是在浙江发展的。比如，2002年11月，习近平在浙江丽水调研时指出，"生态的优势不能丢，这是工业化地区和当时没有注意生态保护的地区，在后工业化时代最感到后悔莫及的事情""千万不要以牺牲环境为代价换取一点经济的利益"，2005年8月15日，他在浙江安吉考察时，听了天荒坪镇余村干部介绍关停污染环境的矿山，然后发展旅游，实现"景美、户富、人和"后，高兴地说："我们过去讲，既要绿水青山，又要金山银山。其实绿水青山就是金山银山。"这是习近平首次明确提出"绿水青山就是金山银山"的经典理论。

**2-7　习近平生态文明思想是在哪里系统化的？**
答：习近平生态文明思想是在北京系统化的。比如习近平的"两山统一"思想是2013年9月7日在哈萨克斯坦纳扎尔巴耶夫大学演讲时的答问中系统化表达的："我们既要绿水青山，也要金山银山。宁要绿水青山，不要金山银山，而且绿水青山就是金山银山。"党的十八大以后，我国用这个重要思想指导全国生态文明建设，取得显著成效，并在国际上产生重大影响。

**2-8　怎样认识习近平生态文明思想是马克思主义中国化的最新成果？**

答：习近平生态文明思想是马克思主义中国化的最新成果。马克思有个著名论断：共产主义就是人与人、人与自然的真正和解，马克思恩格斯有一系列关于自然—人—社会复合生态系统的理论。习近平生态文明思想的精髓，就是在把马克思恩格斯生态哲学思想（马克思恩格斯的时代还没有生态文明的语境）与中国新时代现代化建设实践相结合中，开创性地发展成为马克思主义的生态文明理论体系，同习近平新时代中国特色社会主义思想其他内容一样，是马克思主义中国化的最新成果。

**2-9　怎样理解习近平生态文明思想是中华民族从站起来、富起来到强起来的伟大飞跃，是实现中华民族伟大复兴的重要理论指导？**

答：中华人民共和国成立以前，祖国山河破碎千疮百孔，中国人民灾难深重，民不聊生；中华人民共和国成立以来，我们站起来了、富起来了，但是由于各方面原因，自然资源枯竭、生态系统衰竭、环境污染严重、公众工业病不断。如果生态灾难积重难返，会造成另一种形式的山河破碎、民不聊生。这当然和中华人民共和国成立以前有本质区别，但是如果任其发展下去，那将是另一种形式的毁灭。习近平指出这是"民生之患、民心之痛"。生态文明建设改变了这种状况，使祖国母亲重披新装，使国家和民族焕发出强壮之美。生态文明建设取得显著成绩是我们国家进入新时代的重要标志，习近平认为这是新时代的大政治。

**2-10　为什么说习近平生态文明思想成为经济新常态下解决中国特色社会主义建设新瓶颈的新理论？**

答：改革开放以来，资源、生态、环境从红利演变成瓶颈、陷阱：资源枯竭、生态恶化、环境污染、人类工业病蔓延；习近平强调，它已成为"全面建成小康社会的明显短板"；"这个问题不解决，经济、社会、自然就只能全面开倒车"，解决新瓶颈走出新陷阱，就必须用习近平生态文明思想为指导，推动我国生态文明建设上新台阶。这是经济的转型发展。

**2-11　新时代我国社会主要矛盾是什么？**

答：党的十九大报告指出，"中国特色社会主义进入新时代，我国社会主要矛盾已经转化为人民日益增长的美好生活需要和不平衡不充分的发展之间的矛盾"。

**2—12 新时代我国人民日益增长的美好生活需要表现在哪几个方面？**

答：党的十九大报告指出，"我国稳定解决了十几亿人的温饱问题，总体上实现小康……不久将全面建成小康社会……人民对美好生活需要日益广泛……不仅对物质文化生活提出了更高要求，而且在民主、法治、公平、正义、安全、环境等方面的要求日益增长"；要求"着力解决好发展不平衡不充分问题，大力提升发展质量和效益，更好满足人民在经济、政治、文化、社会、生态等方面日益增长的需要，更好推动人的全面发展、社会全面进步"。

**2—13 怎样理解习近平生态文明思想是解决新时代社会主要矛盾的重要指导？**

答：习近平在党的十九大报告中指出，"既要创造更多物质财富和精神财富以满足人民日益增长的美好生活需要，也要提供更多优质生态产品以满足人民日益增长的优美生态环境需要"；强调"生态环境保护任重道远"。指出防治环境污染和生态修复已经进入重要的"攻坚期"，强调"实施食品安全战略，让人民吃得放心""还自然以宁静、和谐、美丽""建设美丽中国"等，都是新时代人民群众所期盼的，成为解决新时代社会主要矛盾的重要指导思想。

**2—14 党的十九大对我国现代化建设目标有哪些重大变化？**

答：我国现代化建设目标有新标志，这就是"我们要建设的现代化是人与自然和谐共生的现代化"；我国现代化建设目标有新内涵，这就是从富强民主文明的社会主义现代化强国，到"富强民主文明和谐美丽的社会主义现代化强国"。

**2—15 十九大提出"两个一百年"奋斗目标"分两个阶段来安排"，在第一阶段（从2020年到2035年）有关生态文明建设的目标是什么？**

答：是"生态环境根本好转，美丽中国目标基本实现"。

**2—16 第二阶段（从2035年到本世纪中叶）有关生态文明建设的目标是什么？**

答：是"把我国建成富强民主文明和谐美丽的社会主义现代化强国。到那时，我国物质文明、政治文明、精神文明、社会文明、生态文明将全面提升"。

**2—17 我国生态文明建设的显著成效表现在哪些方面？**

答：习近平指出，"党的十八大以来，我们把生态文明建设作为统筹推进'五位一体'总体布局和协调推进'四个全面'战略布局的重要内容，开展一系列根本性、开创性、长远性工作，提出一系列新理念新思想新战略，生态文明理念日益深入人心，污染治理力度之大、制度出台频度之密、监管执法尺度之严、环境质量改善速度之快前所未有，推动生态环境保护发生历史性、转折性、全局性变化"。具体有以下六个方面：①大力度推进生态文明建设，全党全国贯彻绿色发展理念的自觉性和主动性显著增强，忽视生态环境保护的状况明显改变。②生态文明制度体系加快形成，主体功能区制度逐步健全，国家公园体制试点积极推进。③全面节约资源有效推进，能源资源消耗强度大幅下降。④重大生态保护和修复工程进展顺利，森林覆盖率持续提高。⑤生态环境治理明显加强，环境状况得到改善。⑥引导应对气候变化国际合作，成为全球生态文明建设的重要参与者、贡献者、引领者。

**2-18 中国特色社会主义事业总体布局是什么？**
答：是统筹推进经济建设、政治建设、文化建设、社会建设、生态文明建设"五位一体"。具有重要的开创性和实践性。

**2-19 习近平在"五位一体"的总体布局中，对于生态文明建设有什么明确的要求？**
答：要求"使生态文明建设的战略地位更加明确，有利于把生态文明建设融入经济建设、政治建设、文化建设、社会建设各方面和全过程"。

**2-20 十八届五中全会提出的新发展理念是什么？**
答：是"创新、协调、绿色、开放、共享"。新发展理念是有机联系的整体，缺一不可。新发展理念指导生态文明建设，同时又是生态文明建设的题中应有之义。

**2-21 党的十八大以来，我们党深刻回答了建设生态文明的哪几个重大理论和实践问题？**
答：党的十八大以来，我们党深刻回答了为什么建设生态文明、建设什么样的生态文明、怎样建设生态文明的重大理论和实践问题，提出了一系列新理念新思想新战略。

**2-22 体现生态文明建设在新时代党和国家事业发展中重要地位的"四个一"是什么？**
答：2019年3月5日，习近平在参加十三届全国人大二次会议内蒙古代表团审议时指出，在"五位一体"总体布局中生态文明建设是其中一位，在新时代坚持和发展中国特色社会主义基本方略中坚持人与自然和谐共生是其中一条基本方略，在新发展理念中绿色是其中一大理念，在三大攻坚战中污染防治是其中一大攻坚战。这"四个一"体现了我们党对生态文明建设规律的把握，体现了生态文明建设在新时代党和国家事业发展中的地位，体现了党对建设生态文明的部署和要求。

**2-23　什么是社会主义生态文明观？**

答：党的十九大首次明确提出，"我们要牢固树立社会主义生态文明观，推动形成人与自然和谐发展的现代化建设新格局，为保护生态环境作出我们这代人的努力"。社会主义生态文明观是习近平生态文明思想的重要组成部分，其内涵十分丰富，集中体现在"九个观"：①生态兴则文明兴、生态衰则文明衰的深邃历史观；②坚持人与自然和谐共生的科学自然观；③绿水青山就是金山银山的绿色发展观；④良好生态环境是最普惠民生福祉的基本民生观；⑤山水林田湖草是生命共同体的整体系统观；⑥用最严格制度保护生态环境的严密法制观；⑦全社会共同建设美丽中国的全民行动观；⑧共谋全球生态文明建设之路的共赢全球观；⑨坚持党的领导、坚持社会主义能够集中力量办生态文明建设大事的制度自信观。

**2-24　党的十九大提出实施乡村振兴战略的总要求是什么？**

答：党的十九大提出实施乡村振兴战略的总要求是"产业兴旺、生态宜居、乡风文明、治理有效、生活富裕"。

**2-25　乡村振兴战略"产业兴旺、生态宜居、乡风文明、治理有效、生活富裕"的总要求与生态文明建设有什么样的联系？**

答：党的十九大提出实施乡村振兴战略"产业兴旺、生态宜居、乡风文明、治理有效、生活富裕"的总要求，它们都与生态文明建设有直接的或紧密的联系。乡村振兴的根本是产业兴旺，而能支撑乡村产业兴旺并实现可持续发展的是绿色产业，发展好乡村的绿色产业，不但能增强乡村的综合国力（实力），而且能增强其国内外竞争的新优势；生态宜居是乡村振兴的核心，只有宜居才能宜业，才能吸引并留住人才，才能实现产业兴旺；以上这两项都是生态文明建设的题中应有之义。乡风文明中包括了生态文明，如"牢固树立社会主义生态文明观"，文明对待自然界、节约资源等的生态文明生活方式。治理有效包含了生态文明的政治观和治理观。生活富裕是乡村振兴的支柱，贫穷不是生态文明，生活富裕又与产业兴旺直接关联，同时生活富裕不但指物质，还有精神的、生态产品的。可见五项总要求都离不开生态文明建设。

**2-26　我国走向生态文明新时代有哪些具体要求？**

答：习近平2016年1月18日在省部级主要领导干部学习贯彻党的十八届五中全

会精神专题研讨班上的讲话中指出,"要坚定推进绿色发展,推动自然资本大量增值,让良好生态环境成为人民生活的增长点、成为展现我国良好形象的发力点,让老百姓呼吸上新鲜的空气、喝上干净的水、吃上放心的食物、生活在宜居的环境中、切实感受到经济发展带来的实实在在的环境效益,让中华大地天更蓝、山更绿、水更清、环境更美,走向生态文明新时代"。

**2-27 新修订的宪法中写进了哪些生态文明建设的内容?**

答:新修订的宪法中涉及生态文明建设的内容有:序言中增写"贯彻新发展理念"的要求;将"推动物质文明、政治文明和精神文明协调发展"修改为"推动物质文明、政治文明、精神文明、社会文明、生态文明协调发展";将"把我国建设成为富强、民主、文明的社会主义国家"修改为"把我国建设成为富强民主文明和谐美丽的社会主义现代化强国,实现中华民族伟大复兴";增写"推动构建人类命运共同体"。第一章 总纲(第九条)写进"国家保障自然资源的合理利用,保护珍贵的动物和植物。禁止任何组织或者个人用任何手段侵占或者破坏自然资源"。第二十六条写进"国家保护和改善生活环境和生态环境,防止污染和其他公害。国家组织和鼓励植树造林,保护林木"。第三章 国家机构(第八十九条)国务院"领导和管理经济工作和城乡建设"修改为"领导和管理经济工作和城乡建设、生态文明建设"。

**2-28 把生态文明建设写进新修订的宪法的重要意义是什么?**

答:生态文明建设写进新修订的宪法,意义非凡。宪法是国家的根本大法,是一切组织和个人都必须遵循的根本行为准则,其他的法律法规都不能与宪法相抵触,所以把生态文明写进宪法,使我国的生态文明建设得到了根本保障,为生态文明建设提供了广阔的法制空间。

**2-29 保持加强生态环境保护建设定力的"三个不"是什么?**

答:不能因为经济发展遇到一点困难,就开始动铺摊子上项目、以牺牲环境换取经济增长的念头,甚至想方设法突破生态保护红线。要保持加强生态环境保护建设的定力,不动摇、不松劲、不开口子。

**2-30 如何理解习近平生态文明思想对于全球生态文明建设的意义?**

答:人与自然的关系,是工业文明发展到后期全世界都在思考的问题。习近平作为13亿人口的中国执政党的最高领导人,系统构建生态文明建设理论,并在实践中取得显著成效,已被实践检验是科学理论,得到了全世界的广泛认同,中国"引导应对气候变化国际合作,成为全球生态文明建设的重要参与者、贡献者、引领者"，为人类探索解决全球共同面临的环境等问题贡献中国方案和中国智慧。

**2-31 为什么要坚持党对生态文明建设的领导？**
答：社会主义生态文明建设是党领导人民进行的伟大创新事业，必须坚持党的领导。中国共产党人将马克思主义生态思想和中国社会主义生态文明建设实际创造性地结合起来，在人类文明史上破天荒地提出了生态文明尤其是社会主义生态文明的原则、理念和目标，并将其写入到了党章中，要求我们牢固树立社会主义生态文明观，走向社会主义生态文明新时代。

中国共产党是一个自主实现生态创新和生态变革的马克思主义政党，因而中国的生态文明建设必须坚持中国共产党的领导。唯此，才能保证中国生态文明建设的社会主义性质，内在地超越作为左翼改良主义的西方绿党和作为社会主义思潮流派的生态学社会主义。在此前提下，党必须努力提高领导生态文明建设和治理的能力和水平。

**2-32 习近平生态文明思想有哪几方面内容？**
答：习近平生态文明思想有非常丰富且深刻的内容，主要包括：①以"生态兴则文明兴，生态衰则文明衰"为经典的"文明兴衰论"；②以全面实现小康为标准的"小康短板论"；③以"人与自然是生命共同体""尊重自然、顺应自然、保护自然"为核心的"和谐共生论"；④以"绿水青山就是金山银山"为本质的"两山理论"；⑤以生态优先、遵循自然规律进行经济社会生态建设的"建设规律论"；⑥以山水林田湖草一体化治理为重点的"系统治理论"；⑦以绿色低碳循环发展新经济体系为代表的"转变方式论"；⑧以"保护生态环境就是保护生产力，改善生态环境就是发展生产力"的"新生产力论"；⑨以人民幸福为主题、健康为主线的"民生福祉论"；⑩以生态文明建设一张蓝图绘到底，久久为功，功成不必在我任的"新型政绩论"；⑪以源头严防、过程严管、后果严惩为主线的"体制机制论"；⑫以生态文明建设人人有责的"全民行动论"；⑬以为全球生态安全作贡献，共建清洁美丽世界为引领的"携手共建论"。这十三个方面具有紧密的内在联系，是相辅相成、不可分割的，要以生态文明整体主义的观点来把握。

**2-33 "文明兴衰论"是何时何地提出的？**
答：习近平在《求是》杂志 2003 年第 13 期上发表题为《生态兴则文明兴——推进生态建设 打造"绿色浙江"》的重要文章中，提出了"生态兴则文明兴，生态衰则文明衰"的著名论断。随后他在多场合多维度阐述了这个理论。

**2-34 怎样从历史角度看文明兴衰?**

答:"以史为鉴,可以知兴替。"中华民族是世界四大文明古国之一,又是世界历史上唯一的五千年文明绵延不断的民族,这在很大程度上得益于"中华民族向来尊重自然、热爱自然,绵延5000多年的中华文明孕育着丰富的生态文化";"……这些观念都强调要把天地人统一起来、把自然生态同人类文明联系起来,按照大自然规律活动,取之有时,用之有度,表达了我们的先人对处理人与自然关系的重要认识"。"同时,我国古代很早就把关于自然生态的观念上升为国家管理制度,专门设立掌管山林川泽的机构,制定政策法令,这就是虞衡制度",起到重要的保障。

**2-35 如何从现实角度看文明兴衰?**

答:我国正在进入建设全面小康社会的决战期,但是生态退化、资源枯竭、环境污染正成为全面小康的突出短板,这个短板不解决,全面小康难以实现,中华文明也会断送在我们这一代人的手上。

**2-36 怎样从未来角度看文明兴衰?**

答:习近平多次强调,"生态文明是人类社会进步的重要成果""建设生态文明,关系人民福祉,关乎民族未来""建设生态文明是中华民族永续发展的千年大计""建设生态文明利在当代,功在千秋""努力走向社会主义生态文明新时代"。

**2-37 古代埃及、古代巴比伦的文明为什么衰落?**

答:"古代埃及、古代巴比伦、古代印度、古代中国四大文明古国均发源于森林茂密、水量丰沛、田野肥沃的地区……而生态环境衰退特别是严重的土地荒漠化则导致古代埃及、古代巴比伦衰落。"

**2-38 我国古代有没有由于生态环境衰退导致文明衰落的惨痛教训?**

答:习近平指出,"我国古代一些地区也有过惨痛教训。古代一度辉煌的楼兰文明已被埋藏在万顷流沙之下,那里当年曾经是一块水草丰美之地。河西走廊、黄土高原都曾经水丰草茂,由于毁林开荒、乱砍滥伐,致使生态环境遭到严重破坏,加剧了经济衰落。唐代中叶以来,我国经济中心逐步向东、向南转移,很大程度上同西部地区生态环境变迁有关"。

**2-39 当今世界有没有由于生态环境衰退导致文明衰落的教训?**

答:有。世界上有几十个中等收入国家,当他们起步时,资源环境的红利成为进入中等收入的要素，后来由于资源枯竭、生态破坏、环境污染、人类工业病蔓延，又成为他们进入发达国家的重要制约，起初的红利变成了后面的瓶颈甚至是陷阱，这种现象被称为"中等收入陷阱"。

**2-40 我国现在有没有生态环境衰退带来的惨痛教训？**
答：有。我国的一些资源型地区，起初也是靠丰富的资源进入富裕地区，但是由于他们没有及时进行发展的转型升级，生态破坏了、资源枯竭了、环境污染了，陷入了困境，发展严重倒退了，学界把这种现象称为"资源诅咒"，把这些区域（或城市）称为"资源诅咒"型的区域（城市）。

**2-41 如何从理论上分析文明兴衰？**
答：习近平指出，"生态环境是人类生存和发展的根基，生态环境变化直接影响文明兴衰演替"。"2018年5月4日，我们召开了纪念马克思诞辰200周年大会。我在会上特别强调，学习马克思，就要学习和实践马克思主义关于人与自然关系的思想。马克思、恩格斯认为，'人靠自然界生活'，人类在同自然的互动中生产、生活、发展，人类善待自然，自然也会馈赠人类，但'如果说人靠科学和创造性天才征服了自然力，那么自然力也对人进行报复'。恩格斯在《自然辩证法》中写到：美索不达米亚、希腊、小亚细亚以及其他各地的居民，为了得到耕地，毁灭了森林，但是他们做梦也想不到，这些地方今天竟因此而成为不毛之地，因为他们使这些地方失去了森林，也就失去了水分的积聚中心和贮藏库。阿尔卑斯山的意大利人，当他们在山南坡把那些在山北坡得到精心保护的枞树林砍光用尽时，没有预料到，这样一来，他们把本地区的高山畜牧业的根基毁掉了；他们更没有预料到，他们这样做，竟使山泉在一年中的大部分时间内枯竭了，同时在雨季又使更加凶猛的洪水倾泻到平原上"。

**2-42 为什么许多国家都把生态安全摆在重要的战略位置？**
答：因为生态安全是生态兴衰的重要标志，是一个国家国计民生的基础，是包括国防在内的国家安全的根本性保障，所以许多国家都把生态安全摆在重要的安全战略位置上。

**2-43 我国的生态安全处于什么位置？**
答：我国的生态安全战略也是摆在粮食安全、能源安全、食品安全、网络安全、国防安全的前面位置。

**2-44　我国现阶段生态环境的基本国情是什么？**
答：习近平指出，"我国环境容量有限，生态系统脆弱，污染重、损失大、风险高的生态环境状况还没有根本扭转，并且独特的地理环境加剧了地区间的不平衡。'胡焕庸线'东南方43%的国土，居住着全国94%左右的人口，以平原、水网、低山丘陵和喀斯特地貌为主，生态环境压力巨大；该线西北方57%的国土，供养大约全国6%的人口，以草原、戈壁沙漠、绿洲和雪域高原为主，生态系统非常脆弱。说基本国情，这就是其中很重要的内容"。

**2-45　森林在生态安全中有什么作用？**
答：森林是陆地生态系统的主体，习近平指出，"森林关系国家生态安全""发展林业是全面建成小康社会的重要内容""青山就是美丽"。森林美，则自然美，则中国美；森林兴，则生态兴，则百业旺。

**2-46　习近平提出的关系国家生态安全的"四个着力"是什么？**
答：要"着力推进国土绿化；着力提高森林质量；着力开展森林城市建设；着力建设国家公园"。

**2-47　筑牢我国的生态安全屏障，要重点做好哪些工作？**
答：要"重点实施青藏高原、黄土高原、云贵高原、秦巴山脉、祁连山脉、大小兴安岭和长白山、南岭山地地区、京津冀水源涵养区、内蒙古高原、河西走廊、塔里木河流域、滇桂喀斯特地区等关系国家生态安全区域的生态修复工程，筑牢国家生态安全屏障"。

**2-48　青藏高原综合科学考察研究有什么意义？**
答：青藏高原综合科学考察研究，对于"揭示青藏高原环境变化机理，优化生态安全屏障体系，对推动青藏高原可持续发展、推进国家生态文明建设、促进全球生态环境保护将产生十分重要的影响"。

**2-49　生态环境质量在实现全面小康中处于什么位置？**
答：习近平2014年3月7日在参加十二届全国人大二次会议贵州代表团审议时的讲话指出，"小康全面不全面，生态环境质量很关键"。

**2-50　哪些生态环境状况成为全面建成小康的突出短板？**
答：习近平2015年10月26日在关于《中共中央关于制定国民经济和社会发展第十三个五年规划的建议》的说明中指出"生态环境特别是大气、水、土壤污染严重,已成为全面建成小康社会的突出短板"。随后又强调,"全面小康,覆盖的领域要全面,是五位一体全面进步……不能长的很长、短的很短,比如,生态文明建设就是突出短板"。

**2-51  哪些生态环境状况是人民群众不会认同的?**

**答:** 习近平 2016 年 12 月 21 日在中央财经领导小组第十四次会议上的讲话中指出,"人民群众关心的问题是什么? 是食品安不安全、暖气热不热、雾霾能不能少一点、河湖能不能清一点、垃圾焚烧能不能不有损健康、养老服务顺不顺心、能不能租得起或买得起住房,等等。相对于增长速度高一点还是低一点,这些问题更受人民群众关注。如果只实现了增长目标,而解决好人民群众普遍关心的突出问题没有进展,即使到时候我们宣布全面建成了小康社会,人民群众也不会认同"。

**2-52  生态环境的什么情况不是人民希望的小康?**

**答:** 习近平 2017 年 5 月 26 日在十八届中央政治局第四十一次集体学习时的讲话中指出"如果经济发展了,但是生态破坏了、环境恶化了,大家整天生活在雾霾中,吃不到安全的食品,喝不到洁净的水,呼吸不到新鲜的空气,居住不到宜居的环境,那样的小康、那样的现代化不是人民希望的"。

**2-53  生态环境的什么情况是经不起历史检验的全面小康?**

**答:** 习近平在《求是》2019 年第 3 期发表《推动我国生态文明建设迈上新台阶》指出,"到 2020 年全面建成小康社会,是我们党向人民作出的庄严承诺。不能一边宣布全面建成小康社会,一边生态环境质量仍然很差,这样人民不会认可,也经不起历史检验"。

**2-54  在实现全面小康中如何补上生态文明建设这块短板?**

**答:** 习近平指出,"在三十多年持续快速发展中,我国农产品、工业品、服务产品的生产能力迅速扩大,但提供优质生态产品的能力却在减弱,一些地方生态环境还在恶化。这就要求我们尽力补上生态文明建设这块短板,切实把生态文明的理念、原则、目标融入经济社会发展的各方面,贯彻落实到各级各类规划和各项工作中";"不管有多么艰难,都不可犹豫、不能退缩,要以壮士断腕的决心、背水一战的勇气、攻城拔寨的拼劲,坚决打好污染防治攻坚战。各级党委和政府要自觉把经济社会发展同生态文明建设统筹起来,坚持党委领导、政府主导、企业主体、公众参与,坚决摒弃'先污染、后治理'的老路,坚决摒弃损害甚至破坏生态环境的增长模式。要充分发挥党的领导和我国社会主义制度能够集中力量办大事的政治优势，充分利用改革开放 40 年来积累的坚实物质基础，加大力度推进生态文明建设、解决生态环境问题"。

**2-55 党的十九大提出的构建生态安全的要求是什么？**
答：是实施重要生态系统保护和修复重大工程，优化生态安全屏障体系，构建生态廊道和生物多样性保护网络，提升生态系统质量和稳定性。

**2-56 党的十九大提出的生态系统"三条控制线"是什么？**
答：是生态保护红线、永久基本农田、城镇开发边界三条控制线。

**2-57 我国环境保护的"三大保卫战"是什么？**
答：是蓝天保卫战、碧水保卫战、净土保卫战。

**2-58 我国生态文明建设正处于什么样的关键期？**
答："正处于压力叠加、负重前行的关键期。"

**2-59 我国生态文明建设已进入什么样的攻坚期？**
答："已进入提供更多优质生态产品以满足人民日益增长的优美生态环境需要的攻坚期。"

**2-60 我国的生态文明建设也到了什么样的窗口期？**
答："也到了有条件有能力解决生态环境突出问题的窗口期。"

**2-61 福建武平县、永安市林改后的发展说明了什么？**
答：说明了生态兴百业旺。

**2-62 我国现代化建设的新格局是什么？**
答：习近平在 2013 年 11 月党的十八届三中全会上提出"要形成人与自然和谐发展的现代化建设新格局"；在 2017 年党的十九大报告中，再次强调"我们要建设的现代化是人与自然和谐共生的现代化"。

**2-63 习近平还在哪些时间和场合强调人与自然和谐共生？**
答：继党的十八届三中全会后，习近平于 2014 年 3 月 14 日、2015 年 4 月 3 日、

2015年10月29日、2015年11月7日、2015年11月30日、2015年12月18日、2016年1月18日、2016年5月30日在各种重要会议和场合强调人与自然和谐共生。

**2-64 "坚持人与自然和谐共生"是不是新时代坚持和发展中国特色社会主义的基本方略？**

答：是。习近平在2017年党的十九大报告中，提出十四条新时代坚持和发展中国特色社会主义的基本方略，"坚持人与自然和谐共生"是其中的一条。

**2-65 "坚持人与自然和谐共生"方略有哪些具体要求？**

答：有以下几方面的要求：①把建设生态文明作为中华民族永续发展的千年大计；②必须树立和践行绿水青山就是金山银山的理念；③坚持节约资源和保护环境的基本国策，像对待生命一样对待生态环境，统筹山水林田湖草系统治理，实行最严格的生态环境保护制度；④形成绿色发展方式和生活方式，坚定走生产发展、生活富裕、生态良好的文明发展道路；⑤建设美丽中国，为人民创造良好生产生活环境，为全球生态安全作出贡献。

**2-66 绿色发展注重解决的问题是什么？**

答：习近平指出，"绿色发展注重的是解决人与自然和谐问题""绿色发展，就其要义来讲，是要解决好人与自然和谐共生问题""坚持绿色发展，就是要坚持节约资源和保护环境的基本国策，坚持可持续发展，形成人与自然和谐发展的现代化建设新格局，为全球生态安全作出新贡献"。

**2-67 怎样认识人与自然的母子关系？**

答：人与自然的关系可以形象地表达为母子关系。人类是自然界的产物。森林是人类的摇篮，自然是生态母系统，也称地球母系统，人类是子系统，自然界养育了人类。恩格斯指出，"我们连同我们的肉、血和头脑都是属于自然界，存在于自然界的"。

**2-68 怎样认识人与自然的兄弟关系？**

答：人和自然界的其他生命体是由自然母系统诞生和养育的兄弟，他们生活在同一个家园。达尔文认为，在人类和人类事务之外，存在着一个活的生物共同体，它永远都是人类最终的家和亲族，所以他说，"人类和自然界的其他生物是在同一颗独特的共同的星球上旅行的诸兄弟同仁，我们是'一丘之貉'"。兄弟手足之情，既不同于朋友，也不同于伙伴。

**2-69　怎样认识人与自然的主客关系？**

答：人与自然的主客关系有两方面的含义。

一方面是人类在自然中的客体性。人类有自然属性，人类必须依靠自然生态系统中的其他生命体和环境，才能生存与发展。自然是主体，人类是客体。有如皮与毛，皮之不存，毛将焉附？

另一方面，人类对于自然又具有主体性。人类还有社会属性，其主要表现在人类的主观能动性上，这是人类的主体性。马克思恩格斯既反对人类中心主义的历史观、反对无视自然客观规律的人类行为，又反对自然主义的历史观、反对抹杀人的主观能动性。他们指出，"自然主义的历史观（例如，德莱柏和其他一些自然科学家都或多或少有这种见解）是片面的，它认为只是自然界作用于人，只是自然条件到处决定人的历史发展，它忽视了人也反作用于自然，改变自然，为自己创造新的生存条件"。特别是人类有主动性、积极性和创造性，有认识自然、掌握自然规律并遵循规律办事的能力，所以人类能够主动地尊重自然、顺应自然、爱护自然、与自然和谐共处，推动人类与自然的共同繁荣，而不再是畏惧自然和不像动物那样被动地依从自然。认识这一点很重要，从学术上讲，它是生态文明观与深生态学观点的重要分野；从实践方面看，它是防止人们走向泛生态主义和无所作为的另一个极端，是实现经济社会生态"三大效益"相统一，建设生态文明的充要条件。忽视了这一点，就不是彻底的生态文明观。

**2-70　怎样认识人与自然的师生关系？**

答：人与自然的师生关系就是师法自然。

大自然是最有智慧的，它是经过几十亿年优胜劣汰、协同演变、和谐共荣积累起来的自然智慧。只有400万年历史的人类在45亿岁的自然界面前，就如少儿面对具有高度智慧的千岁老人。"自然界所懂得的是最好的"。人们对生态智慧的认识、掌握与运用，是生态文明建设的重要推动力。生态文明发展过程中的许多理念、技术、模式与管理，都是从自然智慧中得到启发的，如循环经济的理念与模式，就是向自然智慧学习的结晶；生态化技术体系也是从生态智慧中获的启发；自然界具有十分严密的系统结构，具有和谐协调的绿色管理机制；社会经济活动的许多规律都和自然界规律具有内在统一性，学者们把自然生态系统也称为自然的经济系统。如，学习地球生态系统的功能结构原理组织经济活动、遵循地球生态系统的顶级群落原理组织经济活动，增强经济活动的自调节机能和抗风险能力；学习地球生态系统的协调共生智慧，在经济活动中学会"双赢"以及综合利用资源，获取多重效益；学习地球生态系统的生物智慧，发展高新科技；地球生态系统的协同演进智慧，实施绿色和谐管理等。自然界承载着许多人类尚未了解的智慧和功能。人们一定会从生态智慧中学到更多的知识并转化成更加先进的科学技术，凝聚成更加先进的发展理念，从而不断推动生态文明的发展。

**2-71 人与自然关系的本质是什么？**

答：人与自然的关系是世界上一个最根本的关系，人与自然关系的本质是和谐共生。

**2-72 生态文明的本质特征是什么？**

答：生态文明的本质特征是人与自然的和谐协调。人与自然的和谐协调、人与自身的和谐协调、人与社会的和谐协调，三者密切相连。马克思和恩格斯指出，"对实践的唯物主义者，即共产主义者来说，全部问题都在于使世界革命化——特别是人与自然的和谐"，他们认为，这种"世界革命化"，是"我们这个世界面临的两大变革，即人同自然的和解以及人同本身的和解"。

**2-73 人与自然和谐共生的根本要求是什么？**

答：根本要求是尊重自然、顺应自然、保护自然。习近平指出"建设生态文明，首先要从改变自然、征服自然转向调整人的行为、纠正人的错误行为。要做到人与自然和谐、天人合一，不要试图征服老天爷""当人类合理利用、友好保护自然时，自然的回报常常是慷慨的；当人类无序开发、粗暴掠夺自然时，自然的惩罚必然是无情的。人类对大自然的伤害最终会伤及人类自身，这是无法抗拒的规律。万物各得其和以生，各得其养以成"。

**2-74 人与自然和谐共生的核心是什么？**

答：核心是遵循自然规律办事。遵循自然规律办事是尊重自然的本意，是顺应自然的本真，是保护自然的本来。习近平指出，"始建于战国时期的都江堰，距今已有2000多年历史，就是根据岷江的洪涝规律和成都平原悬江的地势特点，因势利导建设的大型生态水利工程，不仅造福当时，而且泽被后世"。

**2-75 "大禹治水"是顺应自然还是征服自然？**

答：其实大禹之前就有许多人治水，但都没有成功，究其主要原因，都是以堵为主，这就违背了水流的自然规律，而自然规律是不可抗拒的。大禹的过人之处在于他的治水方略是以疏为主，疏堵结合，堵是为了更好地疏，遵循了水流的自然规律，把水害变成了水利。所以众人皆知的"大禹治水"是顺应自然的结果，不要误认为是征服自然。

**2-76　什么原因造成人与自然关系的紧张？**
答：习近平指出，"人类进入工业文明时代以来，传统工业化迅猛发展，在创造巨大物质财富的同时也加速了对自然资源的攫取，打破了地球生态系统原有的循环和平衡，造成人与自然关系紧张。从 20 世纪 30 年代开始，一些西方国家相继发生多起环境公害事件，损失巨大，震惊世界，引发了人们对资本主义发展模式的深刻反思"。

**2-77　为什么说和谐协调是自然界的普遍规律？**
答：达尔文认为，在自然生态系统的发展演进中，竞争绝不是自然界的唯一规律，一种生物可以创建一个不曾被占据过的自己的特殊位置——并且无须牺牲另一种生物的生存，只有在一个缺乏创造性的世界里，禁锢在严格的生存模式里，需求的匮乏和冲突才成为不可避免的命运。因为绿色生命富有强大的创造力，因为自然生态系统中存在着生态位分离、生物多样性导致生态系统稳定性、生态系统普遍有机联系相互适应协同进化等规律，以及生物间的趋异、宽容现象，所以自然界里，还有一种普遍规律，那就是和谐协调。自然界在其 45 亿年的不断演替中以不争的事实反复证明：绿色生命的每一个自然生态系统都是最终走向以和谐协调占主导地位的顶级群落状态，这时生态系统趋于平衡（动态平衡），其自组织能力、抗干扰能力、创造能力都比较强，因此绿色生命系统能够显示出生机勃勃、长盛不衰的繁荣景象。这就是生态和谐。人体作为自然生态系统和社会生态系统的有机融合，其发展亦是如此。

**2-78　和谐的主要内涵是什么？**
答：和谐的主要内涵是：和而不同。和实生物，同则不继。和谐协调是融会贯通的，融会就是包容、消化与吸收；贯通包含着联系与互补，同时又包含着差异，蕴含着多样性。所以要承认差异、坚持包容，切实达到融会贯通，从而实现人与自然的生态和谐、人与社会的人态和谐、人与自身的心态和谐。

**2-79　现代企业管理三法则是什么？**
　　现代企业管理的第一个法则称为戴明管理法则，它是由美国管理大师戴明提出来的：企业产品和服务质量的提高，必定带来获利率的提高。他认为提高企业产品和服务质量，必须实施过程管理。
　　现代企业管理的第二个法则是德国慕尼黑企业咨询顾问弗里斯管理法则，弗里斯指出：企业产品和服务质量的提高，取决于企业职工对企业的满意度。

他认为企业职工的满意度提高，顾客的满意度也随之提高。

现代企业管理的第三法则称为生态文明管理法则，指的是企业职工的满意度取决于企业营造的和谐度。企业营造的和谐度提高，职工对企业的满意度也随之提高。

**2-80 历史上的"黑龙事件"是怎么回事？**
答：它是指美国的黑龙事件。19世纪下半叶，美国西部大草原90万平方公里处女地被开发，当时被称为"世纪改造自然的伟大壮举"。但是到20世纪上半叶，沙尘暴不断，特别是1935年形成东西长2400公里、南北宽1440公里、高约3公里的黑色巨龙，3天横扫美国三分之二国土，3亿吨沙土从天而降，遮天蔽日，250万人无家可归，使美国农业倒退10年。

**2-81 历史上的"白龙事件"是怎么回事？**
答：它是指苏联的白龙事件。20世纪上半叶，苏联开凿卡拉姆运河，引咸海湖上游河水灌溉10万平方公里农田和草场，当时被称为"创造性再造自然"，但是过了不久，切断了咸海湖（亚洲第三大湖、世界第四大湖）的主要水源，湖底盐碱裸露，周边严重沙化，附近荒漠化。含有盐的风暴接踵而来，使10万平方公里内成为毁灭性永久性的生命禁区，受灾面积之广、人口之多，史上罕见。被联合国环境署认定为20世纪世界最大的生态灾难。之后咸海湖在地球上彻底消失，今后将会发生的生态灾难难以预测。

**2-82 党的十九大报告对于"绿水青山就是金山银山"理念有什么新的要求？**
答：党的十九大要求"必须树立和践行绿水青山就是金山银山的理念"，和以前的要求比较，增加了"践行"的内容，这就要求我们不但要树立，而且要落实到整个新型现代化建设的全过程。

**2-83 "绿水青山就是金山银山"的理念什么时候正式写进中央文件？**
答：2015年3月24日，习近平主持召开中央政治局会议，通过了《关于加快推进生态文明建设的意见》，正式把"绿水青山就是金山银山"的理念写进中央文件，成为指导我国加快推进人与自然和谐共生的现代化建设新格局的重要指导思想。

**2-84 "绿水青山就是金山银山"阐述了什么样的关系，揭示了什么样的道理，指明了什么样的新路径？**
答：习近平指出，绿水青山就是金山银山，阐述了经济发展和生态环境保护的关系，揭示了保护生态环境就是保护生产力、改善生态环境就是发展生产力的道理，指明了实现发展和保护协同共生的新路径。它既是重要的发展理念，也是推进现代化建设的重大原则。

**2-85　我们在实践中对于"两山"之间关系的认识经过了几个阶段？**
答：习近平指出，在实践中对"两山"之间关系的认识经过了三个阶段："第一个阶段是用绿水青山去换金山银山，不考虑或者很少考虑环境的承载能力，一味索取资源。第二个阶段是既要金山银山，但是也要保住绿水青山，这时候经济发展和资源匮乏、环境恶化之间的矛盾开始凸显出来，人们意识到环境是我们生存发展的根本，要留得青山在，才能有柴烧。第三个阶段是认识绿水青山可以源源不断地带来金山银山，我们种的常青树就是摇钱树，生态优势变成经济优势，形成了一种浑然一体、和谐统一的关系，这一阶段是一种更高的境界……"。

**2-86　如何理解"两山"的辩证统一？**
答：习近平 2014 年 3 月 7 日在参加十二届全国人大二次会议贵州代表团审议时的讲话指出，"强调发展不能破坏环境是对的，但是为了保护生态环境而不敢迈出发展步伐就有点绝对化了。实际上，只要指导思想搞对了，只要把两者关系把握好、处理好了，既可以加快发展，又能守护好生态。贵州这几年的发展也说明了这一点""我说过，既要绿水青山，也要金山银山；绿水青山就是金山银山。绿水青山和金山银山决不是对立的，关键在人，关键在思路"。

2014 年 11 月 1 日、2 日在福建考察工作时强调，"要大力保护生态环境，实现跨越发展和生态环境协同共进"。

2019 年 2 月在《推进我国生态文明建设迈上新台阶》中又指出，"绿水青山既是自然财富、生态财富，又是社会财富、经济财富。保护生态环境就是保护自然价值和增值自然资本，就是保护经济社会发展潜力和后劲，使绿水青山持续发挥生态效益和经济社会效益"。

**2-87　2019 年 3 月 10 日，习近平参加福建代表团审议政府工作报告时对生态文明建设作了哪些重要指示？**
答：习近平指示福建要"多做经济发展和生态保护相协调相促进的文章，打好污染防治攻坚战，突出打好蓝天、碧水、净土三大保卫战"。

**2-88　如何利用生态优势脱贫致富？**
答：习近平 2015 年 11 月 27 日在中央扶贫开发工作会议上的讲话指出，"现在，许多贫困地区一说穷，就说穷在了山高沟深偏远。其实，不妨换个角度看，这些地方要想富,恰恰要在山水上做文章。要通过改革创新,让贫困地区的土地、劳动力、资产、自然风光等要素活起来,让资源变资产、资金变股金、农民变股东,让绿水青山变金山银山,带动贫困人口增收""不少地方通过发展旅游扶贫、搞绿色种养,找到一条建设生态文明和发展经济相得益彰的脱贫致富路子,正所谓思路一变天地宽"。

**2-89  我国贫困地区的旅游资源如何?**
**答:** 我国现有 5A 和 4A 级的旅游风景名胜区 1600 个以上,但它们 60% 以上分布在中西部地区,70% 以上的景区周边集中分布着大量贫困村。

**2-90  如何从国家战略层面理解"两山理论"?**
**答:** 世界正在从"灰色领域"跨越到"绿色领域",尽管跨越的道路是曲折的,但是这个历史发展的趋势是不会改变的。习近平指出,"绿色循环低碳发展,是当今时代科技革命和产业变革的方向,是最有前途的发展领域……"。在国际的激烈竞争中,国家战略正确与否,直接决定着国家的盛衰兴亡(薄贵利)。美国《高边疆》一书作者指出,"在整个人类历史上,凡是能够最有效地从人类活动的一个领域迈向另一个领域的国家,都取得了巨大的战略优势"。相反,一个国家如果与历史发展机遇失之交臂,就会一步被动,处处被动,不仅导致国家的落伍,甚至导致国家的灭亡(薄贵利)。"两山理论"指引我国从"灰色领域"向"绿色领域"的战略跨越,所以习近平强调,节能减排应对气候变化,不是别人要我们这样做,而是我们自己要这样做。对内解决以雾霾等环境危机因素形成的社会承受力极限而导致的经济发展受阻、公众健康危机和社会不安等问题;对外为全球解决气候变化做贡献,我国目前已成为世界节能和利用新能源与可再生能源的第一大国。所以"两山理论"是新时代对中国特色社会主义建设规律认识的深化,我们必须努力建设并保护好"绿水青山",抓住新机遇和新挑战、开拓新路径和新领域,创造生态文明新生活,加快实现中华民族的伟大复兴。否则我们将会再一次失去机遇,再一次远远地落在别人后面。

**2-91  如何从生态文明财富观上理解"两山理论"?**
**答:** "绿水青山"是人类共有的财富("金山银山");"生态是生产力之父",绿水青山是财富之本。它不但是当代人的财富之本,而且是世世代代的财富之本。地球生态系统是人类走向美好明天的重要基础。根据"1997 年 Costanza 和 Goulder 在《Nature》发表的文章第一次使我们认识到地球生态系统为人类提供的生态系统服务价值(每年 33 万亿美元),远远超过同年人类社会生产价值的总和(同年 18 万亿美元)"。这么巨大的财富,人类应当保护好,更好地发挥它的作用，并使它不断增值。这是生态文明财富观对于工业文明财富观的正本清源。

**2—92 如何从绿色富民方面理解"两山理论"？**
答：绿水青山可以给民众带来金山银山。这里有个重要思想理念：金山银山是人们认识、掌握和运用绿水青山运行的规律，同绿水青山进行物质交换得来的，本末不能倒置，规律不可违背。其中间环节是必须善于把绿水青山转换为金山银山，又用金山银山反哺绿水青山，使绿水青山常在，金山银山常来，这就是既要绿水青山，又要金山银山。

**2—93 如何从绿色惠民方面理解"两山理论"？**
答：习近平指出，"对人的生存来说，金山银山固然重要，但绿水青山是人民幸福的重要内容，是金钱不能代替的。你挣到钱，但空气、饮用水都不合格，那有什么幸福可言"。所以虽然国家与民众很富，但是生态环境恶化，民众健康严重受害，这样的富又有什么价值？
绿水青山不但可以给民众带来富裕，而且可以给民众带来健康，这两者结合，才是民众真正的幸福。

**2—94 绿水青山和金山银山会不会产生矛盾？**
答：不但会，而且有时候还是很大的。

**2—95 在"两山"出现矛盾时怎么办？**
答：绿水青山和金山银山往往会发生矛盾，我们应当充分发挥人类的主观能动性，把两者统一起来，确实无法转换的，宁要绿水青山，不要金山银山，留得青山在，不怕没柴烧。这方面要有战略定力。

**2—96 在保护绿水青山方面，我们必须管控住哪三条红线？**
答：要"严守生态保护红线、环境质量底线、资源利用上线三条红线。对突破三条红线、仍然沿用粗放增长模式、吃祖宗饭砸子孙碗的事，绝对不能再干，绝对不允许再干"；要"全方位、全地域、全过程开展生态环境保护建设"。

**2—97 在生态保护红线方面我们应当怎么办？**
答：要"建立严格的管控体系，实现一条红线管控重要生态空间，确保生态功能不降低、面积不减少、性质不改变"。

**2-98　在保障环境质量底线方面我们应当怎么办?**

答：要"将生态环境质量只能更好、不能变坏作为底线，并在此基础上不断改善，对生态破坏严重、环境质量恶化的区域必须严肃问责"。

**2-99　在资源利用方面我们应当怎么办?**

答：要"把握好自然资源开发利用的度，不要突破自然资源承载能力""把经济活动、人的行为限制在自然资源和生态环境能够承受的限度内，给自然生态留下休养生息的时间和空间"。

**2-100　在"两山"面前,我们如何处理好代际关系?**

答："绿色生态是最大财富、最大优势、最大品牌"。对此，一是当代人要"走出一条经济发展和生态文明水平提高相辅相成、相得益彰的路子"；二是我们这代人确实无法实现"两山统一"的，一定不要破坏生态优势，因为生态优势是抢不走的优势，相信后代人比我们更有智慧，会实现这个统一与转换。这也是前人种树、后人乘凉。相反一个地方如果失去生态优势，将是难以挽回的。所以说到底，绿水青山就是金山银山。要促进生态空间山清水秀，生活空间宜居适度，给自然留下更多修复空间，给农业留下更多良田，给子孙后代留下天蓝、地绿、水净的美好家园；努力建设美丽中国，实现中华民族永续发展。这是我们给子孙后代留下最大最好的金山银山。

**2-101　树立和践行"两山理论"的关键是什么?**

答：善于把绿水青山与金山银山互相转换，实现经济效益、社会效益、生态效益相统一，是树立和践行"两山理论"的关键。

**2-102　填补国内空白的全球首条固态全贴合智能平板生产线为什么落户在偏僻的福建省顺昌县郑坊乡?**

答：欧浦登光学有限公司是一家致力于生产高端电子产品的高科技企业，在东京、深圳、福州、苏州都设有生产基地，却于 2017 年 7 月 26 日把全球首条固态全贴合智能平板生产线放在偏僻的福建省顺昌县郑坊乡的基地上，这主要得益于当地非常优质的水和空气，使其产品优良率比东京、深圳等基地提高 5%～8%，所以欧普登加大了在郑坊的投资。这一生产线采用固态胶全贴合、高透防眩玻璃等 4 项发明专利技术，填补了国内空白，也为当地的经济社会发展注进活力。

**2-103　经典的生产力理论新论断是什么?**

答：经典的生产力理论新论断是，"纵观世界发展史，保护生态环境就是保护生产力，改善生态环境就是发展生产力"。这一论断的主要内容是习近平在福建时就提出了，后来不断发展，成为重要的理论系统。如"要像保护眼睛一样保护生态环境，像对待生命一样对待生态环境""在生态环境保护上一定要算大账、算长远账、算整体账、算综合账，不能因小失大、顾此失彼、寅吃卯粮、急功近利""推动长江经济带发展，理念要先进，坚持生态优先、绿色发展，把生态环境保护摆在优先地位，涉及长江的一切经济活动都要以不破坏生态环境为前提，共抓大保护，不搞大开发"等。

**2-104　如何界定新生产力？**
答：根据对习近平生态文明思想的学习研究，新生产力可界定为：人类充分发挥主观能动性，认识并遵循自然规律，推动人与自然和谐共生、共同持续发展的能力。它是包括自然力在内的社会生产力。

**2-105　新生产力理论包括哪些内容？**
答：新生产力理论是一个新理论系统。文明兴衰论、和谐共生论是新生产力理论的基础；"两山"统一论、转变方式论、建设规律论是新生产力理论的核心；小康短板论、民生福祉论、新型政绩论是新生产力理论在实践中的运用等。

**2-106　新生产力与原生产力有什么联系与区别？**
答：原生产力基本上是工业文明的，主要是只有经济效益这一维度，是对于自然的掠夺、破坏性的力量，实践证明正如恩格斯所说的，在第一阶段会取得预期的效果，但是到了第二阶段、第三阶段，不但把第一阶段的效果完全抵消了，而且还会造成严重的生态灾难；新生产力是生态文明的生产力，它剔除原生产力中破坏自然的因素，是能够获取经济效益、社会效益、生态效益相统一与最优化的三维结构的力量。

**2-107　新生产力理论有哪些理论创新？**
答：至少有以下理论创新：①社会主义本质理论的创新。社会主义本质的第一要义就是发展社会生产力，而我们原来把生产力界定为：人类征服、改造自然的能力，这实际上是工业文明下的生产力语境，这就关系到社会主义要发展什么样的生产力问题，新生产力理论回答了这个问题。②先进生产力理论的创新。"三个代表重要思想"要求"代表先进生产力发展的方向"，那么什么是新时代先进生产力发展的方向？新生产力理论也回答了这个问题。③生态文明理论的创新。

**2-108 新生产力理论的理论意义有哪些？**

答：有以下理论意义：①把生态环境作为重要的生产要素，是生态环境从生产力外部性走向内部性的原创性理论。②是经济新常态下突破资源、环境瓶颈的重要理论。③是破除生态环境"公地悲剧"的理论基础。④是生态产品价值实现的理论指导。⑤是树立正确政绩观的理论依据。

**2-109 新生产力理论有哪些实践意义？**

答：有以下实践意义：①有解放思想，转变经济发展方式的实践意义。如果我们还是按照原来发展方式，无节制地消耗资源、破坏生态、污染环境、不顾人民群众健康，实际上是在破坏生产力。②有实现经济社会生态"三大效益"相统一的实践意义，党的十八大把经济社会生态效益相统一作为生态文明建设必须遵循的基本原则（是唯一，不是之一），检验生态文明建设成效的重要标志也是能否实现"三大效益"的相统一与最优化。③具有世界性的实践意义。

**2-110 新生产力发展理念和原来有什么不同？**

答：新生产力发展要求：树立"发展是第一要务，但必须是绿色发展、低碳发展、循环发展"的理念，必须"在保护中发展，在发展中保护"，这和工业文明的在破坏自然中发展，有本质区别；和以前的"在发展中保护，在保护中发展"的理念，也不单纯是顺序的不同。

**2-111 怎样理解"在保护中发展，在发展中保护"的理念？**

答：经济发展不应是对资源环境的竭泽而渔，环境保护也不应是经济发展的缘木求鱼。

一方面，面对资源约束趋紧、环境污染严重、生态系统退化、公众工业病的严峻形势，必须树立在保护中发展的理念，认清良好的生态环境是人和社会持续发展的根本基础，努力破解制约经济社会发展的瓶颈，加大自然生态系统和环境保护力度，实施重大生态修复工程，增强生态产品生产能力，推进荒漠化、石漠化、水土流失综合治理，扩大森林、湖泊、湿地面积，保护生物多样性。加快水利建设，增强城乡防洪抗旱排涝能力。加强防灾减灾体系建设，提高气象、地质、地震灾害防御能力。坚持预防为主、综合治理，以解决损害群众健康突出环境问题为重点，强化水、大气、土壤等污染防治。坚持共同但有区别的责任原则、公平原则、各自能力原则，同国际社会一道积极应对全球气候变化。为人民创造良好生产生活环境，为全球生态安全作出贡献。

另一方面，以经济建设为中心是兴国之要，发展仍是解决我国所有问题的关键。只有推动经济持续健康发展，才能筑牢国家繁荣富强、人民幸福安康、社会和谐稳定、保护生态环境的物质基础。必须坚持发展是硬道理的战略思想，决不能有丝毫动摇。从长远看，如果停止了经济发展，生态环境也是保不住的，贫困不是生态文明。所以必须树立在发展中保护的理念，按照人口资源环境相均衡、经济社会生态效益相统一的原则，把经济社会发展与生态环境保护有机统一起来，这不但在理论上是科学的，在实践中也是可行的，我国的一些区域、城乡、行业、企业已在这方面作出成功的探索。

**2-112　新生产力必须坚持什么方针、布局、结构和方式？**
答：党的十九大报告中强调，"必须坚持节约优先、保护优先、自然恢复为主的方针，形成节约资源和保护环境的空间格局、产业结构、生产方式、生活方式"。

**2-113　为什么反哺自然是新生产力的重要要求？**
答：应当从自然—人—社会复合生态系统的层面来保护自然，自然、人、社会共同生存在地球生态母系统之中，它们必须协同演进，才能共同发展，在协同演进中必须形成复合生态系统的大循环，即人类、社会和自然界的大循环（而不单单是经济子系统内的循环）。人类不但需要从自然界中获取物质资源，而且要反哺自然界，发展自然力，进行生态建设，发展可再生资源，让自然界能够保持生机、蓬勃发展，增加资源的存量，提高资源的质量，增强生态系统功能，同时又要善于把生态与环境的优势转化为经济社会发展的优势，以形成自然—人—社会的良性循环和协同演进的态势，这可称为增量化原则，这个原则实际上比社会上所说的循环经济的减量化原则、再利用原则、再循环原则都更本质更重要。这样才能保持自然生态系统长繁荣、子孙后代长受益。

**2-114　如何从人民群众的新需求看新生产力的发展？**
答：满足人民群众的新需求是生产力发展的目标指向。新时代人民群众的新需求呈现多元化特征，但是有一个基本趋势是很显然的，这就是健康成为人们追求的新境界，如，人们从以前的吃饱，到中间的吃好，到现在的吃健康；从穿暖和到穿漂亮再到穿健康；从住有房到住健康；旅游方面从好玩到玩好再到玩健康。所以专家预测，健康产业将成为继厨房革命、办公室革命、电子计算机、网络经济以后的第五波财富浪潮。与此同时，体验经济将成为继产品经济、服务经济以后的新的经济形态。而良好的生态环境成为满足人们新追求、迎接经济新形态、发展新型生产力的充分必要条件。

**2-115　如何从人民群众的新期待看新生产力的发展？**
答：实现人民群众的新期待是新生产力发展的动力源泉。新时期人们对于生态产品的期待尤其强烈，如新鲜的空气、干净的水、安全的食品、宜居的城乡、良好的生态环境、减少雾霾增加蓝天白云、减少城市"热岛效应"、增加纳凉场所等，生产量多质优的生态产品，成为生产力发展的新内容。同时，自然力也是一种生产力，而且是一种巨大的生产力，它越来越成为生产力的重要基础和重要内容。

**2-116　如何从新瓶颈看新生产力的发展？**

答：资源约束趋紧、环境污染严重、生态系统退化的严峻形势，已经成为生产力继续向前发展的最主要瓶颈，如果不能突破这个瓶颈，那么我们的生产力总有一天会出现相当突然的和不可控制的衰退。习近平指出，"我们在生态环境方面欠账太多了，如果不从现在起就把这项工作紧紧抓起来，将来会付出更大的代价""在这个问题上，我们没有别的选择""我们决不以牺牲环境为代价去换取一时的经济增长"。这些论断是何等的高瞻远瞩和斩钉截铁。发展新生产力是十分紧迫的。

**2-117　如何全面理解新生产力？**

答：以上所有分析都使我们对于新生产力有了全面的理解，那绝不是以前的"人类改造自然、征服自然的能力"，正如马克思指出的，"生产力在其发展的过程中达到这样的阶段，在这个阶段上产生出来的生产力和交往手段在现存关系下只能带来灾难，这种生产力已经不是生产的力量，而是破坏的力量"。所以必须对于生产力有新的理解，就是"人类推动人与自然和谐协调、共生共荣、共同发展的能力"。由此可以看到，牢固树立保护生态环境就是保护生产力、改善生态环境就是发展生产力的理念是多么地深刻和智慧。

**2-118　建设生态文明的根本要求是什么？**

答：建设生态文明的根本要求是转变生产生活方式。习近平指出，"建设生态文明是一场涉及生产方式、生活方式、思维方式和价值观念的革命性变革"。习近平在《求是》2019年第3期发表重要文章《推动我国生态文明建设迈上新台阶》指出，"生态环境问题归根结底是发展方式和生活方式问题，要从根本上解决生态环境问题，必须贯彻创新、协调、绿色、开放、共享的发展理念，加快形成节约资源和保护环境的空间格局、产业结构、生产方式、生活方式，把经济活动、人的行为限制在自然资源和生态环境能够承受的限度内，给自然生态留下休养生息的时间和空间"。

**2-119　在生态文明新时代，转变生产生活方式的目标指向是什么？**

答："坚持发展是硬道理的战略思想，发展必须是绿色发展、循环发展、低碳发展";要把工业文明的生产生活方式转变成为"绿色、低碳、循环、可持续的生产生活方式""保护生态环境,要更加注重促进形成绿色生产方式和消费方式"。具体地说,把工业文明以掠夺自然、污染环境、危害健康为代价的经济增长转变为生态文明以遵循自然法则,依靠知识资源、创新为引擎的经济发展;把高投入、高排放、低产出、低端价值链的生产及其结构,转变为低投入、低排放(直至零排放)、高产出、高端价值链的生产及其结构。

**2—120　如何高度重视绿色发展方式和生活方式?**
答:习近平强调,"我们要充分认识形成绿色发展方式和生活方式的重要性、紧迫性、艰巨性"。

**2—121　党的十九大对推进绿色发展提出哪些要求?**
答:党的十九大对推进绿色发展提出以下要求:①加快建立绿色生产和消费的法律制度和政策导向,建立健全绿色低碳循环发展的经济体系。②构建市场导向的绿色技术创新体系,发展绿色金融,壮大节能环保产业、清洁生产产业、清洁能源产业。③推进能源生产和消费革命,构建清洁低碳、安全高效的能源体系。④推进资源全面节约和循环利用,实施国家节水行动,降低能耗、物耗,实现生产系统和生活系统循环链接。⑤倡导简约适度、绿色低碳的生活方式,反对奢侈浪费和不合理消费,开展创建节约型机关、绿色家庭、绿色学校、绿色社区和绿色出行等行动。

**2—122　转变生产方式的核心是什么?**
答:转变生产方式的核心是创新。"科技创新是核心,抓住了科技创新就抓住了牵动我国发展全局的牛鼻子""我们既要创新发展思路,也要创新发展手段。要打破旧的思维定势和条条框框,坚持绿色发展、循环发展、低碳发展"。通过创新,把工业文明直线式生产转变成生态文明循环式生产;把工业化技术体系发展成为生态化技术体系;从工业文明的末端治理、行为管理转变为生态文明的过程治理、和谐管理。

**2—123　生态文明新时代生产生活方式的主流是什么?**
答:是"资源节约、环境友好"。

**2—124　实现资源节约、环境友好,必须坚持哪"三严"?**
答:必须坚持"源头严防、过程严管、后果严惩,治标治本多管齐下"。

**2-125 转变生产生活方式的立足点和基点是什么？**
**答：** 习近平强调，必须把推动发展的立足点转到提高经济发展的质量和效益上来，把发展的基点放到创新上来，塑造更多依靠创新驱动、更多发挥先发优势的引领型发展。

**2-126 如何在转变发展方式中创造新的增长点？**
**答：** 习近平指出，"绿色循环低碳发展，是当今时代科技革命和产业变革的方向，是最有前途的发展领域，我国在这方面的潜力相当大，可以形成很多新的经济增长点""人民群众对清新空气、清澈水质、清洁环境等生态产品的需求越来越迫切，生态环境越来越珍贵。我们必须顺应人民群众对良好生态环境的期待，推动形成绿色低碳循环发展新方式，并从中创造新的增长点""从生态环境看，大气、水、土壤等污染严重，雾霾频频光临，生态环境急需修复治理，但环保技术产品和服务很不到位。我国城乡、区域发展不平衡现象严重，但差距也是潜力。总之，这些潜在的需求如果能激发出来并拉动供给，就会成为新的增长点，形成推动发展的强大动力"。

**2-127 习近平对长江流域提出什么样的战略定位和要求？**
**答：** 提出长江流域"共抓大保护，不搞大开发"的战略定位，要求通过转变生产方式，使长江这条黄金水道产生黄金效益。

**2-128 绿色低碳循环发展的经济体系与工业文明的经济体系有什么区别？**
**答：** 绿色低碳循环发展的经济体系与工业文明经济体系有根本的区别：工业文明经济体系是解构性碎片化的，在经济上是正价值，在生态环境和人类健康（社会效益）方面是负价值，最后也会把经济价值抵消，并且带给人类的是生态灾难和亚健康，表现出极端人类中心主义的残暴性。绿色低碳循环发展的经济体系是建构性系统化的，不但要在经济上获取正价值，而且在生态和社会方面也是正价值，并且是在经济发展过程内生的源头治理，而不是"先污染后治理"的末端治理，表现出生态整体主义的协调性。

**2-129 绿色低碳循环发展的经济体系与单个形态的绿色经济、低碳经济、循环经济有什么区别？**
**答：** 绿色低碳循环发展的经济体系与绿色经济、低碳经济、循环经济等单个形态既有密切联系，又有重要区别，它不是三者的简单相加，而是三者的有机融合与互补，产生整体大于部分之和的系统效应。如低碳经济的实质是能源的变革，要求在生产生活中创新能源的形态与运用，节能减排、增加碳吸收等，但是如果没有与绿色发展循环发展紧密联系，就有可能造成新的生态破坏与环境污染，它们不能相割裂而必须相辅相成；再如循环经济是人类学习自然智慧的结晶，运用自然系统物质循环运动和能量梯级利用的原理到生产生活领域，把提高资源利用率，减少排放，提高产出，作为一个整体协同运行，在实现闭路循环中从源头上节约资源、保护环境，增加产品，它不但是一种新的经济形态，更是作为一种方法论运用于绿色经济、低碳经济之中。所以新经济体系是经济发展范式的转变，它以生态文明的生态整体主义为指导，遵循有机联系的生态法则，从经济发展的内生力量解决资源能源、生态环境和人类健康等问题，实现经济社会生态"三大效益"统一和优化。它是提高人类经济与生态福祉的有质量有效益的经济体系；是促进社会公平的包容性普惠性的经济体系；是降低生态稀缺与环境风险的经济体系。

**2-130 绿色低碳循环发展的经济体系具有哪些显著特征？**
答：一是从世界经济发展趋势看，它引领世界经济发展新潮流，具有先导性特征，对这些先导性经济体系的高新技术和产业，谁占据了先机，谁就能跨越发展，否则就会更加落后。二是经济体量十分巨大，具有支柱性特征。三是产业融合性非常强，具有整体性特征。据报载，亿利资源集团 28 年探索出绿色低碳循环发展的经济体系，创造出"生态修复、生态牧业、生态健康、生态旅游、生态光伏、生态工业"相融合的产业体系，在创造出 4600 多亿生态财富的同时，实现了对沙化地区由"输血型"救济向"造血型"的扶贫转变。四是得标准者得天下，具有主导性特征。当今国际竞争中，抢占产业发展与科技的制高点，占据先机者，可以得到制定国际行业标准的机会和话语权，具有很大的主导性，对于国家的整体发展具有重要作用。

**2-131 绿色低碳循环发展经济体系运行必须遵循什么法则？**
答：必须遵循生态优先法则。一是生态要素优先，在绿色低碳循环发展经济体系运行中，生态要素成为生产内部的基础性要素，它对于先进生产力的持续发展是第一性的。所以保护生态环境就是保护生产力，改善生态环境就是发展生产力。这就要求在新经济布局中要优先考虑生态健全、生态健康、生态承载力；在建设基础设施时要优先安排优化生态系统结构，增强生态系统功能的项目；在工程上马前要充分论证其对生态环境系统的影响，不要超过阈值等。党的十八大以后，这种意识已逐步被干部群众所认识，许多地方如西部大开发、城市建设、脱贫致富、长江流域发展等方面都提出生态优先战略。二是自然规律优先。三是生态产品优先。

**2-132　绿色低碳循环经济体系必须建立健全什么样的市场？**

答：必须建立健全诚信的市场体系。

**2-133　转变生产生活方式必须加快构建哪"四大体系"？**

答：必须"加快构建科学适度有序的国土空间布局体系、绿色循环低碳发展的产业体系、约束和激励并举的生态文明制度体系、政府企业公众共治的绿色行动体系"。

**2-134　转变生产生活方式必须根本改变哪三个过多依赖？**

答："必须改变过多依赖增加物质资源消耗、过多依赖规模粗放扩展、过多依赖高能耗高排放产业的发展模式。"

**2-135　转变生产生活方式必须做到哪两手都要坚定不移？**

答："一手要坚定不移抓化解过剩产能，一手要大力发展低能耗的先进制造业、高新技术产业、现代服务业。"

**2-136　转变生产生活方式的重点难点是什么？**

答：是创新生态化技术体系。生态化技术是解决世界性资源枯竭、生态环境危机，应对气候变化的新技术体系，成为国际科技制高点的重要领域。生态化技术体系是从单向技术到集约技术转变的复合性技术体系，是水平维、力量维、价值维的有机结合。水平维是各领域各产业各专业的科学技术与专门知识，称为纵向技术，包括发展主产业（产品）的技术、能够和主产业（产品）共生或耦合并延长产业（产品）链的相关科技，其中有许多关键共性技术。这是生态化技术体系的基础。价值维是一种横向技术，包括现代生态科学与技术、现代信息理论与技术（如智能化、大数据、物联网等）、现代系统理论与技术等，这一层次的技术覆盖各行各业，是产业升级，经济发展高质量与生态环境高颜值相统一的重要技术平台，其中有许多是前沿性引领技术和颠覆性技术。力量维是科技作用于企业生产的做功过程，发达的科技和先进的生产工具与其对生产的功率并非成正比，这里面有个管理问题，管理理念与技术引领着生产功率，管理也是生产力。

**2-137　转变生产生活方式需要什么样的管理？**

答：要求创新经济管理，实现从工业文明的末端管理、行为管理走向生态文明的过程管理、和谐管理。

**2-138 生态文明视野下我们党对社会主义建设规律在实践和认识上不断深化的重要成果是什么？**

答：习近平强调，"党的十八大把生态文明建设纳入中国特色社会主义事业总体布局，使生态文明建设的战略地位更加明确，有利于把生态文明建设融入经济建设、政治建设、文化建设、社会建设各方面和全过程。这是我们党对社会主义建设规律在实践和认识上不断深化的重要成果"。

**2-139 如何有效防止在开发利用自然上走弯路？**

答：习近平强调，在对待自然问题上，恩格斯深刻指出，"我们不要过分陶醉于我们人类对自然界的胜利。对于每一次这样的胜利，自然界都对我们进行报复。每一次胜利，起初确实取得了我们预期的结果，但是往后和再往后却发生完全不同的、出乎预料的影响，常常把最初的结果又消除了"。人因自然而生，人与自然是一种共生关系，对自然的伤害最终会伤及人类自身。只有尊重自然规律，才能有效防止在开发利用自然上走弯路。这个道理要铭记于心、落实于行。

**2-140 人类发展活动必须遵循什么规律？**

答：习近平指出："人类发展活动必须尊重自然、顺应自然、保护自然，否则就会遭到自然界的报复。这是规律，谁也无法抗拒"。

**2-141 新发展理念集中反映了什么？**

答：新发展理念"是我们在深刻总结国内外发展经验教训的基础上形成的，也是深刻分析国内外发展大势的基础上形成的，集中反映了我们党对经济社会发展规律认识的深化"。

**2-142 解决城市缺水必须遵循什么规律？**

答："解决城市缺水问题，必须顺应自然。比如，在提升城市排水系统时要优先考虑把有限的雨水留下来，优先考虑更多利用自然力量排水，建设自然积存、自然渗透、自然净化的'海绵城市'。许多城市提出生态城市口号，但思路却是大树进城、开山造地、人造景观、填湖填海等。这不是建设生态文明，而是破坏自然生态。"

**2-143 城市建设如何遵循生态规律？**

答："城市规模要同资源环境承载能力相适应""要控制城市开发强度，划定水体保护线、绿地系统线、基础设施建设控制线、历史文化保护线、永久基本农田和生态保护红线，防止'摊大饼'式扩张""城市建设要以自然为美——要停止那些盲目改造自然的行为"。

**2-144　要探索什么样的绿化之路？**

答：习近平强调，"实现绿色发展关键要有平台、技术、手段，绿化只搞'奇花异草'不可持续，盲目引进也不一定适应，要探索一条符合自然规律、符合国情地情的绿化之路"。

**2-145　推动长江经济带发展必须坚持什么样的战略？**

答："长江和长江经济带的地位和作用，说明推动长江经济带发展必须坚持生态优先、绿色发展的战略定位，这不仅是对自然规律的尊重，也是对经济规律、社会规律的尊重。"

**2-146　什么是生态优先？**

答：生态优先主要指生态要素优先、生态法则优先、生态产品优先。这里着重解析生态法则优先，也称自然法则优先，因为生态法则是自然母系统运行的法则，所以它是统领经济社会领域的其他规律，人类的经济社会活动都必须遵循自然规律，合规律合目的地运行，如，生态平衡及其阈值规律，是人类一切经济社会活动不能逾越的底线，否则就会遭到自然规律的惩罚。

**2-147　遵循自然规律建设要求人们具备什么素质？**

答：要求人们认识自然规律的智慧极大发展，遵循自然规律办事的自觉性极大增强，促进人与自然和谐共生、持续繁荣的主观能动性极大提高，这是生态文明建设的基本内容。

**2-148　什么是生命共同体？**

答：习近平在《求是》2019年第3期发表重要文章《推动我国生态文明建设迈上新台阶》指出，"山水林田湖草是生命共同体。生态是统一的自然系统，是相互依存、紧密联系的有机链条。人的命脉在田，田的命脉在水，水的命脉在山，山的命脉在土，土的命脉在林和草，这个生命共同体是人类生存发展的物质基础。"

**2-149　习近平"生命共同体"理论的意义是什么？**

答：习近平"生命共同体"理论是文明兴衰论、和谐共生论、两山理论、新生产力论、携手共建论等的理论基础，是系统（一体化）治理的理论指导。

**2-150　如何从整体上、长远上看待生命共同体?**
答:"一定要算大账、算长远账、算整体账、算综合账,如果因小失大、顾此失彼,最终必然对生态环境造成系统性、长期性破坏。"

**2-151　怎样以生命共同体理论为指导寻求新的治理之道?**
答:"要从系统工程和全局角度寻求新的治理之道,不能再是头痛医头、脚痛医脚,各管一摊、相互掣肘,而必须统筹兼顾、整体施策、多措并举,全方位、全地域、全过程开展生态文明建设""要深入实施山水林田湖草一体化生态保护和修复,开展大规模国土绿化行动,加快水土流失和荒漠化石漠化综合治理。推动长江经济带发展,要共抓大保护,不搞大开发,坚持生态优先、绿色发展,涉及长江的一切经济活动都要以不破坏生态环境为前提。"

**2-152　如何转变治水的思路?**
答:如果20世纪世界争夺的资源主要是能源,那么21世纪世界争夺的资源主要就是水。就整体看,我国是严重缺水的国家,水资源是我国可持续发展的最主要瓶颈。"治水必须要有新内涵、新要求、新任务,坚持'节水优先、空间均衡、系统治理、两手发力'的思路,实现治水思路的转变。"

**2-153　如何用系统思想治水?**
答:"治水也要统筹自然生态的各要素,不能就水论水。要用系统论的思想方法看问题,生态系统是一个有机生命躯体,应该统筹治水和治山、治水和治林、治水和治田、治山和治林等""治理好水污染、保护好水环境,就需要全面统筹左右岸、上下游、陆上水上、地表地下、河流海洋、水生态水资源、污染防治与生态保护,达到系统治理的最佳效果。"

**2-154　如何以生命共同体理论解决华北的严重缺水问题?**
答:"华北地区缺水问题本来就很严重,如果再不重视保护好涵养水源的森林、湖泊、湿地等生态空间,再继续超采地下水,自然报复的力度会更大。"

**2-155　加快推进生态保护修复的方针是什么?**
答:是坚持保护优先、自然修复为主,深入实施山水林田湖草一体化保护和修复。

**2-156　如何用系统论思想进行城市规划和建设?**
答:城市规划和建设要坚决纠正"重地上、轻地下""重高楼、轻绿色"的做法，既要注重地下管网建设，也要自觉降低开发强度，保留和恢复恰当比例的生态空间，建设"海绵家园""海绵城市"。

**2-157　如何用系统思想把长江经济带建设成为我国生态文明建设的先行示范区、创新驱动带、协调发展带？**
答："长江经济带作为流域经济，涉及水、路、港、岸、产、城和生物、湿地、环境等多个方面，是一个整体，必须全面把握、统筹谋划。要增强系统思维，统筹各地改革发展、各项区际政策、各领域建设、各种资源要素，使沿江各省市协同作用更明显，促进长江经济带实现上中下游协同发展、东中西部互动合作，把长江经济带建设成为我国生态文明建设的先行示范区、创新驱动带、协调发展带。"

**2-158　对于民生福祉而言，良好生态环境的最显著特征是什么？**
答：良好生态环境是最公平的公共产品，是最普惠的民生福祉。

**2-159　解决好人民群众反映强烈的突出环境问题有什么意义？**
答："多年快速发展积累的生态环境问题已经十分突出，老百姓意见大、怨言多，生态环境破坏和污染不仅影响经济社会可持续发展，而且对人民群众健康的影响已经成为一个突出的民生问题""各类环境污染呈高发态势，成为民生之患、民心之痛""解决好人民群众反映强烈的突出环境问题，既是改善环境民生的迫切需要，也是加强生态文明建设的当务之急"。

**2-160　习近平是如何高度重视人民群众健康的？**
答：习近平强调，良好的生态环境是人类生存与健康的基础。我们积累了不少生态环境问题，其中不少环境问题影响甚至严重影响群众健康。老百姓长期呼吸污浊的空气、吃带有污染物的农产品、喝不干净的水，怎么会有健康的体魄？这些年，北京雾霾严重，可以说是"高天滚滚粉尘急"，严重影响人民群众身体健康，严重影响党和政府形象。绿水青山不仅是金山银山，也是人民群众健康的重要保障。群众天天生活在环境之中，对生态环境采取掩耳盗铃的办法是行不通的。要集中力量优先解决好细颗粒物（PM2.5）、饮用水、土壤、重金属、化学品等损害群众健康的突出问题。

**2-161　为什么要打好"三大保卫战"？**
答：因为"民之所好好之，民之所恶恶之。环境就是民生，青山就是美丽，蓝天也是幸福。发展经济是为了民生，保护生态环境同样也是为了民生"。

**2-162　生态建设环境保护要坚持什么样的方针？**
答："要坚持生态惠民、生态利民、生态为民，重点解决损害群众健康的突出环境问题，加快改善生态环境质量，提供更多优质生态产品，努力实现社会公平正义，不断满足人民日益增长的优美生态环境需要。"

**2-163　城市应当如何处理建设空间与绿色空间的关系？**
答：我们要认识到，在有限的空间内，建设空间大了，绿色空间就少了，自然系统自我循环和净化能力就会下降，区域生态环境和城市人居环境就会变差。要学习借鉴成熟经验，根据区域自然条件，科学设置开发强度，尽快把每个城市特别是特大城市开发边界划定，把城市放在大自然中，把绿水青山保留给城市居民。

**2-164　城市建设如何保留山水特色？**
答：要让城市融入大自然，不要花大力气去劈山填海，很多山城、水城很有特色，完全可以依托现有山水脉络等独特风光，让居民望得见山、看得见水、记得住乡愁。

**2-165　要让良好生态环境成为什么样的增长点和发力点？**
答：要科学布局生产空间、生活空间、生态空间，扎实推进生态环境保护，让良好生态环境成为人民生活质量的增长点，成为展现我国良好形象的发力点。

**2-166　农业供给侧结构性改革要围绕什么问题多做文章？**
答：当前，老百姓对农产品供给的最大关切是吃得安全、吃得放心。农业供给侧结构性改革要围绕这个问题多做文章。要把增加绿色优质农产品供给放在突出位置，狠抓农产品标准化生产、品牌创建、质量安全监管，推动优胜劣汰、质量兴农。

**2-167　对哪些企业要坚决关闭淘汰？**
答：对破坏生态环境、大量消耗资源、严重影响人民群众身体健康的企业，要坚决关闭淘汰。

**2-168　生态环境保护能否落到实处关键在什么？**
答：实践证明，生态环境保护能否落到实处，关键在领导干部。

**2-169  领导干部应当树立什么样的发展思路？**

答：让绿水青山充分发挥经济社会效益，不是要把它破坏了，而是要把它保护得更好。关键是要树立正确的发展思路，因地制宜选择好发展产业。我们强调不简单以国内生产总值增长率论英雄，不是不要发展了，而是要扭转只要经济增长不顾其他各项事业发展的思路，扭转为了经济增长数据不顾一切、不计后果、最后得不偿失的做法。

**2-170  领导干部应当如何处理好经济发展与生态环境保护的关系？**

答：应当多做经济发展与生态环境保护相协调相促进的文章。

**2-171  如何正确评价领导干部的政绩？**

答：习近平在参加河北省委常委班子专题民主生活会时强调：要给你们去掉紧箍咒，生产总值即便滑到第七、第八位了，但在绿色发展方面搞上去了，在治理大气污染、解决雾霾方面作出贡献了，那就可以挂红花、当英雄。反过来，如果就是简单为了生产总值，但生态环境问题越演越烈，或者说面貌依旧，即便搞上去了，那也是另一种评价了。

**2-172  领导干部在生态环境保护方面应当有怎么样的思想境界？**

答：生态环境保护是一个长期任务，要久久为功；要一张蓝图干到底，不要"翻烧饼"；各级党委和政府要以功成不必在我的思想境界，统筹推进山水林田湖草综合治理，加快城乡绿化一体化建设，增加绿化面积，提高森林质量，持续加强生态保护，共同把祖国的生态环境建设好、保护好。

**2-173  如何完善领导干部的考核评价体系？**

答：一定要彻底转变观念，就是再也不能以国内生产总值增长率来论英雄了，一定要把资源消耗、环境损害、生态效益等体现生态文明建设状况的指标纳入经济社会发展评价体系，建立体现生态文明要求的目标体系、考核办法、奖惩机制，使之成为推进生态文明建设的重要导向和约束；一定要把生态环境放在经济社会发展评价体系的突出位置；这一票一定要占很大的权重。

**2-174  如何追究领导干部的责任？**

答：对那些不顾生态环境盲目决策、造成严重后果的人，必须追究其责任，而且应该终身追究；不能把一个地方环境搞得一塌糊涂，然后拍拍屁股走人，官还照当，不负任何责任。对造成生态环境损害负有责任的领导干部，不论是否已调离、提拔或退休，都必须严肃追责；组织部门、综合经济部门、统计部门、监察部门等都要把这个事情落实好。

**2-175 怎样做好严重缺水地区的政绩考核？**
答：把节水纳入严重缺水地区的政绩考核。要像节能那样把节水作为约束性指标纳入政绩考核。

**2-176 落实领导干部任期生态文明建设责任必须坚持什么样的原则？**
答：必须实行自然资源资产离任审计，认真贯彻依法依规、客观公正、科学认定、权责一致、终身追究的原则。

**2-177 对领导干部在造林绿化方面有什么要求？**
答：造林绿化是功在当代、利在千秋的事业，要像右玉县的领导干部那样一年接着一年干、一任接着一任干、一代接着一代干，撸起袖子加油干。

**2-178 生态文明建设为什么要全民行动？**
答：生态文明是人民群众共同参与共同建设共同享有的事业，要把建设美丽中国转化为全体人民自觉行动。

**2-179 怎样实现生态文明建设的全民行动？**
答：每个人都是生态环境的保护者、建设者、受益者，没有哪个人是旁观者、局外人、批评家，谁也不能只说不做、置身事外。要增强全民节约意识、环保意识、生态意识，培育生态道德和行为准则，开展全民绿色行动，动员全社会都以实际行动减少能源资源消耗和污染排放，为生态环境保护作出贡献。

要加强生态文明宣传教育，把珍惜生态、保护资源、爱护环境等纳入国民教育和培训体系，纳入群众性精神文明创建活动，在全社会牢固树立生态文明理念，形成全社会共同参与的良好风尚。

**2-180 在热爱自然保护自然方面，习近平对少年儿童寄予什么样的希望？**
答：大自然充满乐趣、无比美丽，热爱自然是一种好习惯，保护环境是每个人的责任，少年儿童要在这方面发挥小主人作用。

**2-181 如何做到节水洁水？**
答：要大力宣传节水洁水观念。树立节水洁水就是保护生态、保护水源就是保护家园的意识，营造亲水、惜水、节水的良好氛围，消除水龙头上的浪费，倡导节约每一滴水，使爱护水、节约水成为全社会的良好风尚和自觉行动。

**2-182　如何推动能源消费革命？**

答：推动能源消费革命，不仅要成为政府、产业部门、企业的自觉行动，而且要成为全社会的自觉行动。对奢侈炫耀、浪费无度的消费行为要进行制约。要在全社会牢固树立勤俭节约的消费观，树立节能就是增加资源、减少污染、造福人类的理念，努力形成勤俭节约的良好风尚。节能减排做得如何就是对国有企业承担社会责任的检验。

**2-183　如何从源头上减少垃圾？**

答：要珍爱我们的生活环境，节约资源、杜绝浪费，从源头上减少垃圾。

**2-184　要倡导什么样的生活方式？**

答：要倡导简约适度、绿色低碳的生活方式，反对奢侈浪费和不合理消费，开展创建节约型机关、绿色家庭、绿色学校、绿色社区和绿色出行等行动。要推广节能、节水用品和绿色环保家具、建材等，鼓励引导消费者购买节能环保再生产品。

**2-185　植树造林有什么意义？**

答：植树造林，种下的既是绿色树苗，也是祖国的美好未来。要组织全社会特别是广大青少年通过参加植树活动，亲近自然、了解自然、保护自然，培养热爱自然、珍爱生命的生态意识，学习体验绿色发展理念，造林绿化是功在当代，利在千秋的事业，要一年接着一年干，一代接着一代干，撸起袖子加油干。

**2-186　什么是塞罕坝精神？**

答：2017 年 8 月 28 日，习近平对河北塞罕坝林场建设者事迹作出重要指示：55年来，河北塞罕坝林场的建设者们听从党的召唤，在"黄沙遮天日，飞鸟无栖树"的荒漠沙地上艰苦奋斗、甘于奉献，创造了荒原变林海的人间奇迹，用实际行动诠释了绿水青山就是金山银山的理念，铸就了牢记使命、艰苦奋斗、绿色发展的塞罕坝精神。他们的事迹感人至深，是推进生态文明建设的一个生动范例。

**2-187　如何发扬塞罕坝精神？**

答：习近平指出，全党全社会要坚持绿色发展理念，弘扬塞罕坝精神，持之以恒推进生态文明建设，一代接着一代干，驰而不息，久久为功，努力形成人与自然和谐发展新格局，把我们伟大的祖国建设得更加美丽，为子孙后代留下天更蓝、山更绿、水更清的优美环境。

**2-188 习近平什么时候提出地球村的理念？**
答：2013 年 3 月，习近平出访俄罗斯时提出，"这个世界，各国相互联系、相互依存的程度空前加深，人类生活在同一个地球村里，生活在历史和现实交汇的同一个时空里，越来越成为你中有我、我中有你的命运共同体"。2015 年 5 月，习近平在访俄前发表署名文章又一次提出，"和平而不是战争，合作而不是对抗，共赢而不是零和，才是人类社会和平、进步、发展的永恒主题"。后来，习近平多次阐述地球村的理念。

**2-189 人类命运共同体与生态文明有什么联系？**
答：保护生态环境，应对气候变化，维护能源资源安全是全球面临的共同挑战，任何一国都无法置身事外，独善其身。建设绿色家园是人类共同的梦想，生态文明建设关乎人类未来，国际社会应当同舟共济、权责共担、携手同行，牢固树立尊重自然、顺应自然、保护自然的意识，坚持绿色、低碳、循环、可持续发展，共谋全球生态文明建设之路。

**2-190 在面对全球面临的生态方面的共同挑战，中国该怎么办？**
答：中国将继续承担应尽的国际义务，同世界各国深入开展生态文明领域的交流合作，推动成果分享，携手共建生态良好的地球美好家园。

**2-191 应对气候变化的《巴黎协定》有什么意义？**
答：气候变化关乎人民福祉，关乎人类未来。2015 年年底达成的《巴黎协定》具有里程碑意义，它为 2020 年后的全球合作应对气候变化明确了方向，标志着合作共赢、公正合理的全球气候治理体系正在形成。

**2-192 中国在全球应对气候变化方面作了哪些努力？**
答：习近平强调，"中国一直本着负责任的态度积极应对气候变化，将应对气候变化作为实现发展方式转变的重大机遇""中国为应对气候变化作出了重要贡献。中国倡议二十国集团发表了首份气候变化问题主席声明，率先签署了《巴黎协定》。我作为中国国家主席，今天根据全国人大常委会的决定批准了《巴黎协定》。我现在向联合国交存批准文书，这是中国政府作出的新的庄严承诺"。

**2-193 在构建人类命运共同体方面中国提出什么样的倡导?**
答：习近平强调，"我们要倡导绿色、低碳、循环、可持续的生产生活方式，平衡推进 2030 年可持续发展议程，不断开拓生产发展、生活富裕、生态良好的文明发展道路。《巴黎协定》的达成是全球气候治理史上的里程碑。我们不能让这一成果付诸东流。各方要努力推动协定实施。中国将继续采取行动应对气候变化，百分之百承担自己的义务"。

**2-194 我国在共谋全球生态文明建设方面作出什么贡献?**
答：我国已成为全球生态文明建设的重要参与者、贡献者、引领者，主张加快构筑尊崇自然、绿色发展的生态体系，共建清洁美丽的世界。要深度参与全球环境治理，增强我国在全球环境治理体系中的话语权和影响力，积极引导国际秩序变革方向，形成世界环境保护和可持续发展的解决方案。要坚持环境友好，引导应对气候变化国际合作。要推进"一带一路"建设，让生态文明的理念和实践造福沿线各国人民。

**2-195 发展中国家如何坚持共同但有区别的责任原则?**
答：坚持共同但有区别的责任等原则，不是说发展中国家就不要为全球应对气候变化作出贡献了，而是说要符合发展中国家能力和要求。中国已经成为世界节能和利用新能源、可再生能源第一大国。中国向联合国提交了国家自主贡献书，这既是着眼于促进全球气候治理，也是中国发展的内在要求，是为实现《公约》（《联合国气候变化框架公约》）目标所能作出的最大努力。中国宣布建立规模为 200 亿元人民币的气候变化南南合作基金，用以支持其他发展中国家。

**2-196 我国提出绿色金融新议题的旨意是什么?**
答：绿色金融是中方担任主席国提出的一项新议题，旨在应对环境挑战、促进绿色投资，进而推动全球经济绿色转型。为此我们设立了绿色金融研究小组，推动各方在小微金融、普惠金融等领域开展合作。

**2-197 防治荒漠化有什么重大意义，我国做了怎样的努力?**
答：土地荒漠化是影响人类生存和发展的全球重大生态问题，防治荒漠化是人类面临的共同挑战，是人类功在当代、利在千秋的伟大事业，需要国际社会携手应对。中国历来高度重视荒漠化防治工作，取得了显著成就，为推进美丽中国建设作出了积极贡献，为国际社会治理生态环境提供了中国经验。库布其治沙就是其中的成功实践。中国将坚定不移共同为建设一个更加美好的世界而努力。

### 2-198　保护生态环境必须依靠什么？
答：保护生态环境必须依靠制度、依靠法治，要用最严格制度、最严密法治保护生态环境。

### 2-199　我国生态环境保护中存在的突出问题大多同什么有关？
答：我国生态环境保护中存在的突出问题大多同体制不健全、制度不严格、法治不严密、执行不到位、惩处不得力有关。要加快制度创新，增加制度供给，完善制度配套，强化制度执行，让制度成为刚性的约束和不可触碰的高压线。要严格用制度管权治吏、护蓝增绿，有权必有责、有责必担当、失责必追究，保证党中央关于生态文明建设决策部署落地生根见效。

### 2-200　深化生态文明体制改革的当务之急是什么？
答：是尽快把生态文明制度的"四梁八柱"建立起来，把生态文明建设纳入制度化、法治化轨道。

### 2-201　制度的生命力在于什么？
答：奉法者强则国强，奉法者弱则国弱。令在必信，法在必行。制度的生命力在于执行，关键在真抓，靠的是严管。我们已出台一系列改革举措和相关制度，要像抓中央环境保护督察一样抓好落实。

### 2-202　如何树立制度的刚性和权威？
答：制度的刚性和权威必须牢固树立起来，不得作选择、搞变通、打折扣。要落实领导干部生态文明建设责任制，严格考核问责。对那些不顾生态环境盲目决策、造成严重后果的人，必须追究其责任，而且应该终身追责。对破坏生态环境的行为不能手软，不能下不为例。要下大气力抓住破坏生态环境的反面典型，释放出严加惩处的强烈信号。对任何地方、任何时候、任何人，凡是需要追责的，必须一追到底，决不能让制度规定成为"没有牙齿的老虎"。

### 2-203　我国现行环保体制存在的四个突出问题是什么？
答：一是难以落实对地方政府及其相关部门的监督责任；二是难以解决保护主义对环境监测监察执法的干预；三是难以适应统筹解决跨区域、跨流域环境问题的新要求；四是难以规范和加强地方环保机构队伍建设。

**2-204　如何解决我国现行环保体制存在的四个突出问题？**

**答：** 实行省以下环保机构监测监察执法垂直管理制度，主要指省级环保部门直接管理市（地）县的监测监察机构，承担其人员和工作经费，市（地）级环保局实行以省级环保厅（局）为主的双重管理体制，县级环保局不再单设而是作为市（地）级环保局的派出机构。这是对我国环保管理体制的一项重大改革，有利于增强环境执法的统一性、权威性、有效性。

**2-205　我国当前必须推进健全生态保护的哪些制度？**

**答：** 要健全自然资源资产产权制度和用途管制制度、划定生态保护红线、实行资源有偿使用制度和生态补偿制度、改革生态环境保护体制等工作。

**2-206　如何运用税收和价格手段管理好水资源和水生态？**

**答：** 要统筹考虑税收和价格手段，区分生产者和消费者、饮用水和污水、地表水和地下水、城市和乡村用水、工业和农业用水等，研究提出实施水资源税、原水水费、自来水费、污水处理费的一揽子方案，从实际出发，分层负责，分步实施。

**2-207　如何落实生态空间用途管制？**

**答：** 要落实生态空间用途管制，继续严格实行耕地用途管制，并把这一制度扩大到林地、草地、河流、湖泊、湿地等所有生态空间。

# 第三章

# 绿色经典知识问答

**3-1 《寂静的春天》的作者是谁？**
答：是美国蕾切尔·卡逊（1907～1964），海洋学家与作家。

**3-2 美国前副总统阿尔·戈尔是怎么评价《寂静的春天》？**
答：阿尔·戈尔指出：1962年，当《寂静的春天》第一次出版时，公众政策中还没有"环境"这一款项，《寂静的春天》犹如旷野中的一声呐喊，用它深切的感受、全面的研究和雄辩的论点改变了历史的进程。如果没有这本书，环境运动也许会被延误很长时间，或者现在还没有开始。它是一座丰碑。

**3-3 《寂静的春天》警告人类什么？**
答："不是魔法，也不是敌人的活动使这个受损害的世界的生命无法复生，而是人们自己使自己受害。"

**3-4 解决环境问题的根本出路是什么？**
答：环境问题的解决根植于人类社会改革中，它包括对经济目标、社会结构和民众意识的根本变革。

**3-5 如同生产力和生产关系的对立统一推动了人类社会的发展一样，人类未来社会发展的新矛盾是什么？**
答：环境保护和经济发展的对立统一。

**3-6 标志着现代环境运动的肇始是哪部著作？**
答：蕾切尔·卡逊的《寂静的春天》一书的出版标志着现代环境运动的肇始。

**3-7　减少杀虫剂污染的三种有效措施是什么？**
答：更严格的标准、减少使用、大部分用生物剂代替。

**3-8　生命体的进化过程是什么样的过程？**
答：生物及其周围环境相互作用。

**3-9　经过喷洒杀虫剂后，害虫数量反而比以前更多的原因是什么？**
答：根据达尔文适者生存原理，昆虫可以向高级进化从而对某种杀虫剂产生抗药性。即使人们再发明一种致死的药品，昆虫也会再适应，昆虫常常进行"报复"，或者再度复活。

**3-10　过度追求经济效益而想方设法控制一些不想要的物种会导致什么结果？**
答：既污染了整个环境，又对自己造成疾病和死亡的威胁。

**3-11　蕾切尔·卡逊在《寂静的春天》中一直强调我们除了允许化学药物的使用，还应更重视什么？**
答：化学药物在土壤、水、野生动物和人类身上的效果进行调查。

**3-12　海洋面积占了地球的71%，但我们仍感觉到缺水的原因？**
答：因为地球上丰富水源的绝大部分含有海盐而不宜用于农业、工业及人类消耗，所以世界上许多人口都正在体验或面临淡水严重不足的威胁。

**3-13　为什么说地下水的污染就是整个世界水体的污染？**
答：降落在地面的雨水通过土壤、岩石里的细孔及裂隙不断往下渗透，越来越深，直到最后达到岩石的所有细孔里都充满了水的这样一个地带，此地带是一个从山脚下起始、到山谷底沉没的黑暗的地下海洋。地下水总是在运动着，大部分情况下归入小溪或者河流。除了直接落入河流的雨水和地表流水外，所有现在地球表面流动的水有一个时期都曾经是地下水。所以地下水的污染就是整个世界水体的污染。

**3-14　土壤与生命的关系是什么？**
答：人类以农业为基础的生活依赖于土壤，土壤也依赖于生命，生命创造了土壤，而异常丰富多彩的生命物质也生存于土壤之中。两者之间彼此依赖，互为补益。

**3-15　比地毯式喷洒农药更科学的方法是什么,其优越性体现在哪?**
答：选择性喷洒。该方法成本低，渗透到土地中的化学药物总量可以减到最少，对野生动物的潜在危害保持到最低程度。

**3-16　在细胞中,物质转化为能量是一个什么样的过程?**
答：物质转化为能量是一个川流不息的过程，是自然界更新循环之一，像一个轮子不停地转动着。

**3-17　在蕾切尔·卡逊看来,人类癌症频发的原因是什么?**
答：自然环境正被人为环境迅速取代，而这个人为环境是由许多新的化学和物理因素所组成的，其中许多因素具有引起生物学变化的强大能力。而人类的生物学遗传性进化缓慢，所以它适应新的情况也很缓慢。

**3-18　死于癌症的学龄儿童比其他任何疾病的数目都多的原因是什么?**
答：一种是先天性癌症和婴儿癌症与母亲在怀孕期间暴露于致癌因素进入胎盘，并且作用于迅速发育的胎儿组织。另一种是由于化学物质混入食物中，或者儿童在出生前后暴露于致变的刺激物中，为癌变细胞提供了最适宜的发展条件。

**3-19　相比较于集中力量找寻癌症的治疗方法,以预防为主的方法更为科学更为人道的原因是什么?**
答：环境是致癌因素的最大储存地，环境中的这些致癌因素继续危害新的牺牲者的速度将会超过至今还无从捉摸的"良药"能够制止癌症的速度，以预防为主，可以将致癌因素排除于人类环境之外，更能取得成效。

**3-20　致癌的化学因素通过什么途径建立了自己的掩体防线?**
答：第一，由于人们追求更好的、更放松的生活方式。第二，因为制造和贩卖这样的化学物质已经变成我们的经济和生活方式中一个可接受的部分。

**3-21　自然平衡是一个什么样的状态?**
答：自然平衡并不是一个静止固定的状态，它是一种活动的、永远变化的、不断调整的状态。

**3-22 现代人们在制定控制昆虫的计划时忽视了哪两个重要事实?**

答：第一，对昆虫真正有效的控制是由自然界完成的，而不是人类。昆虫的繁殖数量受到限制是由于存在一种被生态学家们称为环境防御作用的东西。

第二，一旦环境的防御作用被削弱了，某些昆虫的真正具有爆炸性的繁殖能力就会复生。

**3-23 蕾切尔·卡逊认为,在应对昆虫爆发对自然界及人类生活产生的影响有哪一种另外的道路?**

答：生物控制。即，将一种昆虫的力量转用来与昆虫自己作对，利用昆虫生命力的趋向以及昆虫本身的生活特征去消灭它自己。或者利用其他微生物对它的控制作用，以天敌进行制约。

**3-24 《寂静的春天》的问世,对后世生态生产力与生态科技有什么积极意义?**

答：第一，虽然 DDT 和其他剧毒农药已被禁产、禁用，但化学工业并未因此垮台，农业也未因此而被害虫扫荡殆尽。相反，新型的低毒高效农药迅速发展起来，化工和农业在一个更高的、更安全的水平上继续发展。

第二，更多的环保法令和行动被实施了但环境在整体上仍然在恶化。环境问题仅靠发明一些新的治理措施、关闭一些污染源，或发布一些新法令是解决不了的。只有发展生态生产力和生态科技才能真正地保护环境。

**3-25 绿色经典《我们共同的未来》的作者是谁?**

答：是世界环境与发展委员会。1983年联合国成立了由挪威前总统布伦特兰为主席、由21位环境或发展领域、经济和社会重要决策领域的国家内阁部长、财政和规划官员、农业、科技决策人、高级经济学家等22位组成的世界环境与发展委员会，历经4年的研究，1987年为联合国大会提供的一份报告。我国的著名生态学家马世骏参加了报告的研究与起草。

**3-26 《我们共同的未来》这份报告认为最紧迫的任务是什么?**

答：这份报告认为"今天（指1987年）我们最紧迫的任务也许是要说服各国认识回到多边主义的必要性""在全球合作经过15年的停滞甚至倒退之后，——寻求更高的理想、追求共同的目标、增强政治决心以面对我们共同的未来的时刻已经到来"。

**3-27 《我们共同的未来》提出了一个重要方法论是什么?**

答：是"我们应当在一起估量这个地球，齐心协力地形成一个学科间综合的方法去处理全球所关心的问题和我们共同的未来"。

**3-28  《共同的未来》中文版的问世,对于中国公众来说有什么积极意义?**
答:对于中国公众了解世界环境与发展中所面临的重大问题,提高全社会的环境意识,吸收和借鉴世界各国有益的政策思想,推动经济建设与环境保护的协调发展有积极意义。

**3-29  我们应如何看待环境与发展是一个整体?**
答:环境与发展是紧密相关的。发展不能以破坏环境资源基础为条件;增长如无视环境破坏的代价,环境就不能得到保护。首先,各种环境压力是相互联结的。第二,环境压力和经济发展方式是相互联系的。第三,环境与经济问题同许多社会和政治因素相联系。
　　人类社会的可持续发展只能以生态环境和自然资源的持久、稳定的支撑能力为基础,而环境问题也只有社会和经济的可持续发展才能够得到解决。因此,只有正确处理眼前利益与长远利益、局部利益与整体利益的关系,掌握经济发展与环境保护的关系,才能使这一涉及国计民生和社会长远发展的重大问题得到满意解决。

**3-30  我国环境保护政策的核心是什么?**
答:预防为主,防治结合,综合整治。

**3-31  全球性的环境问题有哪些?**
答:全球性的环境问题主要有,威胁生态环境的酸雨,二氧化碳大量排放引起的温室效应和臭氧层的破坏,森林被破坏导致土壤酸化和荒漠化等。

**3-32  所有环境政策和发展政策的最终目标是什么?**
答:人民的福利。

**3-33  目前,全球性危机有哪些?**
答:环境危机,发展危机,能源危机。

**3-34  预测和防止环境破坏的能力,要求在制定政策时需要考虑什么?**
答:既考虑经济、贸易、能源、农业和其他方面,同时也考虑生态方面。

**3-35  不发达国家经济和生态相互起破坏作用,进而导致灾难的原因有哪些?**
答:不发达国家经济和生态相互起破坏作用,进而导致灾难的原因在于,国家政策对小农经济的需要，所以对人口迅速增长的威胁不重视或重视过度等。其根本原因是全球经济体系从贫穷的大陆所摄取的超过其给予的。

**3-36 造成环境压力的原因有哪些？**
答：造成环境压力的原因主要有：①供不应求。对稀少资源日益增长的需求以及较富有者生活水平日益提高产生的污染。②贫穷。贫穷饥饿的人们为了生存，砍伐森林，在草原上过度放牧，过度使用贫瘠的土地，大量涌入拥挤的城市等。③经济发展意料不到的后果。采用从长远来说造成全球破坏的方式而取得经济发展，如使用越来越多的原料、能源、化学品、化学化合物和制造出污染。

**3-37 减轻贫困和生态压力的多种方式会受到什么阻碍？**
答：不利的技术转让条件、保护主义以及资金向最需要国际资金的国家的流动的减少等。

**3-38 如何理解可持续发展？**
答：可持续发展是既满足当代人的需要，又不对后代人满足其需要的能力构成危害的发展。它包括两个重要的概念：①"需要"的概念，尤其是世界上贫困人民的基本需要，应将此放在特别有限的地位来考虑；②"限制"的概念，技术状况和社会组织对环境满足眼前和将来需要的能力施加的限制。其中，人类需求和欲望的满足是发展的主要目标。

**3-39 根据可持续发展的概念而制定的环境与发展政策主要目标有哪些？**
答：恢复增长，改变增长的质量，满足就业、粮食、能源、水和卫生的基本需要，保证人口的持续水平，保护和加强资源基础，重新调整技术和控制危险，把环境和经济融合在决策中。

**3-40 如何改变增长质量？**
答：通过改变发展工作的方法，改变增长的内涵、降低原料和能源的密集程度以及更公平地分配发展所带来的影响。经济发展的过程必须更好地以保持经济发展的自然资源储备为基础，充分考虑发展的增加量和自然资源储备的减少量。

**3-41 提高生产率可部分缓解农作物和牲畜生产对农田的压力，但是，如果只顾眼前短期内生产率的提高，可能造成哪些生态问题？**
答：丧失现有作物的遗传多样性、灌溉土地的盐碱化、地下水遭硝酸盐污染，以及食品中含有农药残留物等。

**3-42　先污染后治理是耗资昂贵的解决方法,如何更好地预见和防止这些污染问题?**

答:使用可再生能源,实施有长期效果的排放标准,促进低费技术,预测新产品、新技术和废物的影响,减少人均耗能,鼓励向无污染能源和无污染技术转移。

**3-43　可持续发展战略的要求是什么?**

答:从广义上来说,可持续发展战略旨在促进人类之间以及人类与自然之间的和谐。可持续发展战略要求包括:保证公民有效地参与决策的政治体系;在自力更生和持久的基础上能够产生剩余物资和技术知识的经济体系;为不和谐发展的紧张局面提供解决方法的社会体系;尊重保护发展的生态基础的义务的生产体系;不断寻求新的解决方法的技术体系;促进可持续性方式的贸易和金融的国际体系;具有自身调整能力的灵活的管理体系。

**3-44　降低人口增长率是许多发展中国家实现可持续发展的一个必要条件,关键要做到什么?**

答:保持人口规模与资源供应之间的平衡,将人口增长率维持在经济力量所能承受的水平上,以便不仅在今天,而且在今后几个世代人口的基本需要都能够得到满足。

**3-45　人口增长与发展的联系是什么?**

答:人口增长与发展存在着错综复杂的联系,一方面,经济的发展创造着可用于改善教育与卫生状况的资源条件,使出生率和死亡率都降低。另一方面,高的人口增长率,消耗可供经济与社会发展之用的生产剩余,会妨碍教育和卫生状况的改善。

**3-46　如何保护农业资源基地和保障穷人生计?**

答:第一,有保障的资源和充分的生计导致对农业基地的良好的保护和持续的管理。

第二,缓和农村人口向城市的迁移,促进充分利用资源以发展农业生产,减少对外地粮食的需求。

第三,通过与贫困斗争,帮助降低人口增长速度。

**3-47　如何发挥所有地区,尤其是生态条件不利的地区的发展潜力?**

答:第一,政府干预。减少对发达国家市场经济中的过量生产和无竞争生产的支持，而鼓励在发展中国家发展粮食生产。同时提倡保护和加强农业资源基地的农业方式。

第二，保障农业依靠的土地、水体和森林不被破坏。①进行广泛的土地分类。将土地分为发展区、非开发区和恢复区。对于非开发区的土地支持某些在生态上和经济上持久的土地利用方式，如畜牧业，种植薪炭林，发展果园和森林。②改进水管理。在缺水的地区，灌溉工程应最大限度地提高单位体积水的生产率，在水量充足的地区，必须最大限度地提高单位面积土地的生产率。充分考虑农民的能力和目的，在排水、保水、耕作方式和水量控制方面采用更细致的方法，并制订更合理的水价，避免盐化、碱化和水涝。③有效地使用有机肥料来提高产量。鼓励更多的有机植物养料补充化肥，依靠天然方法控制害虫。④保持森林开发与森林保护之间的平衡。⑤保护水产和养殖业。⑥传统技术与现代技术相融合。生物技术，包括组织培养技术，用生物制备价值更高的产品的技术、微电子学、卫星图像、计算机科学和通讯技术等，改进农业生产率和资源管理。⑦开发人力资源，培养更多的能满足农村人民和农业需要的研究人员。⑧土地改革。对于拥有大量土地同时又有大批缺地者的地区，改革租佃方法，保证土地使用期限和明确记录土地所有权，重点考虑土地的生产率和林区的森林保护。对于那些土地被分割为许多不连续小块的地区，合并土地有利于实施资源保护措施。鼓励小农户的互相合作，例如害虫控制或水管理。

**3-48　什么样的农业系统能够实现可持续发展，适应未来的挑战？**
答：像注重技术一样注重人，像注重生产一样注重资源，像注重近期效益一样地注重长远效益。

**3-49　有哪些生物资源的保护对于发展来说是具有重要意义的？**
答：植物、动物和微生物以及它们赖以生存的环境中的无生命元素。

**3-50　引起物种灭绝的原因有哪些？**
答：自然过程以及人类活动导致，如人口增长过快，森林过度被砍伐。

**3-51　保护野生物种和生态系统最佳的长期方法是什么？**
答：改变经济和土地的利用方式，制订使保护和发展相协调的国家保护战略。如改革森林税收制度和许可权条件，可以使年税务收入增加数十亿美元，同时也能够促进更有效更长期地使用森林资源，减少森林砍伐。取消对畜牧业的刺激政策，减少年收入的损失，但可进一步提高土地的可持续利用，以及减缓热带森林的破坏。改变土地的税收和占有制度，可增加土地的产量，减少农民进入森林或高地流域扩大耕地而带来的压力。

**3-52　面对物种不断消失的危机以及认识到它构成了资源和发展的一个重要挑战,政府能采取的措施有哪些?**

答:(1)预测各部门的政策影响,并采取措施预防不利的后果。对恶化和破坏物种生存环境的农业、林业、住区等领域的计划进行审查,确定保护区,制定国家保护战略。

　　(2)在土地利用规划中考虑物种保护的需要和机会,明确地把物种遗传资源库列入国家统计系统。

　　(3)支持和扩大公共教育计划,保证物种问题受到全体人民的重视。

**3-53　能源的可持续使用必须满足的关键要素是什么?**

答:必须满足的关键要素有:①充分增加能源的供应以满足人类的需求。②提高能效和采取节能措施,把一次能源的浪费减少到最低限度。③公共健康,认识能源固有的对人体健康的危险,以及保护生物圈和防止地区性的污染。

**3-54　导致一次能源消耗的全球性分配的极大不平衡的原因是什么?**

答:工业化、都市化以及社会的富裕带来的能源需求的增长。

**3-55　能源高消耗会带来哪些环境风险和问题?**

答:主要的环境风险和问题有:①由于气体排入大气产生的温室效应而引起的气候变化的可能性,其中最重要的是矿物燃烧所产生的二氧化碳。②矿物燃料燃烧产生的大气污染物引起的都市工业化大气污染。③同样原因引起的环境酸化。④核反应堆事故的风险、废料处理、反应堆工作寿命结束后拆除的问题以及与核能的使用相关的核扩散的危险性。

**3-56　可再生能源有哪些?**

答:水能、太阳能、风能、生物质能、地下热能等等。

**3-57　如何实现工业的高产低耗?**

答:可采取的措施有:①建立环境目标、法规、鼓励政策和标准。②更有效地使用经济手段。谁污染谁付费,或鼓励企业投资于预防、恢复及补偿措施,或通过采取其他的措施鼓励减少污染,如低息贷款、折旧补贴、排污收费以及超标收费等,促进产品的重新设计和技术革新,从而产生更安全的产品和更有效的工艺,并形成原材料的循环使用。③扩大环境评价的范围。④鼓励工业界采取行动。工业界应树立社会责任感,并使各阶层都具有环境意识。⑤增加处理工业危害的能力,减少有害废物产生量,使更多的废物转变为可使用和再利用的资源。⑥加强国际性努力,帮助发展中国家。

**3-58  海洋生物资源面临的严重威胁主要原因?**
答:过度开采、污染以及陆地上的开发活动。其中污染和土地开发活动,对沿着世界海岸线的沿海水域和半封闭海域所造成的影响最为严重。

**3-59  强紫外线的辐射,会对海洋生物及海洋系统造成什么危害?**
答:强紫外线的辐射,将会杀死漂浮在海洋表面的敏感脆弱的浮游植物和鱼类的幼体,使海洋食物链遭到破坏,甚至可能导致整个地球支持系统遭到破坏。

**3-60  海洋管理中必须采取的措施有哪些?**
答:须采取的措施主要有:①海洋内在的统一性,要求一个有效的全球管理体制。②许多区域海的公共资源的特征,要求成立区域管理组织。③陆地活动对海洋构成的重大威胁,要求各国采取以国际合作为基础的人有效的国家行动。

**3-61  改善海洋管理体系可以采取什么措施?**
答:可采取的措施主要有:①加强国家的,特别是发展中国家的行动能力。②改善渔业管理。③加强半封闭和地区性海洋方面的合作。④加强对有害废物和核废物向海洋倾倒的管理。⑤实施海洋法。

**3-62  利用宇宙飞船可以解决森林问题,说明环境保护,即研究地球自然资源和控制其合理利用及再生迫切需要什么样的技术?**
答:空间技术。

**3-63  有哪些方法可以限制在太空中使用放射性材料?**
答:限制在太空轨道中允许使用的反应堆的大小;要求有放射性材料的密封壳体能经受返回地球大气层的考验;要求装有放射性材料的与周边飞船使用完后在深太空进行处理。

**3-64  《南极洲条约》是什么时候签订的,其主要目标是什么?**
答:《南极洲条约》于1959年12月1日签订。其主要目标是对南极洲的开发利用只限于和平目的,禁止一切军事活动、武器试验、核爆炸和处理放射性废物;促进在南极洲的自由科学考察,并鼓励为实现这个目标的国际合作。

**3-65　为什么说环境压力既是政治紧张局势和武装冲突的起因，也是它们的结果？**
答：国家间常常为争夺原材料、能源、土地、河流流域、海上航道和其他重要的环境资源的控制权而发生武装冲突。随着资源的减少和竞争的加剧，这种冲突也可能加剧。

**3-66　引起大规模难民迁移，除了政治动乱和军事冲突，潜在的原因是什么？**
答：自然资源基地的恶化以及其维持人类生存能力的下降。环境退化、对不可再生的原材料、土地或能源的争夺所引起的社会和经济影响，加剧了"环境难民"。

**3-67　早在1986年，萨斯克彻温环境学会的斯坦利·罗就指出，经济发展和环境保护可以同时并举的前提条件是什么？**
答：必须将生态圈的保护放在首位，经济发展放在第二位，必须有严格的生态标准做指导。

**3-68　造成政治不稳定的重要因素有哪些？**
答：环境破坏，贫穷和不发达是造成政治不稳定的重要因素。

**3-69　经济、环境和安全领域之间相互依赖，应对环境安全的威胁的手段是什么？**
答：共同的管理及多变的方式和机制。

**3-70　四种最为紧迫的全球环境问题是什么？**
答：热带森林、水、沙漠化和人口问题。

**3-71　环境政策的方法大体可以分为哪两种？**
答：第一种，"标准日程"。将重点放在环境后果上的环境政策、法律和机构的方法；第二种，将重点放在产生这些后果的根源的政策上。

**3-72　为了实现可持续发展，国家、地区和国家一级的机构和立法变革的主要方向是什么？**
答：抓住根本，对付影响，评价全球性危险，作出有根据的选择，提供法律手段，为未来投资。

**3-73　《只有一个地球》是一本怎样的书？**
答：《只有一个地球》是人类醒悟的启蒙书，它受联合国人类环境会议秘书长莫里斯·斯特朗委托，为1972年在瑞典首都斯德哥尔摩召开的"联合国人类环境会议"提供的非正式报告。虽说是一份非正式报告，却起了基调报告的作用，其中的许多观点被会议采纳，并写入大会通过的《人类环境宣言》。可以说，这是第一本关于人类环境问题的最完整的报告。它始终将环境与发展结合在一起论述，书中不仅论及最明显的环境污染问题，而且还将污染问题与人口问题、资源问题、工艺技术影响、发展不平衡，以及世界范围的城市化困境等联系起来，作为一个整体来研究和探讨。

**3–74　《只有一个地球》提出了一个十分著名的思想是什么？**
答："我们已进入了人类进化的全球性阶段，每个人显然也有两个国家，一个是自己的祖国，另一个是地球这颗行星"，它要求每个国家、民族、个人都要"培育一种对地球这个行星作为整体的合理的忠诚"。

**3–75　1972 年联合国人类环境会议为鼓舞和指导世界各国人民保持和改善人类环境，制定了哪些共同的原则？**
答：共同的原则有：
（1）人类既是他的环境的创造物，又是他的环境的塑造者。
（2）保护和改善人类环境是关系到全世界各国人民的幸福和经济发展的重要问题，也是全世界各国人民的迫切希望和各国政府的责任。
（3）在现代，人类改造其环境的能力，如果明智地加以使用的话，就可以给各国人民带来开发的利益和提高生活质量的机会。如果使用不当，或轻率地使用，这种能力就给人类和人类环境造成无法估量的损害。
（4）在发展中国家，环境问题大半是由于发展不足造成的。
（5）人口的自然增长不断地给环境带来一些问题，但是如果采取适当的政策和措施，这些问题是可以解决的。
（6）为了这一代和将来的世世代代，保护和改善人类环境已经成为人类一个紧迫的目标，这个目标将同争取和平、全世界的经济与社会发展这两个既定的基本目标共同协调地实现。
（7）为实现这一环境目标，将要求公民和团体以及企业和各级机关承担责任，大家共同努力。

**3–76　人类生活在哪两个世界里？**
答：一个世界是由土地、空气、水和动植物组成的自然世界。这个世界在人类出现以前几十亿年就已经存在了，而后来人类也成为其中的一个组成部分。另一个世界是人类为着自己而用双手建立起来的社会结构和物质文明的世界。在这后一个世界里，人类用自己制造的工具和机器、自己的科学发明以及自己的设想，来创造一个符合人类理想和意愿的环境。

**3-77　《只有一个地球》所说的人类面临的转折点指的是什么？**

答：在人口、能量和资源消耗、城市化和消费的要求上，以及由此引起的污染问题等，目前都在急剧增长。这样就使掌握技术的人类，正在经历着改变地球上自然体系的过程，而这种改变过程，却又是非常危险的，而且可能是无法挽救的。人类生活的两个世界——他所继承的生物圈和他所创造的技术圈——也已失去平衡，正处于潜在的深刻矛盾中，而人类正好生活在这种矛盾中间，这就是人类所面临的转折点。

**3-78　如何理解地球的脆弱的平衡？**

答：物质与能量只是同一个基本实体的不同表现形式而已，而它们的一切表现形式，又都服从于不可抗拒的宇宙规律。这些规律的运行，又通过多种多样的物质和能量的形式而产生出另一种统一体，即生物界的动态平衡。这种平衡是通过很脆弱的相互牵制和平衡来保持的。进化过程中的脆弱性和平衡性又向人们指出，只有避免全球性的环境破坏，人类才有前途。如果人类继续让自己的行动被分裂、敌对和贪婪所支配，他们就将毁掉地球环境中的脆弱平衡。而一旦这些平衡被破坏，人类也就不可能再生存下去了。

**3-79　发达国家的经济中，存在着哪三个与生产和消费有关的问题？**

答：一是不考虑"外部不经济性"的生产成本问题；二是现代化的压力；三是由于连续经济增长所引起的物质与能量日益不足的危机。

**3-80　为什么我们在探讨杀虫剂、除草剂以及肥料的使用时，要牢记使用限度、相互依赖性和体系的复杂性等三项原则？**

答：首先是要认识到，使有机生命能够发生并得以持续和发展的自然界体系的复杂性。DDT一类的物质会像有毒的金属汞那样通过食物链的循环，在生物体内逐步积累。例如鸟吃鱼以后，鱼体内的DDT就传递到鸟内并蓄积起来，待到超过鸟对DDT的允许量时，就使鸟停止繁殖。其次要认识到，自然体系的相互依赖性达到了惊人的程度。毒物只要污染空气、水或土壤中的一项，其他两项也会受到污染。这种相互依赖性还延伸到生活于生物圈内的所有生物。从食物链中突然消灭一种食虫生物，则可能在链的其他点上出现另一类害虫的大量繁殖。再次是自然界的土壤、气候、动物和植物等的多样性，这正显示了人类所在的自然环境的丰富多彩。一种除草剂或杀虫剂的剂量，在某种空气、气候、土壤和植物的生态条件下，可以取得良好效果，但在相似的情况下或甚至在同样情况下只因风力不同，就可能造成危害。最后，有些杀虫剂毒性大而且毒性永久不变。

**3-81　进入新的城市和工业化的社会以来,水污染带来哪些复杂得多的问题?**

答:第一,工业使成千上万的人集中到城市,所产生的污染物排入河中,超出了河流的自净能力。第二,工业生产大量地增加了细菌所不能分解的物质(非生物降解物),其中有些具有毒性。第三,来自城市下水道、来自纸浆和造纸工业、来自牧场的有机(或生物降解的)废物,也能使河流中可利用的溶解氧消耗过多,甚至全然耗尽,而缺氧的河流将会丧失生物生长的能力,变成臭水沟。凡是不流动而少氧的水体,富营养化现象都特别显著。第四,还有大量人造的而非自然界固有的完全新型的污染物,源源不断地投入河流。如果水中所含的物质,或者在机体内逐渐积累,或者重复摄入,从而减弱了生物的抵抗力,那就会遇到耐受极限的问题,超过极限之后,自身能否恢复就成了疑问。第五,在发电站和有些工业生产中,利用水作为冷却剂后再放回河流,从而使河水温度升高,加速了某些生物学过程,造成水生生物生态的明显变化。

**3-82　为什么仅靠经济的压力和作用不能在工业化后为建立良好的城市环境提供最有效的指导方针?**

答:第一个理由是关于工业成本的概念问题。工业成本是不顾污染和废弃物造成的"外部不经济性"的,于是在城市人口集中区倾卸了大量碎片和废弃物,加剧了处理居民自身排泄物所造成的问题。另外两个理由就更复杂。第二是关系到城市中大量建造住房的经济成本。为节约土地和材料,只能集中建筑,人们挤在狭窄空间,毫无舒适可言。第三个理由牵涉面更广泛。土地本来是有限的,由于人口、城市化、生产和娱乐等全都在增加,土地的利用迟早会相互发生竞争。一旦出现土地缺少的情况,过多单纯地依赖土地价格来控制的话,就会使土地利用的方式不符合人们生活享受的要求。

**3-83　合理利用土地要考虑哪些因素?**

答:关于土地利用的合理考虑有两个因素。第一要考虑人类的基本需要。第二要指出,为满足这些需要,在现有可用的自然土地范围内,还存在哪些有利和不利条件。我们可从四个方面去观察现代化国家利用生活空间的情况。首先是城市中心地区的全部面貌。其次是周围郊区的面貌,这里一部分建有房屋,一部分绿化,完全依赖于和市区的连接。再就是人们耕作的农田和森林区。最后是辽阔的原野,这里并非指荒地和废弃的矿坑,而是指远离繁华城市的海景、湖泊和高山的世界。

**3-84　什么方式是和平利用核能的前景呢?**

答:一种方式现在已在运用,另外两种方式还在研究阶段。现在这一代原子能发电厂的生产原理与第一颗原子弹相同,即由裂变来释放能量。核燃料的供应问题，在核技术方面还有另外两个途径——增殖反应堆和聚变反应堆。如果增殖反应堆的实验获得成功，将大量增加铀储量的利用率，并将以无法预料的变化改变铀的价格。增殖反应堆如果获得成功的发展，可以开辟燃料的极其巨大的潜在来源。人们就会从经济上稍稍减少对第三条途径的兴趣，即用核聚变产生能量。这个方法就像把太阳上的过程转移到地球上来。

**3-85 和平利用原子能三种途径的优点和危害是什么？**

答：目前的裂变反应堆，大多数是用普通水冷却法，比起仍排放污染物的化石燃料发电站，污染较少，成本大致相等。对于缺乏化石燃料的国家，核电站显然是有利的。但未来的相当时期内，即使加上防止污染的费用，煤大概还是比较经济的燃料。经济上真正突破要靠增殖反应堆，它能供给世界动力 1000 年之久，而把聚变动力留作将来长远的储备。无论裂变反应堆还是增殖反应堆，都产生大量热污染。它们在这方面不比普通电厂有利，而事实排出的水更热。相反，热核方法大概产生较少的热污染，因为它可以直接将聚变转为可用的电能。裂变反应堆与增殖反应堆都有放射性问题。

**3-86 技术革命较迟的国家会碰到哪些难题？**

答：第一，由于人口压力和极度贫穷的缘故，对经济增长的要求就普遍地更为迫切。第二，急剧扩大农业生产会遇到不同于发达国家的生态危机，而且危害所造成的损失可能更大。第三，"外部不经济性"问题也有所不同。在许多地区，特别是在尚未实现工业化的地区，对于大气和水污染问题还不算严重。但是，由于盲目追求经济增长而不考虑就业、收入分配、国内移民和城市扩大等问题的社会复杂性，所产生的"外部不经济性"已经成为现实问题，并且具有潜在的灾害性。特别是在城市区域，无政府状态和破坏现象可视为主要的生态危机。第四，在经济增长同民族利益不是相互加强就是相互削弱的微妙而又紧要的关头，发展中国家面对着特有的挑战。一方面，只有满足人民热望的经济发展，才能进行有效的政治领导。另一方面，所有发展中国家都已卷入世界经济的国际交流之中，它们过去没有什么作为，而现在仍然是力量微薄的成员。因此，致力于经济增长的努力，特别是为了采取有效的环境保护措施的经济发展，将把它们置于进退两难的境地。

**3-87 发展中国家在资源利用方面面临哪些困难或问题？**

答：主要有三种困难或问题：

第一种困难是很多国家还不了解自己有什么资源。

第二个问题是在资源查清之后，发展中国家的政府又得面对各种资源的相对价格。一种矿石就世界目前的价格标准看来也许没有价值或用途，但可以在将来变得非常宝贵。由于资源用途和价格的不稳定性，发展中国家是在许多不利情况下进行工作的。发展中国家还可能感到整个采矿费用太大，发达国家已经捷足先登地开采了容易得到和易于开发的矿石而发了大财。另一个困难是能获利的原料出售仍须仰赖发达国家的市场。

第三个问题是，财政开支、投资数额、消费的克制和艰苦奋斗，所有这些都是发展中国家要快速有效发展所要遇到的严峻问题。这里又涉及资金不足的问题。发展中国家资金缺乏，而真正丰富的只有一项——人数庞大的并且日益增多的劳动大军，其中大部分人还都没有技术。在是使更多的人就业，还是使空气、水保持清洁，这两者作出选择时，决定首先解决就业问题的可能性最大，这样发达国家的许多污染严重的工厂企业就有机会迁移到限制较宽的发展中国家去，让发展中国家成为"污染避难所"。

**3-88　人类活动有哪些杠杆支点影响自然界脆弱的平衡？**

**答：**地球能量的平衡只需要很小的变化就能改变平均温度2℃。若是低2℃的话，就是另一个冰河时代，若是升2℃，又回到无冰时代。在现代人们各种活动的广大范围内，有三个杠杆支点值得引起严重注意。第一是二氧化碳拦截地球的热辐射，使热留在地球上的作用，即所谓的温室效应。燃烧化石燃料、森林砍伐过多、工业部门排放都会使空气中的二氧化碳增加，使地球变暖。第二是由于工业日益增多地排放出灰尘、煤烟和气体所引起的一系列危险。灰尘、煤烟和气体彼此结合并与蒸汽凝滴结合，使空气变浑，增加了地球的云层覆盖。微粒和气体悬浮物在同温层里，会发生世界范围的影响，并会使温度增高。第三是海洋的污染也存在着杠杆的支点，那就是在靠近水面和海岸地区，人们的活动交织在一起，能够很快地产生持久的破坏性后果。海洋直接或间接地接受世界上所有的无数城市、所有农田、所有工业的污染和放射性微尘。即使是深海中的生物，也会因海岸水域的损害而受到影响。各个主权国政府都可以宣布对领土的神圣权利，但是空气却能带来酸性的雨水，海浪可以卷进毒物，污染可能从这个大陆移向那个大陆。在今后的岁月里，人们会愈来愈认识到，生物圈是共同享有的。这是不可避免的现实。

**3-89　有哪几个明显的领域可以看到若干全球性政策必须遵循的方向？**

**答：**对于气候，没有一个国家能要求主权。此外，没有一个国家主权能够统一单一的、相互连接的全球性的海洋体系，它是自然界的最终纳污槽和人类惯用的下水沟。有些业已存在的问题，同国家主权的要求并没有关系。这些领域，各国除了遵守共同的政策和协调一致的行动之外，不应有别的选择。这种情况不可否认地存在于三个极为重要领域里，即全球的大气层、全球的海洋和全球的气象体系。一个体现出更多地了解人类和环境关系的具有集体责任的全球战略，必然能为解决大气、海洋和气象三大领域中问题开辟道路。这是非同小可的事业，很可能是保护人类未来的最低要求。对于人类怎样才算是真正的安全、真正的尊严、真正的独立，现代生态学的客观规律都将教给人们以崭新的观念。根据我们切身利益的最低要求，对地球上的空气、土地和水域的整个连续的和相互依存的体系取得认识，有助于制止核武器的终极疯狂行动。对于环境相互依存性的认识，不但能消极地使我们避免战争这种最愚蠢的行动，还能做出很多有益的事。它能积极地使我们理解到人的社会性、在自然界的地位和共同生活的必要性。人类的生存有赖于整个体系的平衡和健全。在这个太空中，只有一个地球在独自养育着全部生命体系。

**3-90 罗马俱乐部是一个什么样的组织？**

答：罗马俱乐部是一个非正式的国际性协会。1968年4月间，来自十个国家的三十位个人——其中有科学家、教育家、经济学家、人文主义者、工业家以及国家的和国际的文职公务员——聚集在罗马的林西研究院，讨论一个范围大得惊人的题目——人类目前的和未来的困难处境。这次会议产生了罗马俱乐部，后来一直被人恰当地称为"无形的学院"。它的目的是培养人们了解我们大家生活在里面的那个全球系统中各种不同的可是相互依存的组成部分——经济的、政治的、自然的和社会的；促使全世界的政策制定者和公众注意到这种新的了解，并通过这个途径来促进采取新政策的积极性和行动。

**3-91 罗马俱乐部"关于人类困境的研究计划"的主要内容是什么？**

答：仔细研究那些使各国的人都忧虑不安的问题的错综复杂的情况：富裕中间的贫穷；环境的恶化；对制度失去信心；不加控制的城市扩张；就业无保障；青年的精神异化；抛弃传统的价值观念；以及通货膨胀和其他货币和经济的混乱。罗马俱乐部称之为"世界难题"的这些似乎是不同的各个部分，但它们具有三个共同的特点：它们在所有的社会中都以某种程度出现；它们包含技术的、社会的、经济的和政治的成分；以及最重要的是，它们相互影响。

**3-92 罗马俱乐部的研究结论是什么？**

答：罗马俱乐部的研究得出以下三方面结论：①如果世界人口、工业化、污染、粮食生产以及资源消耗按现在（20世纪60年代末）的增长趋势继续不变，这个星球上的经济增长就会在今后一百年内某一个时候达到极限。最可能的结果是人口和工业生产能力这两方面发生颇为突然的、无法控制的衰退或下降。②改变这些增长趋势，确立一种可以长期保持的生态稳定和经济稳定的条件，是可能的。全球均衡的状态可能计划做到，使得世界上每个人的基本物质需要得到满足，以及每个人有同等机会发挥他个人的人类潜力。③如果世界上的人决定努力争取这第二种结果，而不是那第一种，那么，他们愈早开始努力，取得成功的可能性就愈大。

**3-93　世界的经济增长和人口增长需要什么东西来维持？**

答：必要的成分很多，但大致可以分为主要的两类。第一类包括维持一切生理活动和产业活动的物质必需品——粮食、原料、矿物燃料和核燃料，以及地球上那些吸收废物和回收重要基本化学物质的生态系统。这些成分原则上是有形的、可计算的东西，例如可耕地、淡水、金属、森林、海洋。增长所需的第二类必要成分包括那些社会必需品。即使地球的物质系统有能力维持一个大得多的、经济上比较发达的人口，经济和人口的实际增长还须决定于诸如和平与社会安定、教育与就业，以及不断的技术进步这些因素。粮食、资源和有益于健康的环境，是增长的必要条件。但仅仅这些条件还不够。即使这些条件充分，增长也可能受到社会问题的阻碍。

**3-94　人口、粮食生产、工业化、污染以及资源消耗这五项有什么关系？**

答：罗马俱乐部所研究的人口、粮食生产、工业化、污染以及资源消耗五项因素中没有一项是独立的。每一项因素和所有的其他各项经常地相互作用。人口没有粮食不能增长，粮食生产因工业化或资本增长而增加，工业发展或较多的资本需要较多的资源，被丢弃的资源成为污染，污染妨害人口与粮食两者的增长。再则，在长时期中这些因素的每一项也会反馈，从而影响它本身。例如，粮食生产在20世纪70年代增加的速度，对80年代的人口数目会有一些影响，这反过来又决定今后许多年中粮食生产必须增加的速度。同样地，今后几年中的资源消耗率会影响必须维持的资本基础的规模以及留在地下的资源的数量。现有的资本和可以得到的资源又将互相影响，以决定未来的资源供给和需求。

**3-95　世界系统的前途是不是必然要先增长然后衰退，成为一种阴郁的、消耗殆尽的状态呢？**

答：罗马俱乐部研究所作出的初步假设是，我们目前做事的方式不会改变的，只有在这样的情况下才是如此。但有大量的证据，可以证明人类的才智和社会的灵活性。当然，系统中有许多可能的变动，其中有些已经在发生。"绿色革命"正在增加非工业化国家中的农业产量。关于现代节育方法的知识正在迅速地传播。

**3-96 新的技术会改变世界系统发展和衰退的趋势吗？**
答：世界模型中没有一个单独的叫做"技术"的可变因素。不可能把技术发展的各种动态意义聚集起来并加以概括，因为不同的技术产生于模型中完全不同的各个部门并且影响它们。高产量谷物、电视、海上钻油机都可以认为是技术发展，可是在改变世界系统的发展情况方面各有各的不同作用。因此在模型中必须分别地阐述各项提出来的技术，仔细地考虑它可能怎样影响关于模型成分方面所作的每一项假设。

**3-97 假设资源不成问题，世界系统是否就可以维持无限增长？**
答：如果假设那些技术乐观主义者是正确的，以及原子能将解决世界的资源问题。把这一假设包括在世界模式中的结果。为了表示利用低质矿砂或者在海底采矿，把可以得到的资源总数加了一倍。又假设，从 1975 年开始，回收和再循环的计划把每单位工业产量所需的新资源输入减少到今天用量的四分之一。这两项假设都应该说是乐观主义的成分多于现实主义。这样资源短缺确实不发生。人口增长由于日益加多的污染而受到阻止。没有来自资源方面的抑制。"无限的"资源在世界系统中似乎不是维持增长的关键。显然在这种资源充裕所提供的经济动力以外，如果要避免世界系统的衰退，同时还必须控制污染。

**3-98 过度发展的方式与结果会怎样？**
答：世界系统的基本发展方式是人口和资本按指数增长，然后发生衰退。罗马俱乐部研究所提出的各种模型运算所根据的不说出来的假设是，应该让人口和资本继续增长到两者达到某种"自然"限度为止、这一假设也似乎是现今在现实世界中发生作用的人类价值系统的一个基本部分。凡是我们把这种值编入模型的时候，结果总是那增长中的系统上升到超过终极的限度，然后衰退。如果我们引进一些技术发展，它们能消除对增长的某种抑制或者避免衰退，那系统仅仅增长到另一个限度，暂时超过它，然后降回。假定是第一种情况，人口和资本的增长都不应该加以人为的限制，而是应该让它"自然发展"。

**3-99 现实世界中，原因和终极结果之间的时间延迟有哪些类型？**
答：在构成世界系统的相互关联的反馈环路网中，必须引用原因和终极结果之间的时间延迟来说明现实世界的情况有：一种情况是不能用技术手段控制的自然延迟。其中包括，例如，一个小孩出生和这个小孩能第一次生育时间之间大约十五年的延迟。人口老化过程中内在的时间延迟，使得人口在通过出生率来适应变化中的情况方面必然会相当地落后。另一种延迟发生在一种污染物进入环境的时间和它对人类健康有显著影响的时间之间。这种延迟包括污染物经过空气或者江河或者土壤而进入食物连锁，还有从人类咽下或者吸收污染物的时间直到病兆出现的时间。这第二种延迟在某些致癌物的例证中可能长达二十年之久。其他的延迟之所以发生，是因为资本不能立刻从一个部门转移到另一个部门以适应正在改变的需求，因为新资本只能逐渐生产出来，或者新土地只能逐渐开发，并且因为污染只能慢慢地消散或者通过代谢作用变为无害的东西。

**3-100　社会在接受每一种新的技术进步时，先要确立哪些问题的答案？**
**答**：社会在接受每一种新的技术进步时，先要确立对三个问题的答案，然后才广泛采用这种技术。这三个问题是：①若是这一发展的成果被大规模地采用，它的物质的和社会的副作用是什么？②在这一发展能适当地完成以前必须有一些什么社会变化，需要多少时间才能使这些变化实现？③若是这种发展完全成功，消除对增长的某种自然限制，这个日益增长的系统下一次会碰到什么限制？社会将宁愿受这种发展的压力，认为比它会消除的那些压力较为可取吗？

**3-101　《增长的极限》研究有什么目的？**
**答**：有两个直接目的。第一个目的是要深透地看到我们世界系统的极限，以及它对人类的数目和活动的抑制。人类现今比以往任何时候更倾向于持续不断的、并且常常是加速的增长——人口、土地占用、消费、废物等的增加——盲目地假定他们的环境会容许这种增长，假定其他集团会退让或者科学和技术会消除障碍。我们要探究这种态度在多大程度上适合于我们这个有限的星球的容积，并适合于我们的行将出现的世界社会的基本需要——从减少社会的和政治的紧张到改善人们的生活质量。第二个目的是帮助认识和研究那些影响世界系统长期发展情况的主要因素，以及它们的相互作用。这种知识不是像现在的办法那样，集中研究国家系统和短期分析所能取得的。我们不打算把这项规划作为一种未来学。我们打算把它作为——种对目前各种趋势的相互影响和可能结果的分析。我们的目的是敲起警钟，指出如果让这些趋势继续发展，就可能发生世界危机；从而提供一个机会，使我们能在政治、经济和社会制度方面有所改变，确保这些危机不发生。

**3-102　世界局势实际上是不是像《增长的极限》这本书以及罗马俱乐部的评论所提示的那样严重呢？**
**答**：罗马俱乐部的研究者坚决相信该书包含的警告是很有道理的，我们今天这种文明的种种行动只能使明天的问题更加恶化。可是，假如我们的试验性的估计结果证明是过于悲观的话，我们就太高兴了。

不管怎样，我们的态度是严肃的担心，而不是失望。此项报告陈述一种除了无控制的和灾难性的增长以外的可供选择的办法，提出一些关于能够为人类产生稳定的平衡状态的政策改变的设想。报告提示，我们的能力所及，也许能够为合理的相当大的人口提供良好的物质生活，加上个人和社会可以无限发展的机会。我们基本上同意这个看法，虽然我们是十分现实主义的，不会被纯粹科学的或者伦理的推测所迷惑。

一个处于经济平衡和生态平衡的稳定状态的社会，也许似乎是容易领会的概念，虽然现实距离我们的经验很远，还需要一次哥白尼式的思想革命。然而，把思想变成行为，是一项极其困难和复杂的工作。我们可以认真地谈论，只有到《增长的极限》中的教训以及其中的极端迫切感在许多国家中被广大的科学、政治和群众意见所接受时才能在某个地方开始进行。这个转变不管怎样极可能是痛苦的，它对人类的才智和决心将提出极高的要求。我们已经提到过，只有坚决相信人类没有其他可以幸存的道路，才可能焕发出必要的精神、知识和创造性各方面的力量，开始这种史无前例的人类事业。

可是我们愿意强调这种挑战，而不强调策划走向稳定状态社会的道路的困难。我们相信，意想不到的很多很多各种年龄和各种情况的男人和女人将踊跃响应这种挑战，渴望讨论的我们"是否"而是"怎样"能够创造这个新的未来。

# 第四章

# 生态文明学科知识问答

**4-1 生态文明观的来源有哪些?**

答：生态文明观来源于四个方面：一是源于马克思主义生态哲学；二是我国传统文化中的生态智慧；三是吸收了主要来自西方的浅生态学、深生态学思想，包括生态社会主义和生态马克思主义等思想；四是中国共产党特别是党的十八大以来对于生态文明建设的理论与实践的重大创新。

**4-2 什么是"类的文明"和"社会文明"?**

答："类的文明"和"社会文明"是生态文明研究的两个基本概念。

类的文明是指：在同一个历史文明阶段中存在的各类的文明形态，如农业（农耕）文明阶段存在的物质文明、精神文明；工业文明阶段存在的物质文明、精神文明、政治文明；生态文明时代的物质文明、精神文明、政治文明和类的生态文明。

社会文明是指：不同历史阶段所具有的不同的社会文明形态，如原始（狩猎）文明、农业文明、工业文明和生态文明。

**4-3 "类的生态文明"和"社会生态文明"之间的关系是怎样的?**

答：社会文明是一个复杂的整体系统，类的文明是其分系统，是社会文明的基础和主要组成。生态文明不但是类的文明，而且是社会文明，两者交叉融洽，有机联系，也有重要区别，生态文明是在工业文明中萌芽与发展的，它首先是以类的文明形态出现，经过不断发展，过渡到社会文明形态，是一种渐进的、由量变到质变的过程，要经过很长的工业文明与生态文明共同存在的中间阶段，类的生态文明就是中间阶段的主要产物，其中工业文明不断变小，生态文明不断变大，以至出现质的飞跃，实现社会形态的生态文明。

**4-4 生态文明的定义是什么？**
答：生态文明是指人类充分发挥主观能动性，认识并遵循自然—人—社会复合生态系统运行的客观规律建立起来的人与自然、人与社会、人与自身和谐协调的良性运行态势，和谐协调、持续全面发展的社会文明形态，它是人类创造的物质成果、精神成果和制度成果的总和。是人类21世纪社会文明发展的必然趋势，是一种新的文明形态。生态文明是历史发展阶段中社会文明的更替，是相对于原始文明、农业文明、工业文明的新的社会文明形态，是更高层次的社会文明理想和实践。

**4-5 生态文明包括哪些类的文明层面？**
答：生态文明包括了四个类的文明层面：一是物质文明层面，是一种新的生产方式和生活方式，主要是发展生态生产及其生态文明经济，确立生态文明消费观及其消费模式，这是根本；二是精神文明层面，是一种新的世界观和方法论，新的文化发展体系，这是指导；三是政治文明层面，是一种新的制度和机制体系，这是保障；四是类的生态文明层面，即生态恢复与建设，环境治理与保护，这是当务之急。

**4-6 生态文明的发展可能经历哪两个阶段？**
答：生态文明的发展可能要经过两个阶段：第一阶段是以类的生态文明的发生发展为主，孕育着社会形态的生态文明，这一阶段可称为初级阶段；第二阶段发展成为社会形态的生态文明，包含着类的生态文明，这一阶段可称为高级阶段。

**4-7 如何理解"生态文明学是研究自然—人—社会复合生态系统和谐协调、共生共荣、共同发展的科学"？**
答：生态文明学是研究自然—人—社会复合生态系统（也称为地球生态母系统）和谐协调、共生共荣、共同发展的科学，其中和谐协调是基础；共生共荣是目标，是和谐协调与持续发展，全面繁荣良性互动的结果；共同发展旨在说明共荣是不断向着新的境界发展，而不是停滞在某一个层面上。生态文明学应用马克思主义哲学、习近平生态文明思想、现代生态科学、系统理论、协同理论、创造学、经济学、文化学、社会学、未来学、管理学等基本理论，研究生态文明及其建设的理论体系和实践体系，是社会科学和自然科学融洽渗透、有机结合的新学科。

**4-8 生态文明学关于人的理性假设是什么？**
答：人的理性假设是许多学科研究的逻辑起点。从生态文明学角度研究，现代人实际上是"地球村人"，它是生态文明学研究的逻辑起点。

"地球村人"是当代自然—人—社会复合生态系统的客观存在和发展的必然趋势。人类的前途和命运是紧紧连在一起的，就像一个村庄里的人，必须和谐协调、同舟共济，合作双赢，才能共渡难关。

**4–9 如何理解生态文明学中的"地球村人"的人的理性假设？**
答："地球村人"表达了自然—人—社会复合生态系统整体主义的世界观和方法论，它强调的是空间整体性、时间整体性、时空统一性和方法的综合性，空间整体性是"地球村人"赖以生存的客观要求：地球是全人类的，地球上的生物和环境也是全人类的，人类必须协同起来，与其共生共荣共同发展。时间整体性是"地球村人"可持续发展的客观要求，"地球村人"不单指当代人，而且指儿孙后代，是一代又一代的生存与发展、繁荣与进步。时空统一性集中表达了时间和空间相统一的和谐的整体观、协调综合的方法论。

**4–10 "地球村人"与人类中心主义、泛生态主义有何不同？**
答：人类中心主义否认人类的客体性，无限制地夸大了人类的主体性，把人类当作主宰一切的唯一力量，表现出人类的暴力性和人性恶，导致人类无视地球生态母系统的客观规律，大肆摧残自然，最终也摧残人类自己，这是工业文明哲学的核心；而泛生态主义，实际上是生态中心主义，它又走到另一个极端，只强调人类的客体性而否认其主体性，特别忽视了人类的主观能动性，因而容易走向悲观主义——走向停止增长，这是深生态学哲学的核心；"地球村人"表达了自然—人—社会复合生态系统的整体性，既包含了人的客体性又包含了人类的主观能动性，人在复合生态系统中既是客体又是主体，既是目标也是手段，是实现自然—人—社会复合生态系统和谐协调、共生共荣、共同发展的中坚力量——这是生态文明哲学的核心。

**4–11 生态文明学的研究方法主要有哪些方面？**
答：生态文明学研究的是新的社会文明形态及其发生发展的规律，既有历史的也有现实的还有未来的，既有国家的也有区域的还有国际的，既有生态的也有经济的还有文化的，其一维（时间）、二维（空间）和三维（内容）的跨度都很大，不但需要运用许多具体的方法，而且特别需要运用综合的协同的方法，主要有以下几个方面：①辩证唯物主义和历史唯物主义的总方法；②自然科学与社会科学相结合的方法；③创造学的方法；④实证研究与规范研究相结合。

**4–12 浅生态学的主要观点及其缺陷有哪些？**
答：浅层生态学反对污染和资源枯竭，但是它们仍然站在"人类中心主义"立场看待自然万物，认为人类应当主宰自然，自然的生态环境和资源只是对人类有用才是有价值的，除外谈论自然界的价值是没有意义的。因此它实际上是一种功利主义的价值观，是为资本主义的掠夺资源、破坏生态环境提供生态学的理论依据。

浅生态学包含了许多环保主义的思潮，他们解决问题的方案通常是技术主义的，即试图单纯依靠改进技术的方式来解决人类面临的生态环境危机，至于伦理价值观念，社会政治、经济、文化结构，消费模式等，他们认为那并不是重要的。这些都和生态文明学具有明显的区别。

**4-13 深生态学的主要观点及其缺陷有哪些？**

答：深生态学不但在哲学观上反对人类中心主义，而且在价值观上反对人类至上论和生物服务论，反对把生物体分为"三教九流"。认为人类是生物共同体的"普通公民"，而不是大地的主宰和凌驾于其他所有物种之上的"大地主人"。它把地球上所有活着的有机体视为一个相依相存、相生相克的生物圈，视为一个有着内在联系的整体。所以，深生态学强调人和自然的和谐相处，倡导人和自然的平等，尊重自然物的生存权利，认为自然物的存在不需依赖于人类的需要。他们有自身的价值和生存的权利。深生态学还声称，保护生态环境是站在全球的立场上，以保护所有国家、群体、物种和整个生物圈为己任。

深生态学还从行为科学方面讨论了解决当前生态环境危机的途径，提出有必要把人类的需要分为三种情况而区别对待：一是生死攸关的需要；二是基本的需要；三是边缘的、过分的、无关的需要，要把一、二两种需要同第三种需要分开，第三种需要在发达国家占据了很大的比重，是造成资源耗竭、生态危机、环境污染的重要因素，同时也不利于人类自身的健康和发展，必须坚决反对和抑制。

但深生态学过于强调人类以外的自然物的作用和价值，只看到人的客体性，没有看到人的主体性，忽视了人的主观能动性（即人的积极性、主动性和创造性）在这种统一中的作用，因而未能从根本上解决人与自然的和谐协调问题，只能把希望寄托在停止经济增长（实际上是停止经济发展），深生态学只是作为一种思想体系提出来，没有实践的依据，也无法指导实践。

**4-14 生态文明学与浅生态学、深生态学的区别主要体现在哪些方面？**

答：浅生态学和深生态学是人类对工业文明反思中产生的，它代表了反思的两个阶段，生态文明学吸收了它们（尤其深生态学）的许多理论观点，如浅生态学重视生态环境保护的思想和深生态学生态整体论的合理内核，但同时又与它们有着本质的区别。

生态文明学吸收了浅生态学重视生态环境保护的思想和深生态学生态整体论的合理内核，同时又用辩证唯物主义和历史唯物主义的观点来考察人在地球生态母系统中的作用，考察人的主体与客体、目的与手段、为了人与依靠人等的辩证关系，认为人类可以认识自然—人—社会复合体运行的客观规律，并遵循客观规律办事，能够主动地、积极地、富有创造性地取得人与自然的和谐协调、共生共荣、共同发展，从而促进人与人、人与社会的和谐协调、共生共荣、共同发展。同时又把其紧密地同经济学、哲学和文学相联系，使之成为一种新的生态智慧。生态文明学还认为，人类对自然界的认识还有待深入，人类还须充分发挥其主观能动性，积极主动、富有创造性地促进人—自然—社会复合生态系统的和谐协调，共生共荣，共同发展，这就是"地球村人"的主体性的本质表现。

**4-15　生态文明、工业文明、深生态学的重要分野是什么？**
**答：** 人的主体性特别是人的主观能动性问题是生态文明、工业文明、深生态学的重要分野，生态文明运用人的主观能动性推动地球生态母系统的和谐协调、共存共荣、共同发展，表现出主观能动性的善和智慧性；工业文明运用人的"主观能动性"蹂躏、摧残、毁灭自然，最终也摧残毁灭人类自己，表现出主观能动性的恶和暴力性；深生态学忽视了人类的主观能动性，因而找不到解决问题的出路，只能寄希望于停止经济增长，这也是生态文明所不主张的。

**4-16　生态文明学的学科理论基础主要包括哪些？**
**答：** 生态文明学是自然科学与人文社会科学相互交融的新兴学科，它是建立在自然科学和社会科学的相关学科理论之上，其学科基础主要有马克思主义复合生态系统理论、经济学、现代生态学、和谐理论、现代系统学和生态文化理论等。

**4-17　生态文明学最重要的理论基础是什么？**
**答：** 作为马克思主义哲学重要组成的自然—人—社会复合生态系统理论是生态文明学的最重要的理论基础。生态文明学研究的最基本对象和最重要实体是自然—人—社会复合生态系统，生态文明观的核心是关于自然—人—社会复合生态系统的整体主义，自然—人—社会复合生态系统是不以人的意志为转移的客观存在。人具有自然属性和社会属性；社会更是人和自然相结合的产物，人类的生产活动是社会产生和发展的最基本条件，而人类的生产活动又是人与自然相结合的过程，所以人类社会实际上是指自然—人—社会这样一个复合生态系统。

**4-18　如何理解"以复合生态系统观和整体方法论来分析人类社会的发展进程，实现了自然观和历史观的有机统一"？**

**答：** 马克思主义正是站在复合生态系统的立场，以复合生态系统观和整体方法论来分析人类社会的发展进程，实现了自然观和历史观的有机统一。具体表现在以下几个方面：①关于自然、社会和思维三大领域发展的共同规律。②关于人与自然是本质统一的理论。③关于社会发展与自然发展是有机整体的理论。④系统思想的中介理论，阐明事物的中介在空间上表述为"中间环节"，在时间上表述为"中间阶段"，这样，经"中介"，既实现世界在空间上的整体性，又实现世界在时间上的连续性，一个完整的世界辩证图景。⑤关于"人并没有创造物质本身"的思想，人的有目的的生产劳动虽然彰显人的能动性的一面，但生产劳动依然受到自然界的制约，劳动的第一个客观条件就是自然，而这种条件不是人的产物，而是预先存在的，作为人身外的自然存在，是劳动的前提。

**4-19　如何理解"社会发展与自然发展是有机整体"？**

**答：** 人类社会就是从自然界脱胎而来，其发展也和自然界的发展紧密相连，并相互制约影响，是一个处于变化过程的有机体。社会有机体必需依赖外部自然界，这是社会有机体的生存基础。自然界及其存在物是人类生存的基本或第一的需求。人类社会赖以生存的自然基础是社会历史的出发点。但社会有机体不是简单地适应外部自然，而是通过一定方式影响和改变外部自然。在此过程中，社会有机体同外部自然形成了相互适应和影响的关系，一个辩证的统一体。社会有机体必须进行物的生产，这是社会有机体存续的前提条件。马克思肯定社会的物的生产，因为社会有机体需要存续的话，必须时刻同外部自然进行物质、能量和信息的交换。

**4-20　如何理解"人并没有创造物质本身"的思想？**

**答：** 人的有目的的生产劳动虽然彰显人的能动性的一面，但生产劳动依然受到自然界的制约。

劳动的第一个客观条件就是自然，而这种条件不是人的产物，而是预先存在的，作为人身外的自然存在，是劳动的前提。人的生产劳动可以改变自在自然的外部形态和内部结构，但不能消除自在自然的客观实在性。相反，自在自然的客观实在性通过实践延伸到人化自然之中，并构成人化自然客观实在性的基础。

"人并没有创造物质本身"的观点，不仅说明人的肉体生活依赖自然界，人的精神生活也同样依赖自然界，且人的能动性的发挥也一定要遵循自然规律。

劳动不仅包括人类利用自然这一"由自然到人的过程",还包括自然穿过人又重归自然的"由人到自然的过程",一个人与自然双向互动过程。实现对自然的回归,守护地球生物圈的稳态,人类生活才能"得以实现的永恒的自然条件"。

**4-21 生态法则包括哪些方面?**
答:现代生态科学是自然科学、社会科学和横向科学(如协同论、系统论、耗散结构理论等)有机结合的产物,它对于生态文明的指导作用是多方面的,其中最主要的是生态法则的指南作用,它是生态文明建设的重要法则。生态法则主要有以下几个方面:①普遍联系,协同演进法则;②循环转化,皆有去向法则;③生态平衡,阈值为度法则;④多样性增加系统稳定性法则;⑤法则面前,善恶有报。

**4-22 协同演进原理有哪三层含义?**
答:协同演进是指自然—人—社会复合生态系统中的生命体与其他生命体及其环境之间相互适应、协同演变的进化过程,有三层含义:

一是指生物与非生物环境之间的互相适应与进化,环境给了生命体生存与发展的基础与支撑,生命体只有适应环境才能生存与发展。同时,生命体也改造了环境,它也对环境发挥了重要作用,参与了环境的演进。

二是指生命体之间也互为环境,植物、动物与微生物之间都互为环境,它们之间以及它们与环境之间都"构建了彼此互为资源、互为生存环境的格局""达到了很高的相互适应的水平"。达尔文的"物竞天择"不但指竞争,也指协同,善于协同是一种双赢的竞争,协同从而适应环境是更高层次的适应,生物界如果没有协同,就很难生存与发展。

三是指人类这个特殊的生命体,也同样遵循着协同演进的规律。人类本来就是自然界的产物,它的祖先本来就是自然界中的一个生物种群,所以人有自然属性与社会属性。人类对环境的适应不仅仅是被动的,而可以是主动的,人类对环境的改造也可以是主动的。这就是人类主观能动性所使然,是人与动物的本质区别。

**4-23 如何理解自然—人—社会复合生态生态系统的循环转化?**
答:自然—人—社会复合生态生态系统的循环转化即共生、协同、循环的方法。自然、人、社会是共同生存在地球生态母系统之中,它们必须协同演进,才能共同发展,在协同演进中必须形成复合生态系统的大循环,即人类、社会和自然界的大循环(而不单单是经济子系统内的循环),只有自然生态系统和人类社会生态系统有机结合，形成物质循环转化，才能形成地球生态母系统的物质循环运动。所以人类不但需要从自然界中获取物质资源，而且要和自然界形成物质循环，如反哺自然界，发展自然力，进行生态建设，发展可再生资源，让自然界能够保持生机、蓬勃发展，增加资源的存量，提高资源的质量，增强生态系统功能，同时又要善于把生态与环境的优势转化为经济社会发展的优势，以形成自然—人—社会的良性循环和协同演进的态势。

**4-24 如何理解生产系统的循环转化？**

答：生产系统的循环转化要求把生态系统物质循环运动和能量梯级利用的原理、规律、模式运用到社会生产的领域，把提高资源的利用率，减少排放，提高产出作为一个整体协同运行，在生产环节中实现闭路循环，从而从生产原头上节约资源减少排放，实现生态效益、经济效益、社会效益相统一和最优化。严格地科学地说，这样才是循环经济中的减量化原则。

**4-25 如何理解消费系统的循环转化？**

答：消费系统的循环转化主要有两个方面：一方面是尽量延长消费品使用的时间和周期；另一方面对消费（含生产性和生活性消费）领域的"废物"回收、分类，进行再生产（称为再循环或资源化），达到变废为宝的目的，这就需要大力发展静脉产业（也称还原产业）。

**4-26 什么是生态平衡？**

答：生态平衡是指在一定时间内生态系统中的生物和环境之间、生物各个种群之间，通过能量流动、物质循环和信息传递，使它们相互之间达到高度适应、协调和统一的状态。当生态系统处于平衡状态时，系统内各组成成分之间保持一定的比例关系，能量、物质的输入与输出在较长时间内趋于相等，结构和功能处于相对稳定状态，在受到外来干扰时，能通过自我调节恢复到初始的稳定状态。

**4-27 生态平衡包括几个方面？**

答：生态平衡包括生态系统的结构平衡和功能平衡。①结构平衡是指生态系统中的生产者、消费者、分解者在种类和能量上能较长时间保持相对稳定。②功能平衡是指生态系统的物质和能量输入、输出基本相等。生态系统只有发展到成熟阶段才具有平衡功能。成熟阶段是指在这一时期，生态系统中所有的生活空间都被各种生物所占据，环境资源被最合理、最有效的利用，生物彼此间协调生存。

**4-28　生态平衡具有哪些特征？**

答：生态平衡有以下几个特征：

（1）生态平衡具有整体性特征，是自然界大系统生态平衡和局域小系统生态平衡的协同统一。

（2）生态平衡是开放性的动态平衡。生态系统遵循耗散结构原理，必须同外部环境进行物质、能量、信息的交换，才能促进其平衡，并往高层次的平衡发展。所以生态系统是开放系统，生态平衡是动态平衡。

（3）生态系统的功能结构是生态平衡的内在决定因素。如果功能结构合理，就能促进生态平衡。如果功能结构不合理，或结构中某个因子缺失，就会导致生态失衡。所以，生态系统的平衡，很大程度上取决于生态系统内的因子多样性和功能结构的完善性，生态系统中的每一种因子（包括生物的和环境的因子）和每一种信息都有其不可忽视的作用。随意改变某种因子或某种信息，都可能导致生态失衡。

**4-29　生态文明哲学观是什么？**

答：生态文明哲学观可以概括为生态整体主义的哲学观，它是"地球村人"的集中表现。它认为，自然、人和社会是一个有机联系的整体，形成复合生态系统（也称地球生态母系统），其中自然生态系统是复合生态系统赖以生存和发展的基础，人类是推动复合生态系统发展和进步的主要力量，社会是其保障。"人与自然的相互适应是一种整体的适应，它所涉及的各个方面是相互耦合与协调的"。生态整体主义表现在：时间整体观、空间整体观、时间和空间相统一的和谐的整体观、综合协调双向互补的方法论。

**4-30　在不同社会文明观中，人类的主观能动性在人与自然由对立转化为同一中的作用有何不同？**

答：生态文明把人的主观能动性用于人类和自然界的同一，工业文明把人的主观能动性用于向自然界的掠夺，深生态学强调人与自然的同一，但却忽视人应当怎样才能与自然和谐，即忽视了人的主观能动性的发挥，没有同一的充分条件，成为一种机械的同一论。农业文明、原始文明由于社会生产力低下，人的主观能动性也低下，只能依赖顺从自然界，是低层次的同一。这便是生态文明观区别于工业文明、深生态学以及原始文明、农业文明的重要标志。

**4-31　如何理解生态整体主义中的几个关系？**

答：一是整体与部分的关系：整体是主要的，部分依附于整体，整体功能大于部分之和，影响生态文明的主要因素既有生态活力、生态经济发展和社会发展水平，更有三者协调程度，即1＋1＞2；二是竞争、斗争与和谐协调的关系：竞争与斗争是相对的，和谐协调是基本的，如生态系统的顶级群落、生态位分离、生态系统的趋异和宽容、生物多样性导致生态系统稳定性，生态系统普遍有机联系协同演进等规律都体现这种关系；三是差异和联系的关系：差异是相对的，联系是基本的。

**4-32　什么是生态安全观？**
答：生态安全观是生态文明最基本而又最重要的观点，是"地球村人"的最基本的共同安全观。生态安全是指维系人类生存和社会经济文化发展的生态环境不受侵扰和破坏的一种状况。生态安全首先是全球性的，这是由于生态环境具有时空的广泛性特征所决定，维护全球生态安全是全世界人民的共同义务。

**4-33　如何理解"国家生态安全是生态安全观的核心"？**
答：国家生态安全是从内部保卫国土平安。它和国防安全、国家政治安全具有同等重要的位置，同样是事关国家存亡、民族兴衰的大事。要实现国家的长治久安，人民安居乐业和中华民族的伟大复兴，首先必须保护国家的生态安全。

国家生态安全是民生的重要基础。国家生态安全直接关系到国家粮食安全，同时还通过自然生态系统的食物链直接影响到人民的食品安全，从而直接影响到人民的健康，这两方面都是事关国计民生的大事。

国家生态安全是国防安全的重要保障。国家生态安全涵盖江河山川、天空海洋、水土保持、物种繁衍等，既是国防的对象，又是搞好国防的重要保障，生态环境恶化，将增加国防的难度，并对国防的人力资源产生影响。

生态安全是社会决策和经济政策的基本出发点。要将国家生态环境政策与经济政策统一起来，实现生态效应、经济效应与社会效应的相统一与最优化，才能有事实上的社会、经济、生态的可持续发展。

**4-34　生态文明价值观是什么？**
答：生态文明价值观是生态文明哲学观的具体体现，是人们对自然界生命价值以及人类在自然界中的价值和位置的科学评价。它是指：自然界的一切生命种群对于其他生命（含人类和其他生物）以及生命赖以生存的环境都有其不可忽视的存在价值；人类既是自然界的一个成员，又不同于自然界生命系统中的其他成员，因为人类具有认识自然并能动地反作用于自然的能力，所以人类必须更加善待自然界的其他生命，更加善待为自然界生命的生存与发展提供条件的生态环境。

**4-35　生态文明价值观的最高准则和根本要求是什么？**

答：和谐与和平是生态文明价值观的最高准则。人与自然，人与人、人与社会和谐；国家之间的和平与和谐，"如果说和平是国与国之间各种力量相互关系的行为准则，那么和谐则是国际社会各种利益之间共同发展的价值尺度。"

和而不同是生态文明价值观的根本要求。和谐是多样性的包容，多样性导致复合生态系统的稳定性。和实生物，同而不继。

**4-36　如何理解自然生态系统两个层次价值的统一？**

答：自然界价值可以分为文化层次的价值和自然层次的价值。文化层次的价值即对人类有用，属于外在价值，是利他性的；自然层次的价值即对自然界其他生命生存的意义，属于内在价值，是利己性的。这两者统一于生命的生存方式中。生命方式也成了自然界的一个主体。所以自然生态系统就形成了人和生物生命双主体共轭的系统。

**4-37　如何科学理解"以人为本"的内涵与外延？**

答：首先要分清"以人为本"与"人类中心主义"的界限。生态文明观认为，"以人为本"主要是指人的全面解放和全面发展，全面解放是前提，全面发展是目的。

其次，生态文明观认为"以人为本"，不但要以当代的人为本，也要以子孙后代的人为本。

再次，生态文明观认为以人为本更不排斥以社会为本，人是社会的人，人的本质是一切社会关系的总和，离开了社会，人就难以生存，更不可能发展，所以生态文明观要求不但要以某一部分人为本，更要以全社会的人为本。

总之，以人为本要求：①把关心人与依靠人统一起来；②把关心人与关爱自然统一起来；③把关心当代人的利益与关心后代人的利益统一起来；④把以人为本与以社会为本统一起来。既要考虑部分人的利益，更要考虑全体人的利益。

**4-38　生态文明伦理观的核心是什么？**

答：生态文明伦理观的核心是人与自然的公正平等观和人类社会的公正平等观。

**4-39　生态文明伦理观的道德原则是什么？**

答：生态文明伦理观的道德原则是：科学、公正、平等，人的行为规范必须在生态整体主义哲学观和生态文明价值观指导下，提高社会公众的生态文明道德意识，自觉践行生态文明道德行为。

**4–40　生态文明道德的实质是什么？**
**答：**生态文明道德的实质是：人们在生存和发展过程，把人类的道德认识从人与人、人与社会的关系扩延到人与人、人与社会、人与自然的关系，在充分认识自然的存在价值和生存权利的基础上，增强人对自然的责任感和义务感，善待自然环境。进一步增强人们对代内关系和代际关系的责任感和义务感。协调人与社会环境和自然环境的关系，达到三者共生共荣，共同发展的道德规范体系。

**4–41　生态文明道德具有哪些功能？**
**答：**生态文明道德具有以下功能：一是全面协调人与人、人与社会、人与自然关系的功能；二是实现可持续发展的道德基础；三是生态法规政策的重要补充；四是具有维护国际平等、反对霸权主义的功能；五是在社会经济领域建设诚信、良性竞争与合作双赢等美德，促进生态和谐、人态和谐与心态和谐。

**4–42　落实生态文明伦理观的关键环节什么？**
**答：**生态文明伦理观十分强调生态文明道德规范的内化与外化，这是落实生态文明伦理观的关键环节。生态文明道德规范的内化是指个人通过社会学习、宣传、教育，把生态文明道德规范转化为自己内心的生态文明道德良知、情感直至信念的过程。而生态文明道德规范的外化是自己的生态文明道德认知、情感及信念转化为外部的生态文明道德行为，并以此影响社会的过程。内化与外化是辩证的统一。内化是外化的基础，外化是内化的结晶，是一个知、情、意、念、行相互作用、相互统一的过程。

**4–43　生态文明本质特征和基本特征是什么？**
**答：**生态文明的本质特征是和谐协同，具体地说，就是人与自然的生态和谐、人自身的心态和谐、人与社会的社会和谐。生态文明的基本特征主要有：生态文明产生的必然性；生态文明性质的崇高性；生态文明时空的广泛性；生态文明内容的综合性；生态文明发展的差异性；生态文明建设的艰巨性；生态文明对社会文明的主导性等。

**4–44　生活方式转变的核心是什么？**
**答：**生态文明消费观是生活方式转变的核心。消费问题也是资源、环境和人类健康的问题。因此要确立生态文明的消费观及其模式。

**4-45　如何理解生态文明的绿色精神？**

答：绿色精神是生态文明观的重要组成部分，它是生态文明哲学观、价值观、方法论的综合体现，是生态文明的重要标志。

绿色精神是主人翁精神和责任感的体现。绿色精神是一种正确的竞争观，绿色的竞争是靠集体和自身的努力。绿色精神是一种和谐宽容的精神。绿色世界是一个有序的整体，在这个整体中除了竞争外，还有和谐与宽容。绿色精神还是讲究时间效益和默默奉献的精神。绿色精神更加体现了创造精神。

**4-46　生态文明建设需遵循哪些基本原理？**

答：生态文明建设需遵循的基本原理包括：①生产力原理；②本体论原理；③认识论原理；④人的主体性与客体性相统一原理。

**4-47　如何理解"生态生产力的发展是 21 世纪人类财富的源泉"？**

答：生产力的发展是社会财富的源泉，而生态生产力的发展是 21 世纪人类财富的源泉。发展生态生产力使人类共有的财富得到保护并增值，生态生产力发展的全球一体化是必然趋势。

**4-48　如何理解生态文明的发展要遵循认识论原理？**

答：生态文明的发展要遵循认识论原理，首先，生态文明的产生是人类实践的产物，其中最基本的是人类的生产活动，它决定了其他一切的活动；其次，生态文明的发展也必须在实践中实现。人类遵循实践—认识—再实践—再认识的发展过程，不断实践，不断总结，不断提升，使生态文明不断得以发展，形成波浪式的或者说螺旋式的发展过程。一切事物发展的阶段性和连续性都是在中间阶段融合，生态文明的发展同样如此。

**4-49　"生态智慧论"与"生态中心主义"的本质区别是什么？**

答：生态文明观认为，大自然是最有智慧的，它是经过几十亿年优胜劣汰、协同演变、和谐共荣积累起来的自然智慧。人们从生态智慧中学到更多的知识并转化成更加先进的科学技术，凝聚成更加先进的发展理念，才能不断推动生态文明的发展。生态智慧及其运用，是人类学习掌握并运用地球生态系统规律的结果，是人的主观能动性的充分体现，也是人的主体性与客体性辩证统一的体现。它是大力发展生态生产力的有效措施，而"生态中心主义"却是抹杀了人的主观能动性，人在自然生态系统面前束手无策，只好顺从，或者以牺牲生产力的发展来取得生态平衡。所以"生态智慧论"与"生态中心主义"有着本质的区别。

**4-50 如何理解"人作为目的与作为手段的关系"？**

答：在生态文明学原理中，和人的主、客体性密切相关的另一对基本范畴是：人作为目的与作为手段的关系，人作为目的与作为手段紧密相连，是不可分割的两个方面，两者形成良性循环，对于建设生态文明具有十分重要的指导作用。人类要生存和发展，这是目的，但人类必须创造适合自己生存和发展的条件，这是手段。满足人们的需要既是目的又是手段，而满足自然生态系统的需要同样既是目的又是手段，所以目的是"以人为本"的组成部分，"手段"也是"以人为本"的组成部分，两者是统一的，而手段就是充分发挥人的主观能动性，这是人类能够建设生态文明的必要条件，也是生态文明观区别于深生态学的本质特征。在生态文明的发展中，不但要以满足人的全面发展需要为指针，而且要以充分调动人的主观能动性为中心。

**4-51 生态文明建设的核心是什么？**

答：转变生产和生活方式是生态文明建设的核心。造成世界性的资源枯竭、生态危机、环境恶化、人类工业病蔓延等问题的根本原因是工业文明恶劣的生产方式和生活方式。要从根本上改变这种趋势，关键是把工业文明的生产方式和生活方式转变为生态文明的生产方式和生活方式，为生态文明社会的建成和发展奠定基石。

**4-52 如何理解生态文明在生产力发展理念的转变与创新？**

答：生态文明在生产力发展理念的转变与创新，主要可体现在三个方面：第一是生产力定义的创新。生态文明把生产力定义为"人类推动人与自然和谐协调、共生共荣、共同发展的能力"。人类充分发挥主观能动性，遵循地球生态母系统运行的客观规律从事生产发展经济，以获得人与自然的双赢。生态文明生产力是对工业文明生产力的扬弃，而不是全盘否定。

**4-53 如何理解生态文明生产力目的的转变与创新？**

答：生态文明生产目的的转变和创新：从生态文明的角度看，生产目的应为满足人民群众不断追求美好生活的需求。一方面在一定的物质生活得到满足后，应追求更高层次的生态需求、健康需求和精神文化生活；另一方面，应当满足自然界生存与发展的需要，反哺自然。

**4-54 如何理解经济发展理念的创新？**

答：经济发展理念的创新要求生态文明把知识作为经济发展的主要源泉和引擎，在经济发展中最大限度地发挥知识资源的作用，最小限度地利用自然资源，实现低投入、高产出、低排放、高效益的生产方式，实现生态、经济和社会三大效益的相统一与最优化，走资源能源节约、生态环境友好、人类健康幸福的发展道路。

**4-55　如何理解生态生产力科技的转变与创新？**

答：工业文明生产力是二维技术的创新，主要是各行各业各个领域的技术（称为纵向技术）和信息化智能化技术（称为横向技术）的创新，这种技术具有发达的水平维和强大的力量维，但缺少价值维，往往只考虑经济效应而忽视了生态效应，出现负价值，所以这种技术也被称为"双刃剑"。生态生产力是三维技术的创新，即现代生态化技术体系的创新，它除了上述纵向和横向技术外，还要根据现代生态学原理研发的、能够贯穿经济发展各个领域的现代生态技术（如绿色技术、循环技术、低碳技术以及仿生态技术等，也称为横向技术），以及由三者有机结合形成的现代生态化新技术平台，它是实现生态、经济、社会三大效益相统一和最优化的综合技术体系。

**4-56　如何理解生态文明经济管理的创新？**

答：工业文明经济管理的显著特征是直线管理、末端管理和行为管理，生态文明要求创新经济管理，综合应用现代生态学、管理学、系统学、协同学等学科知识和技术，实现从末端管理走向过程管理、从直线管理走向循环管理、从行为管理走向和谐管理、从低效益管理走向高效益管理。

**4-57　如何理解生态文明市场的创新？**

答：主要是发展生态文明消费型市场，它不但能极大地扩大内需，还能提高公众的健康水平和幸福指数。

**4-58　如何理解生态生产力机制的创新？**

答：生态生产力发展机制创新主要有价格、法规、政策、金融等机制的创新，而最重要的是建立生态生产力的各种经济形态协同发展机制：一是创新经济、体验经济、生态经济、绿色经济、循环经济、低碳经济、传统经济的改造提升、生态文明消费型经济等生态文明各种经济形态要协同发展，二是政府各部门协同创新有利于发展的机制，促进企业及社会发展生态生产力。

**4-59　生态效应、经济效应和社会效应三大效应相统一与最优化中的优化是指什么？**

答：一是配置的优化，生态资源、环境容量、经济运行、人类健康、社会发展等的配置优化；二是整体的优化，优化不等于平均，如主体功能区中的禁止开发，不等于不能开发，而是面上保护，点上开发，在生态平衡的阈值范围内的开发；三是生态、经济与社会的平衡，也有阈值，掌握阈值是整体优化的关键。

**4-60　生态文明的消费观及其模式是什么?**

答：生态文明的消费观及其模式主要指：一是"以人为本"的消费观和全面发展的消费模式，具体有健康消费、素养消费和能力消费；二是资源节约环境友好的消费观和绿色消费模式，具体有绿色消费、循环消费和低碳消费；三是和谐消费观与公平消费模式，具体有代内公平、代际公平和人与自然的公平。

**4-61　建成生态文明区域的标志是什么?**

答：建成生态文明区域的标志是：区域山川秀丽，家园生态环境优美，自然本底能够支撑该区域的可持续发展；生态生产力及其生态文明经济发达，生态文明型创新能力强，经济发展主要依靠知识资源，大大减少对自然资源的依赖性；生态文明理念在全区域牢固树立，社会和谐，公众幸福指数显著上升。

**4-62　生态文明建设包括哪些子系统?**

答：内容是实现目标的主要载体。全面理解生态文明建设内容，对于建设生态文明具有十分重要的意义。生态文明建设的内容十分丰富，是一个复杂的巨系统，有五个子系统：①生态文明观在全社会牢固树立。②生态生产力及其生态文明经济的发展。它是社会生产方式的根本转变，是建设生态文明的核心与关键。③生态文明消费观及其模式的确立。它是社会生活方式的根本转变，也是核心。④生态系统的恢复与建设，环境的治理与保护。这是生态文明建设的必要前提，从长远看，它必须寓于生产方式和生活方式的根本转变之中，这才是治本。⑤生态文明建设机制的确立和实施。包括法规、制度、政策；政府、企业、公众等各方面，是生态文明建设的根本保障。

**4-63　生态文明建设的核心内容是什么?**

答：生态文明建设的核心内容是发展生态文明生产力（简称生态生产力）。生态生产力的发展是生态文明产生和发展的内在根本推动力，它对于实现生态文明目标具有决定性的作用，是生态文明建设的纲，纲举目张。

**4-64　生态生产力定义是什么?**

答：生态生产力是指人类推动自然—人—社会复合生态系统和谐协调、共生共荣、共同发展的能力。

**4-65　如何理解生态生产力结构的水平维？**

答：生产力是一种三维结构。水平维（亦称状态维）是指生产力水平处于一个什么样的位置上，是前沿的领先的位置呢，还是中间的甚至落后的状态。水平维尤其表现在科学技术、生产工具等方面。科学技术发达与否，生产工具先进与否，是衡量生产力水平维的最重要标尺。水平维是一种状态特征，是衡量生产力先进与否的重要标志，但不是唯一的标志。

**4-66　如何理解生态生产力的力量维？**

答：力量维（亦称过程维）是指生产力作用于自然—经济—社会这个复合体的力量的强弱和功率的大小。力量维是表明生产力的做功过程。发达的科学技术和先进的生产工具与其对复合生态系统作用的力量和功能并非成正比，这里面有一个生产力的管理问题（包括经济发展模式），如果管理理念和技术都比较先进且能与实际情况吻合，那么发达的科学技术和先进的生产工具对复合生态系统的作用力量就会强，功率就会高；相反，如果管理不当，先进的科技和生产工具的优势仍然无法发挥出来，其功率仍然不会大，效率仍然不会高。生产力的力量维是一种做功过程，它也是衡量生产力先进与否的重要标志，但同样不是唯一的标志。

**4-67　如何理解生态生产力的价值维？**

答：价值维（亦称效果维）是指生产力作用于复合生态系统后产生的效果和价值，效果有大有小，价值有正有负。如果说水平维和力量维是指生产力作用的状态和过程的话，那么价值维则是作用的结果。发达的水平维和强大的力量维既可以使复合生态系统沿着正方向前进，取得正价值，也可能使其向着反方向运行，产生负价值。历史唯物主义和辩证唯物主义是过程与结果的统一论者，它不但要求生产力具有发达的水平维和强大的力量维，而且要求水平维和力量维作用于复合生态系统后产生正效果和正价值。

**4-68　工业文明与生态文明关于生产力的理解有何不同？**

答：工业文明取向将生产力界定为人类征服自然、改造自然的能力，工业文明使生产力的水平维和力量维都得到高度的发展。但它把自然作为人类的对立面存在，结果对自然造成了严重的摧残和破坏。工业文明取向下的生产力越强大，即人类征服、改造自然的能力越强大，人类对自然的破坏就越严重，它必然导致自然界运用其固有的规律对人类行使报复，最终导致自然与人类共同覆灭，这就是工业文明取向下生产力导致的负效果和负价值。

　　生态文明取向对于生产力具有不同的界定，认为生产力即是人类充分发挥主观能动性，遵循自然—人—社会复合生态系统运行的客观规律，推进人与自然、人与人、人与社会和谐协调，共生共荣，共同发展的能力。它不是运用这种能力去征服、改造自然（实际上是破坏自然），而是运用这种能力去促进人类与自然的和谐共生。自然既为人类服务，人类也为自然服务，双向互补，友善共处，共生共荣，共同发展，表现出人类的协调性和人性善。这样，生产力作用的对象就不单是自然，而是复合生态系统。在生产力要素中，自然力也成了重要的要素。生态文明取向也把发展生产力与关心人、爱护人紧密联系在一起，但它同时强调关心自然、爱护自然。它特别重视发挥人的主观能动性即人的积极性、主动性和创造性，促进人类与自然共同走上良性循环的持续发展之路，从而促进自然—人—社会复合体走上共生共荣、共同发展的轨道。这就是生态文明取向下生产力产生的正效果和正价值。

**4-69　如何理解"发达生产力不等同于先进生产力"？**
**答：** 发达生产力是一种二维生产力，它主要指生产力的水平维与力量维都处于发达状态。如发达的科学技术、先进的生产工具、先进的管理技术等等。但是当发达生产力脱离了文明取向的制约时，它也是一把双刃剑，它作用于复合生态系统时既可以产生正效果正价值，也可以产生负效果负价值。而先进生产力却不同，它是一种三维生产力，它除了具有发达生产力的水平维和力量维特征外，还具有价值维的正方向特征，可以使生产力对于复合生态系统的作用产生正效果正价值。所以，评价一种生产力是否先进，不但看其水平维和力量维，更要看其价值维。从这个角度上说，发达生产力是先进生产力的基础，"社会主义现代化必须建立在发达生产力的基础之上"，但是发达生产力不能等同于先进生产力，发达生产力有可能使人类向着负方向运行。由此可见，先进生产力即是建立在发达生产力基础之上，在先进的文明取向指导下发展起来的生产力，它是水平维处于前沿、领先地位，力量维表现为力量极强、功率极高，价值维突显先进文明取向、正效应，能够推动自然—人—社会复合生态系统全面、健康、持续发展的生产力。

**4-70　如何理解"生态生产力是先进的生产力"？**
**答：** 生态生产力是 21 世纪世界先进生产力发展的必然趋势，是 21 世纪社会财富的源泉和人类文明的希望。①生态生产力传承了工业文明发达生产力的精华。生态文明的社会形态是从工业文明社会中诞生的。所以，它必然要继承和发展工业文明社会所创造的发达的科学技术、劳动工具和管理技术等生产力的要素，具备了先进生产力在水平维和力量维方面的特征。②生态生产力对复合生态系统的作用结果具有正价值。它集中体现在以下几个方面：其一，生态生产力可以推动复合生态系统的持续发展；其二，生态生产力是推动社会全面进步的主要力量；其三，生态生产力能够满足变化了的市场需要。③发展生态生产力是提高人民生活质量之本，有极大经济拉动力。生态生产力的发展可以在很大程度上提高人民生活质量，提高人们的消费水平，拉动经济发展。

**4-71　生态生产力对复合生态系统具有正价值的作用，集中体现在哪些方面？**

答：生态生产力对复合生态系统的作用结果具有正价值，它集中体现在以下几个方面：

（1）生态生产力可以推动复合生态系统的持续发展。检验生产力的价值和效果时，不能只以人类自身为评价体系，更不当只以当代人为评价体系，而应当以自然—人—社会复合体为评价体系。发展生态生产力是实现资源节约环境友好人类健康，推动自然—人—社会复合生态系统的全面持续协调发展的内生力量。

（2）生态生产力是推动社会全面进步的主要力量。首先，如上所述，生态生产力的发展能够推动复合体的持续发展，这是人类社会全面进步的基础；其次，生态生产力的发展能够推进社会文明形态的变革，社会文明将由工业文明走向生态文明，这是人类社会全面进步的重要标志；再次，生态生产力的发展能够推动人的全面发展。人的全面发展是社会主义的本质特征之一，是人类社会全面进步的最高要求，也是新的发展观十分重要的内容。

（3）生态生产力能够满足变化了的市场需要。新时代社会主义的生产目的是不断满足人民群众对美好生活的追求。需求决定消费，消费决定市场，市场决定生产，这也是经济运行的基本规律。随着大众、国家、民族、社会和自然的需求变化，市场也在变化，生态生产力正是顺应这个变化趋势，遵循这个基本规律，紧贴市场的需求发展起来的生产力，因此具有强大的生命力。

**4-72　生态文明生产力与工业文明生产力有何差异？**

答：它们的差异主要体现在：

（1）定义不同。生态文明生产力（简称生态生产力）是人类促进自然—人—社会复合生态系统和谐协调，共生共荣，共同发展的能力。工业文明生产力是人类征服自然，改造自然的能力。

（2）内涵不同。生态文明生产力要求生态整体主义＋生态化技术体系＋诚信市场，形成三维结构——发达水平维＋强大力量维＋正价值维。工业文明生产力是人类中心主义＋灰色技术体系＋恶性竞争市场，存在负价值维。

（3）效应不同。生态文明生产力要求实现低投入—高产出—低排放—高效益，实现生态效益、经济效益与社会效益的相统一与最优化。工业文明生产力导致高投入—低产出—高排放—低效益，三大效益相排斥。

**4-73  生态文明生产力与工业文明生产力在生产领域有什么不同？**

答：它们的主要不同体现在以下几个方面：①运行方式上，生态文明生产力遵循复合生态系统运行规律，实现循环式闭环，最大限度节约资源投入。工业文明生产力违背规律直线式开环，大量资源投入，大量排放。②管理模式上，生态文明生产力实施过程管理，保证质量；同时上一环节的"流"变成下一环节的"源"，最大化减少排放，最终达到零排放；大大降低成本。工业文明生产力是末端治理，发现质量问题全部返工，同时污染出现了再治理，加大成本。③产品结构上，生态文明生产力产品链不断延伸，多系列产品。工业文明生产力是单一产品。④产业结构上，生态文明生产力生产性产业+还原性产业（动脉产业+静脉产业）；产业共生。工业文明生产力缺少还原产业（静脉产业）产业各自为政。⑤技术结构上，生态文明生产力"二横一纵"技术协调作用，即生态化技术+信息化技术+各行业各领域技术。工业文明生产力是"一纵"技术（各行业各领域技术）单独作用。⑥创新性上，生态文明生产力善于从无中发现有，从有中发现优，从点扩展到面；善于寻找共生关系，转"流"为"源"，延长产品链。工业文明生产力则按固定的流程，固定的模式。

**4-74  生态文明生产力与工业文明生产力在生活领域有何差异？**

答：生态文明生产力寻求延长产品使用寿命；坚持再利用；废物回收并资源化；坚持"以人为本"消费观，资源节约、环境友好消费观与和谐消费观，倡导"全面发展""绿色""公平"三大消费模式。工业文明生产力是大量购买，即用即弃，大量消费，大量废弃。

**4-75  什么是自然生产力？**

答：自然生产力如农地生产力、林地生产力、草原生产力等，是指自然界自身的生产能力，它是生态生产力的组成部分。

**4-76  生态文明建设的技术体系是什么？**

答：技术体系是实现目标的关键要素和重要保障。适宜生态文明建设的是生态化技术体系，它是生态化科学技术、生态化工艺、信息科技和各个领域的专业科技的有机结合，构成社会的生态化科技与工艺体系的平台，它不但应用于工业（第二产业），而且应用于农业（第一产业）和服务业（第三产业）；不但是硬技术体系，而且是软技术体系。

### 4-77 生态化技术体系的内涵是什么？

答：生态化技术体系是人类学习与应用地球生态系统的智慧，遵循地球生态母系统运行的基本法则和客观规律，把社会生产力发展、人类经济活动纳入自然—人—社会复合生态系统中，融现代生态学原理与技术、各行各业各个领域的科学技术与知识，以及信息化技术于一体的社会技术体系。它具有合理的技术结构、有效的技术平台，可以从内生力量推进人与自然、人与人、人与社会的和谐协调，共生共荣，共同发展。生态化技术体系首先是人类经济运行规律和地球母系统运行规律有机统一的产物；其次是地球生态智慧、现代生态学原理与技术、各行各业各个领域的科学技术以及信息化技术有机结合的产物；再次是生态化技术结构和生态化技术平台形成的。它是取得生态、经济、社会三大效应相统一与最大化的共赢的高新技术体系。

生态化技术体系不但需要单项技术的创新，而且需要各项技术的组装与融合，同时更需要整个技术平台的形成。生态化技术是当今世界经济发展的趋势。

### 4-78 企业生态化技术体系、产业生态化技术体系和区域生态化技术体系各指什么？

答：企业生态化技术体系一般指企业内部（或种、养殖业内部）生产产品中实现物质的循环和能量的梯级利用，以达到企业内部或种养殖业内部的低消耗、高产出、低排放、高效益的目的；产业生态化技术体系即是在企业之间、产业之间实现物质的循环和能量的梯级利用，以实现各相关企业和各种相关产业之间的减量、再生、循环的要求；区域生态化技术体系即是在一定区域内，对共生或互补企业、共生或互补产业以及社会生产和消费之间实现物质循环和能量的梯级利用，以实现区域内经济、社会、生态三大效益的相统一和最优化。

### 4-79 生态化技术体系的内部结构是怎样的？

答：生态化技术体系具有三个层次的结构，一是横向技术。它包括现代生态学原理与技术，现代信息技术、现代系统理论与技术，这一层次的技术覆盖着各行各业，即覆盖着整个生态化技术体系，是重要的公共平台，也是生态化技术体系的核心层次，必须用这一层次的技术武装各行各业；二是各领域各产业各专业的科学技术与专门知识，它包括生产主产业（产品）的技术，能够和主产业（产品）共生或耦合或能够延长产业（品）链（网）的相关科技与知识。这是生态化技术体系的基础，只有掌握这一层次的技术与知识，才能同化、融合横向技术，掌握的越深入越透彻，两者的结合越有机越紧密，生态化技术体系的功能就越大，越能促进三大效应的相统一和最大化；

三是绿色管理理念与技术。管理也是生产力，管理理念与技术也是生产力技术体系的重要组成部分，生态化技术体系要求实施绿色管理的理念和技术，这是就总体而言的，但是各领域、各产业、各企业管理理念与技术是有区别的，要形成自己的特色，并把其积淀成企业文化，促进生态化技术体系的发展。

**4-80 生态化技术体系的功能是什么？**

答：生态化技术体系是从内生力量上实现经济发展、社会发展、自然发展的协调统一，是生态生产力发展的根本保障。它把经济因素、社会因素、生态因素统一在一个系统生产的过程中，形成各因子的最佳组合，产生 1+1＞2 的系统效应。生态化技术体系要求学习大自然的智慧，遵循生态学原理组织产品的生产、产业和区域的综合发展，是生态生产力发展的基本要求。生态化技术体系是一种知识含量很高的技术体系，是生态生产力发展的深层要求。

**4-81 生态化技术体系有哪些特点？**

答：生态化技术体系的特点主要有：

（1）从单项技术到集约生态化技术的转化，它必须靠各个学科的渗透融洽，形成集约生态技术。

（2）从运用其他学科技术解决处理生态环境与资源问题，到主要运用生态学原理与技术融合各学科技术，解决处理社会、经济、生态、环境、资源以及人自身发展等综合性问题的转化。这种新的技术体系能够在生产过程中转变高投入（资源）高排放（污染物）低产出为低投入、低排放、高产出，是从外部技术到内部技术的转化，是推动生态生产力发展的内在本质力量。

（3）由于生态化技术的不断发展，以生态化技术为核心的一大批生态产业也随之不断发展壮大，这是生态生产力发展的重要基础。"社会的转型首先从产业的生态转型开始，没有生态产业的发展，可持续发展只能是一句空话，从某种意义上讲，生态产业是实现可持续发展的具体手段"。

（4）生态化技术综合运用了自然生态系统原理与社会经济发展规律于生产之中，是遵循复合生态系统运行的规律组织起来的生产力技术，所以它是合规律合目的的，是从内部力量推动生产活动沿着有利于复合生态系统全面协调持续方向发展，是从本质上决定生态生产力的先进性。

**4-82 生态化技术体系在新兴产业有哪些方面的应用？**

答：新兴的生态化技术及其产业包括高端制造业，环境产业，生物工程产业，可再生能源产业，城市生态化建设产业，生态化保健产业，生态与环境监测技术体系，自然保护区技术体系，森林、海洋、草原、湿地、沙漠等生态建设技术及其体系。

**4-83 生态化技术体系在传统产业上有哪些方面的应用？**
答：以生态化技术体系改造提升传统工业，使之成为集经济效益、生态效益与社会效益于一体的高效生态工业集群。主要有：生态化电子技术及其产业，生态化汽车、船舶等制造业技术及其产业，生态化冶炼技术及其产业，生态化航天航空技术及其产业，生态化化工技术及其产业，生态型材料，生态型建筑，生态型运输，生态化食品加工技术及其产业等等产业和领域，以及相关产业的共生耦合，形成以循环工业为核心的综合高效工业集群。

**4-84 生态化技术体系在农业有哪些方面的应用？**
答：以生态化技术体系发展高效生态农业集群。如高效生态化种植业，它以遗传基因工程技术为先导，以有机农业为中心，研究开发高效生态化粮油、水果、蔬菜、花卉等（这方面台湾省取得了比较成功的经验）；生物质能源原料的生态化利用；高效生态化养殖业等，以沼气开发利用技术为中心的种养加有机结合的循环型生态农业体系。

**4-85 生态化技术体系在服务业有哪些方面的应用？**
答：以生态化技术体系发展高效生态服务型技术及其集群产业。如生态旅游、生态化房产业、生态化物流业、生态化网络产业等。

**4-86 生态化技术体系在文化产业有哪些方面的应用？**
答：以生态化技术体系发展文化产业。这是一个新兴的产业，发展文化产业也必须以生态化技术体系作为保障，才能成为"三大效应"相统一与最优化的生态文明产业。

**4-87 生态化技术体系在经济管理有哪些方面的应用？**
答：①学习生态智慧是生态化技术体系的内在要求。②学习地球生态系统的功能结构原理组织经济活动。③遵循地球生态系统的顶级群落原理组织经济活动，增强经济活动的自调节机能和抗风险能力。④学习地球生态系统的协调共生智慧，在经济活动中学会"双赢"以及综合利用资源，获取多重效益。⑤学习生态系统的生物智慧，发展高新科技。⑥地球生态系统的协同演进智慧，实施绿色和谐管理。

**4-88 人与自然、人与人、人与社会三大关系之间的相互关系是什么？**

答：人与自然、人与人、人与社会三大关系之间从来都是交融在一起，综合演进，即复合生态系统的整体演进。其中，人与自然的关系是基础，人与人的关系是核心，人与社会的关系是最高层次。系统的各个部分只有有机联系、合理配置和协同演进，母系统才能够合规律、合目的地运动和发展。相反，其中任何一方面不协调，或是配置不合理，都会影响到其他方面，进而影响到母系统的运动和发展，甚至使系统消亡。

**4-89 如何理解"人类经济活动系统与地球生态母系统之间有着本质的统一"？**

答：人类的经济活动必须与地球生态母系统的运行相统一。人类经济活动系统作为地球生态母系统的一个子系统，它与母系统之间有着本质的统一。首先，人类的经济活动是源于自然生态系统，许多经济活动包括生产技术和生产知识等，都是人类向自然界学习的结晶，许多经济运行的规则也和地球生态母系统运行规则相吻合。人类经济活动不但是地球生态母系统的一个子系统，而且与自然生态系统密不可分，它必须与自然界进行物质、能量与信息的交换，换句话说，人类不但要从自然界中获取物质资料，而且要反哺自然界，使自然界也能健康持续发展。这是生态生产力观下人类经济活动必须遵循的一个重要法则。其次，人类经济活动又是人类社会生态系统中的一个子系统，它又和人类社会发展的许多规律相吻合。当今生态生产力及其生态文明经济发展的全球一体化趋势，以及"地球村人"的理性假设，都是两者相吻合的重要轨迹。再次，人类经济活动又是和社会、人类、自然界的各种需要密切相关的，经济活动必须主动去适应这种需要的变化并得到发展。

**4-90 生态文明建设的包容性原则指什么？**

答：包容性原则指融会贯通，求同存异。融会就是包容、消化与吸收，贯通包含着联系与互补。它们包含着差异和冲突，而差异和冲突又蕴含着多样性。所以，生态文明观揭示了又一个重要子规律：多样性导致和谐协调。它是指在自然生态系统、人自身生态系统和社会生态系统中，系统因子越是多样，系统结构就越是稳定，功能也越大，系统抗干扰、自调控、自组织、自发展能力就越强，系统生命力就越旺盛，越能达到和谐协调。但和谐不排斥差异，而是包容差异，协调不排斥冲突，而是化解冲突。在生态文明建设的进程中，让多样性、差异性在社会中协同演进，才能成功。这就要求包容性，包括物质建设、精神建设和政治建设上的包容性。

**4-91 生态文明建设的公平公正原则指什么?**

答：公正、公平包括地球生态系统的、国家的、区域的、个人的、代内的和代际的。坚持公平公正要求遵守信约，突显爱心，把它作为生态道德的主要规范，贯穿在生态文明建设的始终。

**4-92 生态文明建设的"三大效应"相统一原则指什么?**

答：指生态效应、经济效应和社会效应相统一，它既是生态文明建设的重要目标，又是生态文明建设的重要原则。作为目标，要求通过生态文明建设，实现"三大效应"相统一和最优化，从而实现自然—人—社会复合生态系统的持续、协调全面发展，它是一种结果状态；作为原则，要求在生态文明建设中的每一个企业、每一个区域，每一个决策、每一个生产过程都遵循协同发展的基本规律，破除以牺牲生态环境来获取经济效益和以停止经济增长来保护生态环境的两个"二律背反"，通过转变生产和生活方式，发展生态生产力及其生态文明经济，从内在力量推动"三大效应"的相统一，它是一种过程状态。

**4-93 为什么说"三大效应"相统一的原则是实现包容性和公平、公正的基础和保障?**

答：生态文明社会是"三大效应"相统一与最优化的社会，缺一不可。其中经济效应是基础，自然—人—社会复合生态系统中许多矛盾的解决都离不开经济基础，其发展与繁荣更离不开经济，社会的公平正义，社会安定有序、社会许多矛盾的解决都需要有一定的经济为基础，这是不言而喻的硬道理。更为重要的是，生态生产力及其生态文明经济的发展是推动社会全面进步的主要力量，有利于实现城乡间、区域间、行业间的互动和协调发展。

#  第五章

## 生态科学知识问答

**5-1　什么是生物圈？**

答：生物圈，顾名思义指的是有生命的圈层。地球上凡是有生命活动的区域，包括肉眼看不到的微生物，自下而上分布的地方都是生物圈的范围。该范围包括：大气圈底部、水圈大部、岩石圈表面、生物土壤圈和水圈。上至海平面以上约10公里的高空空间，下至海平面以下11公里深处。

**5-2　生物圈的运转原理有哪些？**

答：主要原理有：

(1) 获得足够太阳能并转化为化学能。

(2) 有效利用水分。

(3) 在适宜生命活动的温度条件下运转。

(4) 提供生命物质所需的各种营养元素。

(5) 生物圈具有自我调节能力。

**5-3　生态文明中的生态含义是什么？**

答：生态的含义主要指：

(1) 生态环境要优美，即通常所说的"天蓝、地绿、水清"，绿水青山；远离环境污染；人类生产过程基本不排放污染物。

(2) 经济发展方式要尊重生态学规律，即绿色循环低碳发展；利用大自然的利息而不伤害其根本；自然界中原本不存在任何垃圾。

(3) 尊重自然、顺应自然、保护自然。生态系统有一定的自我修复力，对自然的利用不能超过其修复力，应节约资源和保护生态环境。

(4) 维护生态平衡。自然界中的各种生物之间存在着相互依存、相互制约的关系，人类不能轻易打乱这种平衡，否则会付出沉重的代价。

(5) 保护生物多样性。

(6) 守护健康的食物链。

### 5-4 社会—经济—自然复合生态系统的内涵是什么？

**答**：社会—经济—自然复合生态系统，是人与自然和谐共生的一种形态，由自然、经济和社会三种子系统组成。自然子系统，是由水、土、气、生、矿及其间的相互关系来构成的人类赖以生存、繁衍的生存环境；经济子系统，是指人类主动地为自身生存和发展组织有目的的生产、流通、消费、还原和调控活动；社会生态子系统，是由人的观念、体制及文化构成。这三个子系统是相生相克，相辅相成的。复合生态系统理论的核心是生态整合，通过结构整合和功能整合，协调三个子系统及其内部组分的关系，使三个子系统的耦合关系和谐有序，实现人类社会、经济与自然间复合生态关系的可持续发展。

### 5-5 生物圈是怎样进化的？

**答**：第一，生命在地球上诞生，单级生态系统出现。它是由原始异养生物和原生环境（原始海洋和原始大气）构成的自然生态系统。

第二，单级生态系统演化为二级生态系统。20亿年前，绿色藻类出现，标志自养生物的出现，单极生态系统演化为具有自养和异养两种生物的生态系统。它导致地球大气中氧的出现，氧化性大气形成之后，原生生物圈发展为次生生物圈。

第三，三级生态系统出现。6亿多年前，多细胞动物出现，完成了二级生态系统向三级生态系统的发展，形成生产者（植物）、消费者（动物）和转化者（微生物）的三级结构，奠定了生态系统演化的基本格局。

第四，人类诞生引发地球生物圈演化质变。人通过自己的活动把天然生态系统改变为人工生态系统，人类智慧指导下的劳动，导致生物圈根本变化，从而使人成为生物圈演化的重要因素。

### 5-6 生物圈的组成有哪些？

**答**：生物圈由生命物质、生物生成性物质和生物惰性物质三部分组成。生命物质又称活性物质，是生物有机体的总和；生物生成性物质是由生命物质所组成的有机矿物质相互作用的生成物，如煤、石油、泥炭和土壤腐殖质等；生物惰性物质是指大气低层的气体、沉积岩、黏土矿物和水。

**5-7 生态系统的重要特点有哪些？**

答：生态系统的重要特点有：

（1）生态系统是一个开放的系统，因为任何一个能够维持自身机能正常运转的生态系统必须依赖外界环境提供输入（太阳辐射能和营养物质）和接受输出（热、排泄物等），其行为经常受到外部环境的影响。

（2）生态系统和其他生命个体一样，具有自我修复功能。在一定限度内，生态系统自身的反馈机能能够使它进行自动调节，逐渐修复与调整因外界干扰而受到的损伤，维持正常的结构与功能，保持其相对平衡状态。

（3）生态系统是一个极其复杂的多成分大系统。

**5-8 生态系统类型主要有哪些？**

答：生态系统可分为自然生态系统和人工生态系统。自然生态系统又可分成陆地生态系统和水域生态系统如海洋生态系统、河流生态系统、湖泊生态系统、池塘生态系统；人工生态系统包括城市生态系统、农田生态系统、果园生态系统等。生物圈是地球最大的生态系统。

**5-9 十大陆地生态系统类型是什么？**

答：全球共有十大陆地生态系统类型，分别是热带雨林、常绿阔叶林、温带落叶阔叶林、寒带针叶林、稀树疏林、红树林、草原、高寒草甸、荒漠、苔原。

**5-10 生态系统是什么样的结构？**

答：一般理解的生态系统结构，是指其三大成分，即生产者、消费者、分解者。这三大类群相互作用、相互制约、相互依存，保障了自然生态系统的健康运转。

（1）生产者。主要指各种绿色植物，通过叶绿素吸收太阳能进行光合作用，并把从环境中摄取的无机物质合成为有机物质，将太阳能转化为化学能贮存在有机物质中。

（2）消费者。是指不能用无机物直接制造成有机物、直接或间接地依赖于生产者所制造的有机物的生物。消费者以动物类异养生物为主。

（3）分解者。以微生物等异养生物为主，包括部分土壤动物如蚯蚓、线虫、蜗牛等，它们依靠分解动植物的排泄物和死亡的有机残体取得能量和营养物质，同时把复杂的有机物分解为生产者可以利用的简单化合物或元素，并释放出能量，其作用与生产者相反。

### 5-11 什么是生态系统功能？

答：生态系统功能，指的是生态系统通过物种之间、物种与环境之间，实现正常运转的能力。一个健康的生态系统，一定是能够自我维持、自我调节且自我修复的，这样就需要生态系统去做功。生态系统的基本功能包括能量流动、物质循环和信息传递。

### 5-12 生态系统能量流动的特点是什么？

答：生态系统能量流动的特点是单向流动和逐级递减。单向流动是指生态系统的能量流动只能从第一营养级流向第二营养级，再依次流向后面的各个营养级，一般不能逆向流动。这是由生物长期进化所形成的营养结构所确定的。

### 5-13 水循环指什么？

答：水循环是指大自然的水通过蒸发、植物蒸腾、水汽输送、降水、地表径流、下渗、地下径流等环节，在水圈、大气圈、岩石圈、生物圈中进行连续运动的过程。水循环是生态系统的重要过程，是所有物质进行循环的必要条件。

### 5-14 气体型循环指什么？

答：气体型循环元素以气态的形式在大气中循环即为气体型循环，又称气态循环，气态循环把大气和海洋紧密连接起来，具有全球性。碳、氧循环和氮循环以气态循环为主。

### 5-15 碳循环指什么？

答：碳是构成一切有机物的基本元素。绿色植物通过光合作用将吸收的太阳能固定于碳水化合物中，这些化合物再沿食物链传递并在各级生物体内氧化放能，从而带动群落整体的生命活动。因此碳水化合物是生物圈中的主要能源物质。生态系统的能流过程即表现为碳水化合物的合成、传递与分解。自然界有大量碳酸盐沉积物，但其中的碳却难以进入生物循环。植物吸收的碳完全来自气态 $CO_2$。生物体通过呼吸作用将体内的 $CO_2$ 作为废物排入空气中。

### 5-16 什么是沉积型循环？

答：沉积型循环发生在岩石圈内，元素以沉积物的形式通过岩石的风化作用和沉积物本身的分解作用，转变成生态系统可用的物质，沉积循环是缓慢的、非全球性的、不显著的循环。沉积循环以硫、磷、碘为代表，还包括硅以及部分碱金属元素。

## 5-17　生态系统中包含的信息有哪些?

答:大致可以分为物理信息、化学信息、行为信息等。

(1) 物理信息。指通过物理过程传递的信息,它可以来自无机环境,也可以来自生物群落,生态系统中的光、热、声、电等都是物理信息。

(2) 化学信息。生态系统的各个层次都有生物代谢产生的化学物质参与传递信息、协调各种功能,这种传递信息的化学物质通称为信息素,包括生物碱、有机酸及代谢产物等。信息素虽然量不多,但种类多,功能强,涉及从个体到群落的一系列生物活动。

(3) 行为信息。许多植物的异常表现和动物异常行动传递了某种信息,可统称行为信息。行为信息可以在同种和异种生物间传递,行为信息多种多样,如蜜蜂的圆圈舞等。

## 5-18　海洋生态环境具有哪些特点?

答:主要特点有:

(1) 海水温度:海洋中海水温度的年变化范围不大。

(2) 海水盐度:海水含盐量比陆地淡水高,平均3.5%,且比较稳定。

(3) 海水运动:海水运动有风浪、海啸、潮汐、洋流等形式。

(4) 海洋沉积物:一是大陆边缘沉积(陆源沉积)经河流、风、冰川等作用从大陆或邻近岛屿携带入海的陆源碎屑;二是远洋沉积(深海沉积)。海洋沉积物一般有红黏土、钙质软泥和硅质软泥。

## 5-19　海洋生态系统是什么样的结构?

答:海洋生态系统也由生产者、消费者与分解者组成。

(1) 生产者主要由能够进行光合作用的浮游生物组成,包括浮游植物、底栖植物,如单细胞底栖藻类、海藻和维管植物等。

(2) 消费者包括各类海洋鱼类、哺乳类(鲸、海豚、海豹、海牛等)爬行类(海蛇、海龟等)海鸟以及某些软体动物(乌贼等)和一些虾类等,以及底栖动物等。

(3) 分解者主要由各海洋微生物组成。

## 5-20　海洋生产力指什么?

答:可以细分为海洋初级生产力、次级生产力和终极生产力。浮游植物、底栖植物(包括定生海藻和红树、海草等植物)以及自养细菌等生产者,通过光合作用或化学合成制造有机物和固定能量的能力,称为初级生产力。海洋次级生产力包括海洋生物二级、三级、终极生产力(也称为海洋动物生产力)。海洋二级生产力，是以植物、细菌等初级生产者为营养来源的生物生产能力，包括大部分浮游动物、底栖动物和植食性游泳动物（主要是幼鱼、小型虾类等）。海洋三级生产力，是以浮游动物等二级生产者为营养来源的生物生产能力。海洋终级生产力，是指一些自身不再被其他生物所消费的生物生产能力，一般处于食物链的顶端，它们中绝大多数是海洋渔业的捕捞对象，其数量多寡直接影响海洋渔业丰歉。

## 5-21 海洋生态系统是怎么划分的？

答：按生物群落划分，一般分为红树林生态系统、珊瑚礁生态系统、海洋藻类生态系统等。

（1）海岸带生态系统：处于浅海与陆地交界区域的生态系统。

（2）大洋生态系统：指从沿岸带至开阔大洋的海洋生态系统。

（3）上升流生态系统：在上升流海域由特定的生物及周围的环境构成，食物链较短、生产力很高的生态系统。

（4）红树林生态系统：一般包括红树林、滩涂和基围鱼塘三部分。

（5）珊瑚礁生态系统：热带、亚热带海洋中由造礁珊瑚的石灰质遗骸，石灰质藻类堆积而成的礁石及其生物群落所构成的整体，是全球初级生产量最高的生态系统之一。

（6）海洋藻类生态系统：是由海洋藻类等生物为主与海洋环境构成的海洋生产力最大海洋生态系统类型。

## 5-22 森林生态系统有几种主要类型？

答：森林生态系统的主要类型有：

（1）热带雨林生态系统：热带雨林主要分布于赤道南北纬5°~10°以内的热带气候地区，以东南亚、非洲和南美洲为主。

（2）亚热带常绿阔叶林生态系统：亚热带常绿阔叶林发育在湿润的亚热带气候地带，主要分布在北纬22°~40°之间。

（3）落叶阔叶林生态系统：又称夏绿阔叶林，通常是指具有明显季相变化的夏季盛叶冬季落叶的阔叶林，它是在温带海洋性气候条件下形成的地带性植被类型。

（4）北方针叶林生态系统：是指以针叶树为建群种所组成的各种森林群落的总称，包括各种针叶纯林、针叶树种的混交林，以及以针叶树为主的针阔叶混交林。

（5）稀树疏林生态系统：典型的稀树疏林分布在非洲，由金合欢、猴面包树等稀疏乔木和广阔的草原组成。

**5-23 湿地生态系统是指什么?**

答：地表过湿或常年积水，生长着湿地植物的地区，湿地生物与周围环境共同组成了湿地生态系统。湿地的概念有广义和狭义之分。狭义上一般被认为是陆地与水域之间的过渡地带；广义上被定义为地球上除了海洋（水深6米以上）外所有大面积水体。1971年在拉姆萨尔通过了《湿地公约》，该公约将湿地定义为："天然或人造、永久或暂时之死水或流水、淡水、微咸或咸水沼泽地、泥炭地或水域，包括低潮时水深不超过6米的海水区。"

**5-24 湿地形成的简要过程是什么?**

答：水分是湿地形成发展的主要因素，气候和地貌条件决定了地表水状况。年降水量大于蒸发量，加之空气湿度大，在一些低地上，由于排水不畅，使地表常年处于过湿状态。此状态改变了土壤通气条件，抑制土壤动物和微生物活动，破坏土壤、大气、植物间正常物质交换。在长期缺氧条件下，土壤中矿物质的潜育化过程和有机质泥炭化过程作用下，形成了湿地。

**5-25 湿地生态系统的特征是什么?**

答：主要特征是：

（1）独特的自然环境。湿地表面长期或季节性处于过湿或积水状态，发育有水成或半水成土壤，生长着湿生植物，同时分布着以这些植物为生的动物和微生物群落。

（2）丰富的生物多样性。由于湿地是陆地和水体的过渡地带，因此它同时兼具丰富的陆生和水生动植物资源，形成了其他任何单一生态系统都无法比拟的独特生境。

（3）较高的生产力。湿地生态系统与其他任何生态系统相比，初级生产力较高。

（4）湿地系统的多变性。湿地生态系统是水文、土壤、植被、气候等因素相互作用所形成的自然综合体。

（5）特殊的生态功能。湿地具有综合效益，它既有调蓄洪水、涵养水源、调节气候、净化水质、保存物种、提供栖息地等众多生态功能，发挥着无可替代的生态效益；也为工业、农业、能源、医疗业等提供大量生产原料，产生直接的经济效益。同时，作为科学研究、教育基地和休闲娱乐的重要场所，具有显著的社会文化效益。

**5-26 森林形成的沼泽是怎样演替的?**

答：这类演替从森林沼泽形成开始。森林沼泽由于泥炭持水量大，土壤及空气湿度增加，苔藓植物大金发藓和泥炭藓相继入侵，增加土壤湿度和酸度，为喜湿耐酸植物入侵提供条件。泥炭藓得以发展，在草丘间形成地被层，同时小灌木杜香和越橘生长，发展成中养沼泽。泥炭藓有特强吸水能力，持水量可达1600%~3000%，为自身重量的19~31倍。泥炭藓不断加厚，有力地抑制了高等植物的生长。泥炭藓随之发展成藓丘，并掩住草丘，使沼泽表面升高，脱离地下水补给，演替为贫养沼泽。在此时沼泽中树木生长不良，盖度多小于40%，为少林或无林的泥炭藓沼泽。

**5-27　草甸形成的沼泽是怎样演替的？**
**答：** 草甸形成沼泽后，由于积水和空气湿度大，泥炭藓侵入形成中养薹草、泥炭藓沼泽。草本植物有灯心草、刺子莞等。泥炭藓发展形成藓丘，使沼泽地表面升高，形成贫养泥炭藓沼泽。这类沼泽可在长江中下游，湖滨以及山地沟谷等低洼地区形成。群落外貌绿色，层次不明显。由于地形、土质差异，组成种类也不同。建群种有薹草、灯心草等。

**5-28　湿地生态系统具有怎样的生态结构？**
**答：**（1）生产者：在湿地生态系统中，生产者是那些将无机物合成有机物的生物，主要包括光合细菌、小型藻类和大型水生植物等。

（2）消费者：在湿地生态系统中，消费者是指以其他动植物为食的各种动物，主要包括浮游动物、底栖动物、鱼类、虾蟹类、爬行类、鸟类等。

（3）分解者：在湿地生态系统中，指将有机物分解为无机物的生物，主要包括细菌、真菌和腐生动物等。

（4）能量流动：植物残株不能完全分解，一部分在厌氧条件下，以半分解形式转化为泥炭，将能量储存在地下。

（5）物质循环：物质通过湿地中绿色植物光合作用进入生态系统，然后沿食物链从绿色植物转移到昆虫、软体动物、小鱼小虾等植食动物，再流经水禽、涉禽、两栖类、哺乳类等肉食动物，部分有机物被微生物分解，供循环利用。

**5-29　什么是草原生态系统？**
**答：** 草原生态系统，是以草本植物为主的生物群落及其周围环境组成的生态系统类型。草原分为温带草原和热带草原。温带草原是由耐寒的旱生多年生草本植物为主（有时为旱生小半灌木）组成的植物群落，它是温带地区的一种地带性植被类型。组成草原的植物，都是适应半干旱和半湿润气候条件下的低温旱生多年生草本植物，间杂一些灌木或乔木。

## 5-30 草原生态系统具有怎样的结构？

答：（1）生产者：以各种草原植物尤其草本植物为主。生态条件越适宜种类越丰富，草本群落结构也越复杂，有地上及地下层的分化。反之，生态条件越严酷，种类越简单，群落结构也较简化。

（2）消费者：温带草原上拥有众多的动物。

（3）分解者：草原上动植物死亡之后需要各种微生物、真菌或低等动物将其分解，一些食腐动物也充当分解者的角色。

（4）草原能量流动：草原能量流动是通过食物链实现的，即通过生产者与消费者之间吃与被吃这种关系。

（5）草原元素循环：草原上元素循环由生物合成作用和矿化作用完成，这两个过程紧密结合实现元素地球化学循环。

## 5-31 中国境内主要草原生态系统类型有哪些？

答：（1）草甸草原：这是草原生态系统最湿润的类型，多分布在森林与干草原的中间地带，干旱区的河床附近也有分布，代表地段呼伦贝尔等。

（2）典型草原：是草原中的典型类型。分布于比草甸草原更干燥的地区。

（3）荒漠草原：是草原生态系统中最旱的类型。

（4）山地草原：山地草原生态系统是指一定海拔高度以上的草原类型。

（5）高寒草原：是草原中高寒类型，在高山和青藏高原寒冷条件下，有非常耐寒的旱生矮草本植物占优势。

## 5-32 草原包括哪些生态功能？

答：第一，固定二氧化碳，提供氧气。通过光合作用，草原植物可吸收大气中的二氧化碳并放出氧气。

第二，过滤有害物质，净化空气。草原被誉为"大气过滤器"，发挥着改善大气质量的显著作用，为人类提供舒适怡人的生活环境。

第三，防风固沙，稳定陆地表土。草原是陆地上重要的绿色植被覆盖层，广泛分布于陆地表面。草原植物对风蚀作用的发生具有很强的控制作用，寸草能遮丈风。

第四，涵养水源、防治水土流失。

第五，保护生物多样性，为人类社会可持续发展提供大量种源。

## 5-33 荒漠生态系统的特点是什么？

答：（1）年少雨或无雨，年降水量一般少于250毫米，降水为阵性，愈向荒漠中心愈少。

(2) 气温、地温的日较差和年较差大，多晴天，日照时间长。

(3) 风沙活动频繁，地表干燥，裸露，沙砾易被吹扬，常形成沙暴，冬季更多。

**5-34 荒漠生态系统必然具有怎样的结构？**

答：(1) 生产者：荒漠生态系统的生产者由荒漠植物为主，但植被极度稀疏，有的地段大面积裸露。

(2) 消费者：荒漠生态系统的主要消费者包括爬行类、啮齿类、鸟类及蝗虫等。

(3) 分解者：由适应干旱、高温或炎热的各种微生物以及食腐的动物、土壤线虫和蚯蚓等为主，这类生物负责将死亡的动植物分解，并还原为其他生物可以利用的物质。

(4) 生产力元素循环：荒漠生态系统的初级生产力非常低，低于0.5克/(平方米·年)。生产力和降水量之间呈线性函数关系。

**5-35 在荒漠的利用过程中应该注意哪些问题？**

答：(1) 合理利用水资源，保护绿洲：在荒漠地区，水是最主要的限制因子，而绿洲农业是荒漠地区人类生存的最基本条件。合理利用水资源，保护绿洲是荒漠地区发展的关键。水资源的不合理利用可能导致绿洲向荒漠转化。

(2) 防风固沙：在荒漠地区，风沙经常威胁农业生产和人们的生活，开展防风固沙是农业生产的必要保证。

(3) 保护荒漠地区特有的生物多样性：特殊的自然条件造就了荒漠地区特殊的动植物种类，这些种类仅出现在荒漠地区。

**5-36 什么是冻原生态系统？**

答：冻原生态系统又称为苔原。这一名词来源于芬兰语 tunturi，意思是没有树木的丘陵地带，是寒带植被的代表。冻原生态系统是由极地、高纬度高山或高原成分的藓类、地衣、小灌木、矮灌木等多年生草本组成的生物群落及其周边环境组成的综合体。

**5-37 冻原有几类？**

答：冻原有两大类：位于广大平原地区上的称平地冻原；位于山顶和山地高原上的称山地冻原。前者环绕北冰洋构成一个冻原地带；后者不仅分布于极地，还向南分布到较低纬度的一些山地和高原。在欧亚大陆，随着从南到北气候条件变化，冻原又可分为4个亚带：森林冻原、灌木冻原、藓类、地衣冻原和北极冻原。我国冻原仅分布在长白山海拔2100米以上和阿尔泰山3000米以上的高山地带。

**5-38 冻原生物群落的特点有哪些？**

答：(1) 植物组成和群落结构简单，冻原植物种类的数目通常为 100~200 种。多是灌木和草本，无乔木。

(2) 具有抗寒和抗干旱的生理生态习性。许多植物的营养器官在严寒中不受损伤，甚至在雪上生长和开花。

(3) 冻原植物通常为多年生植物。冻原没有一年生植物，如矮桧、酸果蔓、喇叭茶等均为多年生植物，这些常绿植物在春季能够很快进行光合作用，而不必花很多时间形成新叶。

(4) 北极冻原生态系统的动物很少。

**5-39 生态系统承载力包括哪些基本含义？**

答：生态系统承载力包括：①生态系统的自我维持与自我调节能力；②资源与环境子系统的供容能力，为生态系统承载力的支撑部分；③生态系统内社会经济子系统的发展能力，为生态系统承载力的压力部分。生态系统承载力与生态平衡的阈值密切联系。

**5-40 生态系统承载力有什么特征？**

答：(1) 客观性：生态承载力客观性，是生态系最重要的固有功能之一。这种功能一方面是为生态系统抵抗外力的干扰破坏提供了基础，另一方面为生态系统向更高层次发育奠定了基础。

(2) 可变性：生态系统稳定性，是相对意义的稳定，而不是固定不变的。生态承载力虽然客观存在，但并不是固定不变的，在一定范围内，人们可按照对自己有利的方式，去积极提高系统的生态承载力。

(3) 层次性：生态环境稳定性，不仅表现为小单元的生态系统水平上，而且表现在景观、区域、地区以及生物圈各个层次上。在不同层次水平上，生态系统承载力也不同。

**5-41 目前生态系统承载力的分析方法有哪些？**

答：(1) 生态足迹评价方法：由加拿大大不列颠哥伦比亚大学资源生态学教授里斯（Willian E Rees）和他的同事在 1996 年提出。生态足迹是指，为了承载一定生活质量的人口，所需的可供使用的可再生资源大小，包括能够消纳废物的生态容量，又称之为适当的承载力。

(2) 自然植被净第一性生产力分析方法：它反映的是某一自然体系的恢复能力。自然植被净第一生产力作为表征植物活动的关键变量，是陆地生态系统中物质与能量运转研究的重要环节，其研究将为合理开发、利用自然资源及对全球变化所产生的影响采取相应的策略和途径提供科学依据。

(3) 遥感和地理信息系统分析方法：利用 GIS 技术结合 RS、GPS 手段，可对区域环境开发、人类活动对区域生态承载力影响进行系统的分析，同时对影响累积、生态承载力大小，在区域、局域和局部进行多尺度转换。

## 5-42 生态系统健康指什么？

答：是指生态系统自我维持与发展的综合特性，表征生态系统所具有的活力、稳定和自调节能力。一个生态系统在结构、功能上与理论上所描述的相近，那么它们就是健康的，否则就是不健康的。一个病态的生态系统往往是处于衰退、逐渐走向不可逆转的崩溃过程。生态系统健康是生态系统发展的一种状态，在这个状态中，地理位置、光照水平、可利用的水分、营养及再生资源都处于适宜或十分乐观的水平。

## 5-43 生态系统健康标准有哪些？

答：包括防御功能、物种多样性、生物量、互惠共生微生物、外来物种、污染物排放、营养物、群落呼吸、转化率和分解率、元素循环等十个方面，它们分别属于生物物理范畴、社会经济范畴、人类健康范畴，以及一定的时间、空间范畴。

## 5-44 评判生态系统健康的原则有哪些？

答：(1) 生态系统健康具有物种多样性的特点。评判生态系统健康与否，不应该是建立在单个物种的存在、缺失或某一状态为基础的准则之上。生态系统结构复杂性和多样性对生态系统极为重要，它是生态系统适应环境变化的基础，也是生态系统稳定和优化的基础。维护生物多样性是生态系统管理计划中不可少的部分。

(2) 生态系统中的资源都是有限的，不能无限开采。对生态系统的开发利用必须维持在资源再生和恢复的功能基础之上。生态系统对污染物也有一定限量的承受能力，当超过限量其功能就会受损甚至衰退。为此，对生态系统各项功能指标（功能极限、环境容量）都应该加以分析和计算。

(3) 生态系统总是随着时间而变化，并与周围环境相互作用。生态系统动态，总是自动向物种多样性、结构复杂化和功能完善化的方向演替。生物与生物、生物与环境间联系，使系统输入、输出过程中，有支出也有收入，需要维持一定的平衡状态。生态系统评判中要关注这种动态变化，不断调整管理体制和策略，以适应系统的动态发展。

**5-45 生态系统质量指什么？**

答：生态系统质量指的是生态系统的健康状态，这种状态表现为生态系统自我维持与抗干扰能力的大小。健康的生态系统具有良好的结构即生产者、消费者与分解者，有较高的生产力，能够发挥生态系统的多种功能，如生物多样性维护、水土保持、食物供应、气候调节、水循环等。高质量的生态系统中没有废物，元素循环与能量流动均能够正常进行。

**5-46 什么是生态系统稳定性？**

答：生态系统稳定性指生态系统所具有的保持或恢复自身结构和功能相对稳定的能力，主要通过反馈（feedback）调节来完成。生态系统反馈条件又分为正反馈（positive feedback）和负反馈（negative feedback）两种。负反馈对生态系统达到和保持平衡是必不可少的。正负反馈的相互作用和转化，保证了生态系统可以达到一定的稳态。譬如，如果草原上的食草动物因为迁入而增加，植物就会因为受到过度啃食而减少；而植物数量减少以后，反过来就会抑制动物的数量，从而保证了草原生态系统中的生产者和消费者之间的平衡。

**5-47 什么是生态系统服务？**

答：是指人类直接或间接从生态系统得到的利益，主要包括向经济社会系统输入有用物质和能量、接受和转化来自经济社会系统的废弃物，以及直接向人类社会成员提供服务（如人们普遍享用洁净空气、水等舒适性资源）。与传统经济学意义上的服务不同的是，生态系统服务只有一小部分能够进入市场，大多数生态系统服务是公共品或准公共品，无法进入市场交易。生态系统服务以服务流的形式出现，能够带来这些服务流的是由生态系统构成的自然资本。

**5-48 生态系统服务价值指什么？**

答：(1) 直接价值：指生态系统服务功能中可直接计量的价值，是生态系统生产的生物资源的价值，包括食品、医药、景观娱乐等。

(2) 间接价值：指生态系统给人类提供的生命支持系统的价值，如保护土壤肥力、净化空气、涵养水源等。

(3) 选择价值：指个人和社会为了将来能利用（直接利用、间接利用、选择利用和潜在利用）生态系统服务功能的支付意愿如人们为将来能利用生态系统的涵养水源、净化大气以及游憩娱乐等功能的支付意愿。

(4) 存在价值：也称内在价值，是指人们为确保生态系统服务功能的继续存在（包括其知识保存）而自愿支付的费用。

## 5-49 生态系统服务价值评价有何意义？

答：（1）可有效地帮助人们定量地了解生态系统服务的价值，从而提高人们对生态系统服务的认识程度，进而提高人们的环境意识，促使商品观念的转变。

（2）促进将环境保护纳入国民经济核算体系。

（3）生态系统服务价值评价研究，可有助于了解生态系统给人类提供的全部价值，促进环保措施的合理评价。

（4）为生态功能区划和生态建设规划奠定基础。

## 5-50 什么是千年生态系统评估？

答：《千年生态系统评估》（The Millennium Ecosystem Assessment，简称 MA）是联合国于 2001 年 6 月 5 日世界环境日之际，由世界卫生组织、联合国环境规划署和世界银行等机构或组织开展的国际合作项目，首次对全球生态系统进行的多层次综合评估。作为 MA 主要成果的技术报告、综合报告、理事会声明、评估框架和若干个数据库，已于 2005 年完成并公开发布。MA 是迄今为止全球生态学家组织和参与的最大规模的研究项目，它对全球生态系统的状态和变化趋势进行了总体评估，并取得了重大而可靠的研究成果。

## 5-51 什么是自然资产？

答：自然资产是指具有明确的所有权，且在一定的技术经济条件下，能够给所有者带来效益的自然资源。随着全球生态形势的进一步恶化，以及人们对生态环境认识水平的不断提高，人们对自然资产概念的理解，不再局限于自然资源的价值，而是涵盖了自然环境中可以为人类所利用的、表现形式丰富多样的所有物质，或其非物质价值形态，如气候、海洋、森林、河流、土壤以及生物、生态系统产品等生态服务价值。自然资产是一种生态资产，自然资产也进入经济社会记账系统。联合国和世界银行记账系统（The UN System of National Accounts，SNA）及联合国环境与经济综合记账系统（UN Integrated System of Environmental and Economic Accounts，SEEA）都将自然资产纳入其中。

## 5-52 按自然资源资产的主体性质划分自然资产有哪些类别？

答：按自然资源资产的主体性质划分，自然资产可分为公有（国家所有、集体所有）自然资源资产、私有自然资源资产、共有（混合所有）自然资源资产以及无主的自然资源资产。在我国，自然资源资产公有制是主体。随着改革深入，自然资源资产共有、私有形式亦将不断出现，但在法律上目前还难以认定。

**5-53  自然资产有哪些特点？**

答：①与经济社会发展的互动性；②变异性；③开放性与可转移性；④整体性与地域性；⑤累积效应与可折损性；⑥不可替代性和公益性。

**5-54  研究复合系统整体观有哪些要求？**

答：(1) 社会科学和自然科学各个领域的研究者，要打破学科界限，紧密配合，协同作战。未来的系统生态学家，应是既熟悉自然科学，又接受社会科学训练的多面手。

(2) 着眼于系统组分间关系的综合，而非组分细节的分析，重在探索系统的功能与趋势，而不仅在其数量的增长。

(3) 突破传统的因果链关系和单目标决策约束，进行多目标、多属性的决策分析。

(4) 针对系统中大量存在的不确定因素，以及完备数据取得的艰巨性，需要突破决定性数学及统计数学的传统方法，采用宏观和微观相结合，确定性与模糊性结合的方法开展研究。

**5-55  元素循环指什么？**

答：元素循环是指由生物合成作用和矿化作用所引起的化学元素的循环运动过程。其中合成作用是指绿色植物吸收空气、水、土壤中的无机养分后合成自身的有机质，植物有机质被动物吸收（通过食物链又合成动物有机质）的过程。矿化作用（即分解作用）指动植物死后，其残体经微生物分解为无机物释放回到空气、水、土壤中的过程，这是元素在无机环境与生物体之间的循环过程。在元素循环迁移过程中，伴随着物质的形态、组成与性质的变化，这种循环是开放性的，并具有不可逆性。

**5-56  什么是生物多样性？**

答：生物多样性是指在一定时间和一定地区所有生物（动物、植物、微生物）物种及其遗传变异和生态系统的复杂性总称，其定义为生命有机体及其生存的生态综合体的多元化。生物多样性概念是个舶来品，是20世纪80年代末左右传入中国的。目前理解的生物多样性，一般从三个层次进行描述，即遗传多样性、物种多样性、生态系统多样性。

**5-57  生物多样性的空间分布规律有哪些？**

答：(1) 从低纬度到高纬度，物种多样性逐渐减小。

(2) 经度控制的生物多样性一般取决于离开海洋的距离。

(3) 海拔高度对生物多样性的影响。一般地，生物多样性随海拔升高而降低，但在不同水热条件下，表现出不同的垂直分布格局。随着海拔增加，物种多样性逐渐减小，因为海拔增加，可供生物生存利用的土地面积一般是减少的，而物种数和面积大小之间一般为正相关关系。能量流动和温度与海拔呈负相关，也是海拔升高引起多样性降低的原因。

**5-58 什么是生态系统多样性？**
答：生态系统多样性是指生态系统中生境类型、生物群落和生态过程的丰富程度。包括海洋生态系统、陆地生态系统等在内的主要生态系统类型，都是组成生态系统多样性的重要基础。从生态系统多样性角度来看，中国是地球上生态系统多样性最丰富的国家，包括十大陆地生态系统类型和主要的海洋生态系统。

**5-59 什么是物种多样性？**
答：物种多样性是指多种多样的生物种类。物种多样性代表着生物进化空间范围和对特定环境的生态适应性，是进化机制的最主要产物。物种多样性包括两个方面：一方面是指一定区域内的丰富程度，可称为区域物种多样性；另一方面是指生态学方面的物种分布的均匀程度，可称为生态多样性和群落多样性。物种多样性是衡量一个地区生物资源丰富程度的一个客观指标，是生物多样性的核心内涵。

**5-60 什么是遗传多样性？**
答：广义的遗传多样性，是指地球上所有生物所携带的遗传信息的总和。但一般所说的遗传多样性，是指种内遗传多样性，即种内所有生物个体所包含的各种遗传物质和遗传信息，既包括了同物种不同种群的基因变异，也包括了同种种群内的基因差异。复杂的生存环境和多种生物起源，是造成遗传多样性的主要原因。丰富的遗传多样性对生物物种维持和繁衍，适应多变的环境、抵抗环境胁迫与灾害都是十分必要的。

**5-61 复合生态系统三个衡量指标是什么？**
答：(1) 自然系统：是否合理看其是否合乎于自然界物质循环不已、相互补偿的规律，能否达到自然资源供给永续不断，以及人类生活与工作环境是否适应与稳定。

(2) 经济系统：是否有利看是消耗抑或发展，是亏损抑或盈利，是平衡发展抑或失调，是否达到预定的效益。

(3) 社会系统：是否考虑各种社会职能机构的社会效益，看其是否行之有效，并有利于全社会的繁荣昌盛。

**5-62 千年生态系统评估的方法和步骤有哪些？**
答：(1) 确定评价地区的地理范围。
(2) 与用户一起确定信息和能力需求。
(3) 确定分析单元（即整个范围内的亚地理单元、景观要素、农业生态带等）。
(4) 对地区特征及生态系统随时间变化的特征进行表述。
(5) 对人类生态系统提供的产品和服务情况进行表述。
(6) 刻画生态系统状态及其随时间变化趋势。
(7) 对影响生态系统的驱动力进行预测。人口动态、经济福利、生活方式，对能源、原材料、食物和水的需求等，都构成影响生态系统演变的驱动力，要对其进行科学预测。
(8) 评价各种预测结果对生态系统提供的产品和服务的影响。
(9) 制定政策，寻求适宜技术手段来减少生态系统变化的负面影响，增加生态系统总服务能力。
(10) 确定进行监测与研究的各种需求，确定参与机构和人员的各种需要，以便能更好地进行生态系统状态评估，提高评估能力。

**5-63 千年生态系统评估的核心任务是什么？**
答：千年生态系统评估的核心任务是：①生态系统现状评估，重点是对生态系统过程、生态系统所提供的产品和服务进行评估；②预测生态系统的未来变化，由于人口增加、经济增长、技术进步以及气候变化等驱动力的作用，生态系统必然会发生变化，对这种变化预测也是千年生态系统评估的一个核心任务；③提出对策，要提高生态系统为人类提供各种产品和服务的能力，应采取什么样的对策；④在一些典型地区，启动若干个区域性生态系统评估计划。

**5-64 什么是红树林生态系统？**
答：红树林生态系统一般包括红树林、滩涂和基围鱼塘三部分。一般由藻类、红树植物和半红树植物、伴生植物、动物、微生物等生物及阳光、水分、土壤等非生物因子所构成。分解者种类和数量均较少，且以厌氧微生物为主，有机体残体分解不完全。消费者主要是鸟类，尤其是水鸟和鱼类，底栖无脊椎动物、昆虫、两栖动物、爬行动物亦较常见，哺乳动物种类和数量较少。

## 5-65 什么是海水运动？

答：海水运动有风浪、海啸、潮汐、洋流等形式。大洋环流和水团结构是海洋的一个重要特性，是决定某海域状况的主要因素，由此形成各海域的温度分布带——热带、亚热带、温带、近极区（亚极区）和极区等海域。暖流和寒流海域，水团的混合程度，水团的垂直分布和移动，上升流海域等，都对海洋生物的组成、分布和数量形成重要影响。

## 5-66 一个营养级的生物所同化的能量可用在几个方面？

答：一是自身的呼吸消耗；二是用于生长、发育和繁殖，其能量贮存在构成有机体的有机物中；三是流入下一个营养级的生物体内，以及未被利用的部分。四是供分解者使用，有机物中能量有一部分是死亡的遗体、残落物、排泄物等被分解者分解掉；在生态系统内，能量流动与碳循环是紧密联系在一起的。

## 5-67 生态系统中的组分结构指什么？

答：生态系统中的组分结构是指，生态系统中由不同生物类型以及它们之间不同的数量组合关系所构成的系统结构。

## 5-68 生态系统中的时空结构指什么？

答：时空结构也称形态结构，是指各种生物成分或群落，在空间上和时间上的不同配置和形态变化特征，包括水平结构、垂直结构和时空分布格局。

## 5-69 生态系统中的营养结构指什么？

答：营养结构是指生态系统内生物与生物之间，以食物营养为纽带所形成的食物链和食物网，它是构成物质循环和能量转化的主要途径，生态系统内各要素之间最本质的联系是通过营养来实现的。

## 5-70 自然生态系统主要有哪几种类型的食物链？

答：自然生态系统主要包括捕食性、腐食和寄生等类型的食物链。其中，捕食性食物链（牧食食物链）是以活的绿色植物为基础，从食草动物开始的食物链；腐食食物链（分解链）是以死的动植物残体为基础，从真菌、细菌和某些土壤动物开始的食物链；寄生食物链是以活的动植物有机体为基础，从某些专门营寄生生活的动植物开始的食物链。

## 5-71 一个完整生态系统的要素是什么？

答：①由生物和非生物成分组成；②各要素间有机地组织在一起，具有能量流动、物质循环、信息传递等功能；③生态系统是客观存在的实体，有时间、空间概念的功能单位；④生态系统是人类生存和发展的基础。

**5-72 海洋沉积物由哪几方面组成？**
答：海洋沉积物：一是大陆边缘沉积（陆源沉积）经河流、风、冰川等作用从大陆或邻近岛屿携带入海的陆源碎屑；二是远洋沉积（深海沉积）。海洋沉积物一般有红黏土、钙质软泥和硅质软泥。红黏土是从大陆带来的红色黏土矿物以及部分火山物质在海底风化而成，此外，还包括一些自然矿物（如锰结核）和一些生物成分（如放射虫软泥）。

**5-73 大洋生态系统指什么？**
答：大洋生态系统是指从沿岸带至开阔大洋的海洋生态系统。大洋生态系统面积很大，但水环境相当一致，唯有水温有变化，主要受暖流与寒流影响。其生产者主要为浮游植物和从浅海带漂来的生物碎屑，消费者则种类繁多，且具有分层现象。

**5-74 什么是海洋藻类生态系统？**
答：海洋藻类生态系统是指由海洋藻类等生物为主与海洋环境构成的海洋生产力最大海洋生态系统类型。生态类型根据生活方式可以分成5种藻类生态类型：浮游藻类，如单细胞和多细胞的甲藻、黄藻、金藻、硅藻等门的多数藻类；漂浮藻类，藻体全无固着器，营断枝繁殖，在大西洋上形成大型的漂流藻区，如漂浮马尾藻等；底栖藻类，如石莼、海带、紫菜，体基部有固着器，营定生生活，主要生长在潮间带和潮下带；寄生藻类，如菜花藻寄生于别的藻体上；共生藻类，如红藻门的角网藻是红藻与海绵动物的共生体；一些蓝藻、绿藻和子囊菌类或担子菌类共生，成为复合的有机体——地衣。

**5-75 永冻层指什么？**
答：永冻层是指土壤下面永久处于冻结状态的岩土层，深度从几十米到几百米不等，甚至达1000米。它的存在阻碍了地表水的渗透，易引起土壤沼泽化。冻土层上部是冬冻夏融的活动层，其厚度在0.7~16米。活动层对生物的活动和土壤的形成具有重要意义：植物根系得到伸展，吸取营养物质；动物在此挖掘洞穴；有机物得到积累和分解，供给分解者营养。

**5-76 如何按自然资源资产存在的位置特性划分自然资产？**
答：可分为原位性自然资源资产和开采性或非原位性自然资源资产。前者位置不可移动，如土地；后者位置可以移动，如矿产资源。在评价一个地区的自然资源资产时，应把重点放在原位性资源资产上，非原位性资源资产可通过贸易、合作等方式来获得。

**5-77　怎样看待人在社会—经济—自然复合系统的作用？**

答：在此类复合系统中，最活跃的积极因素是人，最强烈的破坏因素也是人。因而它是一类特殊的人工生态系统，兼有复杂的社会属性两方面的内容。一方面，人是社会经济活动的主人，以其特有的文明和智慧驱使大自然为自己服务，使其物质文化生活水平以正反馈为特征持续上升；另一方面，人毕竟是大自然的一员，一切宏观性质的活动，都不能违背自然生态系统的规律，都要受到自然条件的约束和调节。这两种力量间的平衡与冲突，正是复合生态系统的一个最基本特征。

**5-78　自然子系统内涵有哪些？**

答：人的生存环境，可以用水、土、气、生、矿及其间的相互关系来描述，是人类赖以生存、繁衍的自然子系统。自然子系统中第一是水，水资源、水环境、水生境、水景观和水安全，水有利有弊，既能成灾，也能造福；第二是土，人类依靠土壤、土地、地形、地景、区位等提供食物、纤维，支持社会经济活动，土是人类生存之本；第三是气和能，人类活动需要利用太阳能以及太阳能转化成的化石能，能的驱动导致了一系列空气流动和气候变化，提供了生命生存的气候条件，也造成了各种气象灾害、环境灾害；第四是生物，即植物、动物、微生物，特别是人类赖以生存的农作物，还有灾害性生物，比如病虫害甚至流行病毒，与人类生产和生活都休戚相关；第五是矿，即生物地球化学循环，人类活动从地下、深山、海洋开采大量的建材、冶金、化工原料以及对生命活动至关重要的各种微量元素。

**5-79　经济子系统的内涵有哪些？**

答：经济子系统即以人类的物质能量代谢活动为主体的经济生态系统。人类能主动地为自身生存和发展组织有目的的生产、流通、消费、还原和调控活动。人们将自然界的物质和能量变成人类所需要的产品，满足眼前和长远发展的需要，就形成了生产系统。生产规模大了，就会出现交换和流通，包括金融流通、商贸物质流通以及信息和人员流通，形成流通系统。接下来是消费系统，包括物质的消费，精神的享受，以及固定资产的耗费等。再后是还原系统，城市和人类社会的物质总是不断地从有用的东西变成"没用"的东西，再还原到自然生态系统中进入生态循环，包括我们生命的循环。最后是调控系统，调控有几种途径，包括政府的行政调控、市场的经济调控、自然调节以及人的行为调控。

**5-80 社会子系统的内涵指什么？**
答：社会的核心是人。人的观念、体制和文化构成复合生态系统的第三个子系统即社会子系统。第一是人的认知系统，包括哲学、科学、技术等；第二是体制，是由社会组织、法规、政策等形成的；第三是文化，是人在长期进化过程中形成的观念、伦理、信仰和文脉等。三足鼎立，构成社会生态子系统中的核心控制系统。

**5-81 如何按自然资源资产的所有权分割特性划分自然资源？**
答：可分为专有资源资产和共享资源资产。前者边界清楚、可以分割、可以排他；后者可能边界不清，或不可分割，或不可排他，或没有法律硬性规定。公共资源资产，要交由政府进行公开配置或代为管理，专有资源资产，主要交由市场配置，并接受政府监管。

**5-82 农业生态系统质量存在哪些严重问题？**
答：农业与城市生态系统与人类活动密切相关。近一个世纪以来，农业生态系统由于大量采用工业化办法，出现了严重的耕地质量下降；农业生物多样性下降或消失，突出表现在天敌和授粉昆虫减少；人类培育了上万年的作物或动物优良遗传基因丧失；大量农药、化肥、地膜使用造成耕地污染，直接导致人类食物链污染。当今中国经济社会和谐发展，必须充分考虑到农业生态系统质量。针对我国农田生态系统退化问题，中央指示要严格保护耕地，扩大轮作休耕试点，健全耕地草原森林河流湖泊休养生息制度。采取生态农业办法修复退化的农田生态系统，维持较高的生产力与健康安全的食物多样性，是农业生态系统质量研究的重要内容。

**5-83 什么是城市生态系统质量？**
答：城市生态系统也属于人工生态系统，是在自然生态系统或农田基础上建立的人工生态系统。如果没有人为因素，它的抵抗力稳定性和恢复力稳定性都比较脆弱。增加物种数量和营养结构的复杂程度，可提高城市生态系统抵抗力与稳定性。当前，城市生态系统质量提升的重点在于增加城市生物多样性，减少硬化空间，发展海绵城市，加大城市代谢途径研究。城市垃圾尤其可降解生活垃圾转变有机肥，可为农业生态系统提供大量的有机肥，从源头减少矿山开采压力。城市发展好了，可以提升自然生态系统恢复潜力，并促进农业生态系统质量提升。

**5-84 森林功能有哪些具体实例？**

**答**：每公顷森林每年可吸收灰尘330～900吨，这是说森林是很好的空气过滤器；有林地比无林地每公顷多蓄水20吨，即森林是"绿色水库"；每公顷防护林可保护100多公顷农田免受风灾，因此森林是农田的"呵护神"；每公顷森林放出的氧气可供900多人呼吸，因此森林是最好的天然"氧吧"；每公顷松柏林，一昼夜能分泌30公斤抗生素，杀死肺结核、白喉、伤寒、痢疾等细菌，所以森林还是我们的"保健医生"；噪声通过40米林带可减噪10～15分贝，即森林还可以让人安静下来；林地只要有1厘米的枯枝落叶层覆盖，就可以使泥沙流失量减少94%，水土保持效果比裸地提高44倍。还有，森林冬暖夏凉，夏季日平均气温低2℃左右，冬季日平均气温高2℃左右。

# 第六章

## 生态文明经济体系知识问答

**6-1 生态文明经济体系发展必须遵循什么规律?**
答:必须遵循地球生态母系统的运行规律。

**6-2 生态文明经济体系的内涵是什么?**
答:生态文明经济是绿色低碳循环发展的经济系统,是经济发展理念、机制、技术、管理和市场相配套的综合创新。其内涵是指:在经济发展过程,能够实现生态效应、经济效应和社会效应相统一和最优化,从内生力量解决资源能源、生态环境和人类健康等危机,推动自然—人—社会复合生态系统持续、协调、全面发展的新兴经济系统。发展生态文明经济是优化经济结构、实现产业升级、转变发展方式的主要途径和有效载体。

**6-3 生态文明经济体系有哪些经济形态?**
答:有创新经济、体验经济、生态经济、绿色经济、低碳经济、循环经济、生态文明消费型经济、传统经济的改造提升。

**6-4 各种经济形态在生态文明经济体系中的作用如何?**
答:生态文明各种经济形态既有它们的共性也有它们的特性,既有密切联系又有重要区别。

创新经济有两种涵义:其一为创新的经济活动,是指一种新颖且具有价值的经济行为。其二为经济活动的创新,是指对现有经济活动进行新营运模式变革(新元素的加入等),促其产生附加价值(称为经济创新)。创新经济是生态文明经济的核心,贯穿生态文明经济发展的始终。

体验经济是未来经济发展的必然趋势,是生态文明的重要的经济形态。

生态经济主要是从宏观上解决生态与经济协调发展的问题，是宏观的生态文明经济形态。

绿色经济是指可改善人类福祉和社会公平，同时显著降低环境风险和生态稀缺的经济。

循环经济是生态文明方法论经济，它贯穿在生态经济、绿色经济、低碳经济、体验经济和生态文明消费型经济之中，也是改造和提升传统经济的重要方法。

低碳经济的本质是新能源经济，是解决能源安全和应对气候变化的重要经济形态。

生态文明消费型经济主要是确立生态文明的消费观，是一种安全、健康、幸福和全面发展的消费观。

传统经济的改造与提升主要是不断发展其水平维与力量维，把传统经济发展中对自然—人—社会复合生态系统出现的负效益负价值转变提升为正效益正价值，把传统经济中的低端产品低端产业转变为高端产品高端产业。

## 6-5　如何正确认识低碳经济？

**答：** 低碳经济是新能源（可再生能源和清洁能源）经济。目前存在一些认识上的误区需要避免。一是对低碳经济的内涵界定的太广泛，几乎涵盖了生态经济、绿色经济和循环经济的全部内容和体验经济的许多内容，似乎要以低碳经济取代生态经济、绿色经济、循环经济和体验经济；二是只讲"低碳"不讲"经济"，成了"低碳"不"经济"，这会给低碳经济的发展造成路障。低碳经济应当是"低碳"且"经济"的，其中要特别注重发展与其相关的技术、设备和战略性新兴产业集群，提高核心竞争力，增加国内外市场的份额。但低碳经济也不是万能的，许多生态安全、资源节约、环境友好、可持续发展、公众健康、幸福指数和全面发展等问题，还应当由创新经济、生态经济、绿色经济、循环经济、体验经济和低碳经济的协同发展来解决。

## 6-6　什么是转变发展方式？

**答：** 转变发展方式主要是从工业文明经济向生态文明经济的转变。如从高投入—低产出—高排放—低效益向低投入—高产出—低排放—高效益转变；从劳动力密集型产业向知识密集型产业转变；从工业化技术与工艺体系向生态化技术与工艺体系转变；从低端产业链（产品链）向高端产业链（产品链）的转变；消费上从基本单一的物质需求向物质、精神、生态丰富多样需求的转变。

**6-7 生态文明经济各种发展形态有哪些不同？**

答：生态文明经济各种发展形态的主要存在如下表所示差异。

| 生态文明经济的发展形态 | 主要侧重点 | 在生态文明经济中的作用 |
|---|---|---|
| 创新经济 | 知识成为经济发展的主要资源，创新是经济发展的引擎，主要体现在发展理念、技术、管理、市场和发展机制五个经济要素的协同创新 | 核心形态 |
| 循环经济 | 经济发展要遵循自然—人—社会复合生态系统的循环方法、生产系统的循环方法、消费系统的循环方法，遵循"减量化""再利用"和"资源化"的原则实现企业层面的"小循环"、企业间或产业间的"中循环"、区域、全国乃至全球复合生态系统的"大循环" | 方法论形态 |
| 体验经济 | 企业以服务为舞台，以商品为道具，以消费者为中心，创造能够使消费者参与、值得消费者回忆的经济活动，是物质、精神文化、生态三者有机融合、协调作用的经济形态，能给人予认知、审美、愉悦、健康、幸福等体验 | 高级形态 |
| 生态经济 | 研究重点是经济与生态的整体协调，侧重生态环境承载力对经济发展的制约，集中在比较宏观的方面，较少关注社会因素，主张经济的零增长 | 基本形态 |
| 绿色经济 | 有宏观与微观之分。宏观上是指立足于自然—人—社会复合生态系统的持续、协调发展，以人类健康和自然健康为目标，实现生态效益、经济效益和社会效益相统一与最优化的经济发展形态；微观上是指各类产品在生产、加工、营销和消费等各个环节中，无污染的、不损害人类生命安全和身体健康的、符合资源节约、环境友好的生产和消费范式；关注人类福祉和社会公平 | 基本形态 |
| 低碳经济 | 实质是提高能源利用效率、优化能源结构、开发可再生新能源，核心是低碳技术创新、制度创新以及消费形态的根本性转变，目标是实现能源安全战略、应对气候变化、促进人类的可持续性发展 | 基本形态 |
| 生态文明消费型经济 | 是在生态文明观指导下，通过倡导生态文明消费观，实施生态文明消费模式所产生的一系列经济活动。主要包括"以人为本"的消费观和全面发展的消费模式、资源节约环境友好的消费观和绿色低碳消费模式、和谐消费观与公平消费模式、建立绿色诚信市场；侧重消费的绿色化 | 基本形态 |
| 传统经济的改造提升 | 在生态文明经济思想指导下继承传统经济中发达的水平维和强大的力量维，摈弃传统经济发展中对自然资源、生态环境、人类健康和人的全面发展产生的负效益和负价值，应用现代生态化技术体系武装改造传统产业，把传统经济的改造提升融入到生态文明经济发展当中 | 现实应用 |

**6-8 如何判断一种经济是否生态文明的经济形态？**

答：判断标准有三条：①它能否推进走资源节约型环境友好型和人类健康型的发展道路；②它是否有利于实现生态效应、经济效应和社会效应的相统一与最优化，这里的经济效应不但指经济效益，而且指经济结构优化、产业升级和经济发展方式的转变；③它能否促进人与自然、人与人、人与社会的和谐。

**6-9 生态文明经济体系基本特征是什么？**

答：生态文明经济体系的发展具有以下基本特征：①各种经济形态互相渗透，每一种经济形态中都蕴含着其他形态的经济因素；②各种经济可以相辅相成，既互相补充又互相促进，但又有其不同的功能，都不能取代其他的经济形态；

③各种经济形态作为一个整体协同发展，形成有机联系的经济链（网）体，才能获得整体功能大于部分之和（1+1>2）的系统效应。善于把生态环境优势和经济发展优势相互转化，是生态文明经济协同发展的基本要求，也是取得系统效应的前提条件。

**6-10 生态文明经济体系与工业文明经济体系在理念上有哪里不同？**
**答：**一是追求的目标不同，生态文明经济发展的目标是大生态系统的全面、协调、可持续发展。二是立场不同，生态文明经济是站在复合体的立场上，工业文明经济只站在人类的立场上。三是人类的主观能动性（这是生态文明经济发展的最重要要素）的体现也不同，工业文明经济人类的主观能动性表现出暴力性和人性恶；生态文明经济充分体现人类主观能动性的协调性和人性善。四是生态文明经济发展运作的机制和发展的模式也不同。

**6-11 生态文明经济体系发展要素的要求有哪些？**
**答：**生态文明经济发展要素的要求包括：①优质的要素；②优化的结构。

**6-12 生态文明经济体系发展的优质要素包含哪些？**
**答：**（1）优质的劳动者。劳动者具备较高的生态文明素质，具有绿色人文精神，特别是具备了较强的创新能力，善于推进人与自然、人与人、人与社会的和谐协调，共生共荣，共同发展。

（2）优质的劳动对象。人类的劳动对象不再是单纯的自然界，还有知识产品的制造、加工与消费，知识成为生产活动的重要资源。

（3）生态化科技。绿色消费者的崛起、日趋完善的绿色法规、绿色壁垒的升级、环境领域一体化趋势的日益凸显、循环经济和生态化产业的进一步发展、生态建设的进一步强化等，都需要生态化科技的支撑。生态化科技是生态文明经济发展的关键要素。

（4）优质的资源。劳动对象从不可再生资源逐步发展为可再生资源，特别是以可再生能源取代不可再生能源，在全球已经成为解除经济发展瓶颈、促进经济发展的战略举措。

（5）生态资本和生态承载力。生态环境成为生产力的重要组成，成为世界经济竞争中取胜的重要法宝。

**6-13 生态文明经济体系运行机制是怎样的？**
**答：**（1）生态文明经济的运行是遵循大生态系统的客观规律办事。使经济运行主动融入地球生态母系统中，合规律合目的地运行，所以生态文明经济的运行过程是社会经济与自然界高度和谐协调的过程，是人类同自然界相互转换物质和能量的过程。

（2）生态文明经济的运行是一个系统化生态化的过程。所谓系统化，就是把企业、产业和区域内的各生产要素和经济要素都当作一个有机整体，把创新作为生态文明经济发展的灵魂，依靠生态化科技，系统地考虑经济各要素的科学配置、优化组合和高效运行。所谓生态化，是一个过程，是在生产力的发展中，学习自然生态系统的功能结构原理，生态链（网）规律和合理的"生态工艺流程"，遵循减量化、再利用、再循环的原则，实现物质的闭合循环和梯级利用。

（3）生态文明经济的运行过程是绿色化的过程。实施绿色和谐管理，注重竞争与和谐协调的辩证统一，变工业文明经济的终端管理为生态文明经济的过程管理，变工业文明经济的人类"单赢"为生态文明经济的人与自然的"双赢"，以实现生态和谐，人态和谐和心态和谐。

（4）生态文明经济运行注重增加经济发展的知识含量。善于学习生态智慧，善于把生态优势转化为经济发展的优势，同时又把经济发展的优势转变为生态优势，实现两者的良性互动。

**6-14  创新生态文明经济体系发展模式有哪些？**
答：生态文明经济的发展模式是一种全面协调可持续发展的经济模式。生态工业园区、生态农业园区、生态旅游业、依托良好的生态环境发展高科技产业、高附加值产业、高竞争力产业、企业产业区域的循环经济、注重可再生能源的市场以及一系列的节能举措等等，都是创新生态文明经济发展模式的具体体现。

**6-15  在工业文明发达经济的基础上发展起来的生态文明经济主要指什么？**
答：在工业文明发达经济的基础上发展起来的生态文明经济，它包括现代生态化工业、生态化与工业化农业以及现代生态化的第三产业，它们遵循大生态系统运行的规律，充分发挥优质要素并对各种要素进行有机的整合，科学的配置，以形成合理的结构，使经济能够合大生态系统规律、合全面协调可持续发展目的运行。这一层次的生态文明经济是一种生态化高科技、高智能的经济，也是真正意义上的生态文明经济。

**6-16  在农业文明经济比较发达的基础上发展起来的生态文明经济主要指什么？**
答：在发展中国家的许多地区以及发达国家（地区）中的一些地方，有着比较悠久的农业文明经济的发展历史，这些地区只要遵循大生态系统运行的客观规律，善于充分把生态优势转化为经济发展的优势，其生态文明经济也能得到比较快的发展。这一层次的生态文明经济对于社会经济发展的贡献，对于复合体共生共荣、共同发展的贡献不可忽视的，具备直接从农业文明经济进入生态文明经济的基础。

**6-17 在农业文明经济比较落后的基础上发展起来的生态文明经济主要指什么？**
答：在农业文明经济比较落后的国家和地区，主要是比较落后的农村，可以在某些方面移植生态文明经济，提高农民对发展生态文明经济的认识，提供具体发展模式和运行机制的胚胎，为农村广泛发展生态文明经济打下良好的基础。

**6-18 什么是生态环境的显性优势和隐性优势？**
答：显性优势是指已经呈现出来且已被人们认识和运用的生态环境系统对于人类的生产生活等经济社会产生的优良效应。

隐性优势是指蕴涵在生态环境中尚未被人们认识的生态环境系统对于生产生活等经济社会将会产生的优良效应。

显性优势和隐性优势不是一成不变的，随着时间的推移和人类认识能力的加强，许多隐性优势将转变为显性优势，发展生态文明经济必须善于把生态环境的显性优势转变为人类及社会经济发展的优势，并把隐性优势变成显性优势，与此同时实现社会经济发展与生态环境的优势互转、良性循环，持续发展和繁荣。

**6-19 生态文明经济体系的理论基础有哪些？**
答：生态文明经济的理论基础有习近平生态文明思想、生态文明学的基础理论、生态文明观、生态文明建设的基本原理、基本规律和原则、马克思恩格斯的物质变换理论，全球经济一体化理论，可持续发展经济以及人的全面发展理论等。

**6-20 马克思恩格斯的物质变换的内涵是什么？**
答：马克思恩格斯对物质变换的理解主要分为三个方面：

（1）自然界自身的物质变换，即自然生态系统中的新陈代谢。首先是无机物或有机物（生物）自身的物质变换或新陈代谢，即自然界本身具有自然力或需要新陈代谢。其次是人的新陈代谢，即生物学意义上的人与自然界之间的物质变换。

（2）人与自然之间的物质变换，即以劳动为中介的社会与自然之间的物质变换。首先，马克思通过对劳动的一般性的分析，指出人与自然之间的物质变换对人类生存和发展的不可或缺性。其次，马克思明确指出，劳动过程并不是单向的人对自然的控制过程，而"是人以自身的活动来引起、调整和控制人和自然之间的物质变换的过程"。

（3）人与人之间的社会物质变换，即在社会经济中进行的商品交换，它揭示的是人类社会内部的产品生产、分配、交换和消费之间的关系。人与人之间的物质变换和人与自然的物质变换是相互依存、相互联系的。

**6-21　什么是物质变换断裂的思想？**

答：马克思认为资本主义的生产方式和大土地私有制是造成人与自然物质变换断裂的根本原因，导致了社会与自然物质变换和社会的物质变换两个层面的断裂。

（1）社会与自然物质变换的断裂。资本主义生产追求利润最大化，造成社会与自然物质变换的断裂，主要表现在城乡分割和工农业生产破坏生态环境。

（2）社会物质变换的断裂。由于资本主义社会不公，一方是资本主义生产无限扩大，资产阶级拥有大部分社会财富；另一方是工人阶级购买力不断下降，导致生产相对过剩，经济危机爆发，造成社会物质变换的断裂，破坏了生态、经济、社会的可持续发展。

**6-22　马克思恩格斯对物质变换顺利进行提出了哪些措施？**

答：为避免社会物质变换断裂，实现生态、经济、社会的可持续发展，马克思恩格斯对物质变换顺利进行提出了开创性的见解。

（1）对制度进行合理变革。首先，必须变革私有制；其次，工人们要获得公平待遇就必须变革现存不合理的制度。

（2）对人口进行适时调控。只有人口的生产与再生产跟物质资料的生产与再生产保持比较合理的比例，才有利于物质变换的顺利进行，因此马克思恩格斯认为有必要对人口进行适时调控。

（3）促进社会经济循环。首先，生产排泄物和消费排泄物的再利用与再循环是大规模社会劳动的结果；其次，区分生产排泄物的再利用而造成的节约和由于废料的减少而造成的节约，依靠科学技术进步实现废弃物的减量化与再利用。

**6-23　什么是全球经济一体化？它包含哪些层次？**

答：全球经济一体化是指世界各国各地区经济相互依存、相互融合，逐步形成有机整体的过程和趋势，也称为世界经济一体化。

当前全球经济一体化主要表现在两个层次上：一是世界范围内绝大多数国家和地区相互之间的经济联合和融合，即经济全球化；二是同一区域内不同国家和地区相互之间的经济联合或融合，即区域经济一体化或称为区域经济集团。

区域经济一体化是经济全球化的过渡阶段和必要步骤，而经济全球化则是世界经济一体化的基础和必要条件，没有经济全球化就没有世界经济一体化。区域经济一体化是经济全球化过程最终达到全球经济一体化的必经阶段。

**6-24 什么是区域经济一体化？**

答：区域经济一体化是指：在区域上相邻或相近的若干个国家，具有相似的社会经济制度、相近的生产力和经济发展水平，以一定的共同利益和互补的经济条件为基础，通过签订共同的协定或条约组建起来的区域内跨国经济联合组织。在当代世界经济中，因区域经济一体化目标和成熟程度的区别，按照由低级到高级的类型或层级顺序，存在以下几种区域经济一体化的组织形式：自由贸易区、关税同盟、共同市场、经济联盟、完全的经济联盟。

**6-25 当前区域经济一体化有哪些新趋势和新特点？**

答：新趋势和新特点表现在：①以自由贸易区为目标的区域经济一体化协议已遍及全球，形成名副其实的全球化规模；②区域经济一体化组织成员的同质性减弱、异质性或混合型趋势愈益明显；③区域经济一体化组织突破了单一契约型，出现了平等协商型；④区域经济一体化组织的地理空间迅速扩展，出现泛洲性或跨洲性规模的发展趋势；⑤区域经济一体化组织的开放性趋势日益加强；⑥区域经济一体化组织之间开展对话和加强联合的趋势愈益发展；⑦区域经济一体化组织出现多层次性，成员交叉重叠；⑧发展中国家在区域经济一体化发展进程中的作用逐渐突出。

**6-26 经济全球化与世界经济一体化的区别是什么？**

答：经济全球化表述的是世界各国经济互相联系和相互依赖的加深，从而使经济活动范围不断扩大，多属于各国市场经济内在的要求，是经济层面上的问题。而世界经济一体化则是表述世界通过建立具有法律约束力和统一制度为基础的国际权威性机构来统筹世界经济，它更多属于法律和制度层面上的问题。

经济全球化是世界经济一体化的外在形式，世界经济一体化是经济全球化的内在机制，经济全球化是世界经济一体化的前提条件，经济全球化的深化将推动世界经济一体化，世界经济一体化是经济全球化发展的方向和最终结果，是经济全球化的最高阶段。经济全球化的发展，势必推动世界经济一体化的进程，而世界经济一体化的发展也将把经济全球化推向更高阶段。两者有着密切联系和互动关系，但两者却是不同的概念，不是世界经济一体化导致经济全球化，而是经济全球化的深化将推动世界经济一体化。

**6-27　外部性系统分为哪几类？**
答：外部性可以分为三类：第一类外部性（科斯外部性）、第二类外部性（马歇尔外部性）和第三类外部性（庇古外部性）。

**6-28　外部性的三类系统分别有什么不同？**
答：在第一类外部性中，行为方对直接参与者产生影响，这里的外部就是经济活动的另一方直接参与者，这类外部性的影响是直接的，受影响方对行为方的反馈也是直接的。这类外部性正是科斯所谈到的外部性。如果把系统扩展到经济活动的直接参与者，那么，直接参与者就都成了"内部"，而与特定经济活动紧密联系的相关产业以及其他经济体等间接参与者就成为了外部，把特定经济活动（内部）对这部分（外部）的影响称为第二类外部性。

在第二类外部性中，受影响方没有直接参与特定的经济活动，但却间接受到了行为方的影响。对于这种间接影响，有些可以通过价格机制反馈，如马歇尔所指的外部经济，就是行业的规模效应的影响，可以通过市场机制反馈到行为方本身（这种可以通过市场机制反馈的，就是瓦伊那所说的货币外部性）。

第三类系统的外部，即社会和自然环境，把行为方对这类外部的影响称为"第三类外部性"。由于第三类系统的外部跟特定经济活动联系不是那么紧密，其影响也是间接的，并且这种影响无法通过市场反馈（即使反馈机制存在，但由于滞后性也无法对特定活动产生影响），使得这类外部性成为了最为典型，也是关注程度最为广泛的外部性。

**6-29　三类外部性分别有哪些特征？**
答：第一类外部性的特征是直接性和简单性；第二类外部性的特征是间接性、紧密性和规模性；第三类外部性的特征是间接性、广泛性和松散性。

**6-30　人的全面发展和生态文明经济是什么关系？**
答：人的全面发展过程与发展生态文明经济是相辅相成、相互促进的。生态文明经济的发展促进人的全面发展。生态文明经济的高度发展是人的全面发展的重要标志，也是人的全面发展的重要条件，人的全面发展则是发展生态文明经济的重要保证。

**6-31　马克思关于"人的全面发展"有哪些涵义及具体内容？**
答：首先，"人的全面发展"是个人的"类特性"在个人那里的全面发展。包括以下内容：一是就活动的内容和性质而言，指活动的独立自主性、自由自觉性和能动创造性等各种能力。二是就活动的形式而言，指从事的是何种活动，个人活动充分达到丰富性、完整性和可变动性。

其次，"人的全面发展"是个人的"社会特性"在个人那里的充分发展。包括以下内容：①个人与他人不仅与社会群体中的某一成员的身份发生相互关系，而且还作为个人发生相互关系；②在我和别人的交往中，我把别人当作发展自己力量所需要的对象；③个人的主要社会关系的和谐发展；④个人积极参加社会生活的多种领域和世界的交往，并发生全面而丰富的联系，尽可能利用全社会和世界的全面生产和关系的成果，来为自己的发展服务，以摆脱个人的个体局限、职业局限、地域局限和民族局限；⑤在丰富全面的社会关系中，个人之间的关系成为他们自己的共同关系并服从他们的共同控制，从而使他们获得现实关系和观念关系的全面性。

最后，"人的全面发展"是个人的"个性"在个人那里的充分发展。包括如下具体内容：①个人自身中的自然潜力的充分发挥；②在社会意义上，个人的肉体和心理的完善；③个人需要的相对全面和丰富；④相对丰富全面而又深刻的感觉；⑤精神道德观念和自我意识的全面性；⑥个性的自由发挥。

## 6-32　生态文明经济结构有什么要求？

答：首先，在内需与外需的结构方面，应该立足国内扩大内需，处理好扩大内需与稳定外需关系，力求内需与外需的平衡发展。

其次，在国内各地方政府招商引资方面，应制定相关政策作良性引导，力求在吸引外资发展地方经济、拉动当地相关产业发展时，应当充分评估外资项目对生态环境的影响，以及引用外资后续的实际利用质量与效果。

## 6-33　如何建立生态文明经济的产业结构？

答：首先，在工业特别是重工业的发展方面，要努力提高资源的使用效率，设立严格的市场准入制度，限制高能耗、高污染排放的落后产业，引导工业实现可持续发展，努力实现我国由制造业大国向制造业强国转变。

其次，采取积极的激励政策，鼓励创新，加强产业科技队伍建设，结合技术引进与技术改造以及自主研发，实现技术创新升级，增强产业的创新能力。

再次，针对部分行业尤其是一些高耗能、高排放行业产能过剩的情况，需要及时淘汰落后产能，防止重复建设，对产业的发展要以市场调节为主，宏观调控为辅，实现优势产业互补，结构优化。

最后，大力发展现代服务业，特别是加快生产性服务业和代表未来发展趋势的体验经济的发展，达到既可以扩大就业，改善供给，同时又可以加快产业结构优化升级的目的，更重要的是可以大大减轻资源环境压力，有利于资源节约、环境友好、公众健康的社会经济构建。

**6-34 生态文明经济的基本功能有哪些？**
答：（1）有利于转变经济发展方式，增强经济的整体质量、经济效益和核心竞争力。

（2）有利于取得生态效应、经济效应和社会效应的相统一和最优化，促进自然—人—社会复合生态系统的持续全面协调发展。

（3）有利于促进区域、城乡协同发展，为实现生态和谐、人态和谐与社会和谐打下良好基础。

**6-35 生态文明经济的具体功能有哪些？**
答：生态文明经济的具体功能包括：①促进全面发展；②优化经济结构；③开发新资源能源；④保护生态环境；⑤实现社会和谐。

**6-36 生态文明经济发展的差异性表现在哪里？**
答：（1）阶段性差异。生态文明经济需要经历萌芽→初步发展→取得积极的发展成果→深入发展→趋向成熟的阶段。

（2）空间差异。在区域范围，即使在同一个国家，特别是区域差异较大的国家，其内部也存在生态文明经济的发展差异。

**6-37 影响生态文明经济非均衡发展的因素有哪些？**
答：生态文明经济是促进自然—人—社会复合生态系统和谐协调、全面发展的经济系统，影响其非均衡发展的要素包括自然的要素、人的要素、社会的要素以及它们之间的和谐协调。

**6-38 什么是后发优势？**
答：后发优势是美国经济史学家格申克龙在总结德国、意大利等国经济追赶成功经验的基础上，于1962年提出的。所谓后发优势，是指在先进国家或地区（先发者）与后进国家或地区（后发者）并存的情况下，后发者所具有的内在的、客观的有利条件。

**6-39 我国发展生态文明经济的后发优势表现在哪里？**
答：（1）在发展理念方面，我国不能走先污染后治理的老路，要摆脱经济增长必然以牺牲生态环境和健康安全为代价的错误观念。

(2) 在体制机制方面，我国要进行社会主义市场经济体制改革，充分发挥市场机制和政府宏观调控机制对发展经济的作用。

(3) 在技术方面，我国的技术基础、技术创新能力和技术创新体系跟发达国家相比都有不小差距，在新产品、新工艺开发和资源能源利用等方面都有可供模仿与再创新的地方。

(4) 在管理方面，企业管理规范化、信息化、人力资源管理、战略管理与决策管理等方面，发达国家都取得较好成效。

(5) 在市场方面，发达国家比较好地建立了诚信市场，生态文明型消费市场正在快速发展，但我国的情况就相去甚远。

总之，在市场、管理、技术、机制、观念等方面，我国跟发达国家相比都存在不少差距，可以通过学习与借鉴成为我国在发展生态文明经济的后发优势。

## 6-40　什么是先发优势？

答：先发优势也称为"首动者优势"，主要是指在博弈中第一个采取行动的局中人所拥有的优势。这种优势的获得是因为有关国家或利益集团在参与竞争中有意识地最先出击、行动，争取话语权，在参与经济全球化或区域经济一体化进程谈判过程中可以利用业已形成的相应条款在制定惯例、规章、制度时为本国或本地区赢取更多相关利益。

## 6-41　先发优势包含哪几个方面？

答：主要包括要素性先发优势、技术性先发优势和制度性先发优势。其中，要素性先发优势是指自然资源和人力资源先开发而形成的优势，而不是一般的资源蕴藏量，或要素禀赋优势；技术性先发优势是指先发者技术创新所形成的竞争优势及带来的超额收益；制度性先发优势是指先发者拥有效率更高、更能充分发挥制度功能的制度，降低生态经济社会的发展成本。

## 6-42　先发优势的表现形式有哪些？

答：先发优势主要有以下四个方面表现：

(1) 市场竞争优势。产品更具有竞争力，能谋取更多有利的经济规则。

(2) 技术优势及其产业转移优势。技术优势主要体现在科技投入、科技产出和科技对社会经济的影响三个方面。科技优势给发达国家的产业升级带来好处，其较落后的产业相对发展中国家来说也存在优势，为其转移带来便利。

(3) 人力资本优势。人力资本是通过教育、培训、保健、劳动力迁移、就业信息等获得的凝结在劳动者身上的技能、学识、健康状况和水平的总和。

(4) 可以发挥资本的"滚雪球效应"。先发者可以在全球范围寻找投资回报率最高的地方，享受先发优势带来的好处，发挥资本的"滚雪球效应"。

### 6-43 生态文明经济的先发优势是什么？

答：生态文明经济的先发优势实质是通过以生态文明观为指导的创新获得生态化科技体系和高端产品、产业优势，结合绿色标准在生态文明型消费市场中竞争取胜，获得生态文明经济发展优势，从而能够更多地进行具有生态文明素质的人力资本培育，进而加大基础研究与生态文明型创新研究，进一步产生生态化科技体系与生态经济社会发展优势，以此良性循环。

### 6-44 什么是经济社会优势发展转化为生态环境优势？

答：经济社会发展优势转化为生态环境优势是一个过程，其实质就是经济生态化的过程，即在发展经济、促进社会公平、提高生活水平的同时改善区域生态环境，实现三重转变：从追求 GDP 最大化转变到经济、社会、生态三大效益的相统一与最优化；从外部治理资源浪费和环境污染转变到生产内部对资源的最充分利用且不产生污染；从主要追求物质生产转变为物质生产、精神生产和生态环境建设同时进行。

### 6-45 经济社会发展优势转化为生态环境优势有哪些策略？

答：经济社会发展优势转化为生态环境优势的策略包括：区域经济社会和生态环境配置和谐化；从生产到消费的全过程生态化；生态资产再造与功能激活。

### 6-46 什么是生态文明观下的生态环境优势转化为经济社会发展优势？

答：生态环境优势转化为经济社会发展优势即实现生态环境经济化，要求合理保留、利用、开发、保护生态资源，维护生态服务功能，通过生态资源资产化、生态资产价值化与资本化、生态服务提供有偿化和生态补偿来实现区域经济发展、社会福利提高、生态环境良好。

### 6-47 为什么区域间协同发展生态文明经济是必要的？

答：(1) 区域间协同发展生态文明经济是由实现生态文明经济发展目标决定的。生态文明经济作为一个系统，为实现系统整体效益最优，各区域在发展生态文明经济时必须协同运行。

(2) 区域间协同发展生态文明经济是应对经济全球化发展的竞争需要。面对生态文明经济发展比我们有优势的国外市场以及较高的绿色壁垒，我们必须协同发展区域生态文明经济，通过区域合作，形成新的更具竞争力的整合力量参与全球竞争。

**6-48　区域间协同发展生态文明经济的可能性有哪些？**
答：首先是各区域存在共同利益。一方面，只有协同发展生态文明经济才能解决具有跨区域特征的资源能源、生态环境和健康安全等问题。另一方面是应对全球竞争的有效手段。

其次是各区域存在比较优势与互补性。不管是各区域的相对比较优势、绝对比较优势还是互补性，只有通过区际分工与合作、"强强"联合共生或"强弱"互补才能获得整体大于部分之和的"协同效益"。

**6-49　区域间协同发展生态文明经济的困难性有哪些？**
答：（1）共同利益的公平分配与良性实现存在困难。
（2）地方保护主义的存在增加了协同发展生态文明经济的难度。
（3）体制与制度存在的不利因素。
（4）文化与思想观念存在的障碍。

**6-50　区域生态文明经济发展需要经历哪些过程？**
答：区域生态文明经济发展需要经历以下三个过程：
（1）创造区域生态文明经济发展的时机与条件，并注重对区域生态文明经济发展战略实施进程的调控，根据运行的实际情况进行调节与完善，以便生态文明经济发展战略按照既定的目标顺利实施。
（2）捕捉能够推进区域生态文明经济合作的契机，采取措施推进区域生态文明经济系统开放，同时加强生态文明经济各子系统的深层次联系与调节，进而形成一种互相促进、互相竞争、互相制约、彼此协调以及充满生机与活力的局面。
（3）对区域间的生态文明经济发展战略进行统筹规划、合理运用与科学决策，推进更大区域的生态文明经济系统优化与升级。

**6-51　阻碍生态文明经济协同发展的因素有哪些？**
答：首先，发达国家凭借先发优势进行生态殖民主义。生态殖民主义是指当代发达资本主义国家将生态危机转嫁给第三世界发展中国家，对这些国家进行生态掠夺。

其次是异化消费带来的负面影响。所谓"异化消费"，就是当代资本主义社会为了延缓经济危机而力图歪曲满足需要的本质，诱使人们在市场机制下把追求消费作为真正的满足，从而导致过度的消费。

最后是发展不平衡所引发的困难。由于发展的不平衡，在促进生态文明经济发展的规制和条约的起草与实施中，西方发达国家凭借自身强大的实力，不可避免地占据主导权、控制权与优先权，缺乏对发展中国家利益的关切和保护。

**6-52　国家间进行协同发展生态文明经济的客观基础有哪些？**
答：首先是地球生态系统的整体性；其次是全球化深入发展；再次是全球可持续发展战略的持续推进；最后是科学技术的进步。

**6-53　如何实现国家间协同发展生态文明经济？**
答：首先，需要建立一个强有力的能够统一立法、执法与监督的机构，通过拥有主权的独立国家彼此达成自愿性质的协议形成国际法律制度之下的社会秩序。

其次，要形成国际间协同发展生态文明经济的路径，在国际法律秩序下要求对国际收益与成本作一个较为公平的分配。

**6-54　协同发展生态文明经济，促成国际良性合作，有哪些具体措施？**
答：首先，树立全球伦理观。全球伦理以全人类的共同利益作为价值取向，处理和协调人与自然、人与人、人与社会之间的关系，使人类社会得以健康、和谐、持续的发展。

其次，增强生态文明的主体性。在一种新的国家主权观指导下协调主权国家与国际乃至全球公共问题预防与治理之间的关系。

最后，促进国际合作的制度化，建立新的全球伙伴关系。必须在理性合宜目标的指引下通过制度建设实现正义，促使国际合作走向制度化。通过体制的设计和创新，引导及激励国家兼顾自身利益和国际社会整体利益而采取合作性的集体行动，建立新的全球伙伴关系是必然趋势，也是国家间协同发展生态文明经济的必要条件。

**6-55　生态文明经济发展过程的逻辑联系是怎样的？**
答：由于世界各地存在自然、经济、社会等条件差异，生态文明经济的发展一开始就呈现非均衡的特点，出现生态文明经济发展的先发者（先发国家或地区）和后发者（后发国家或地区），相应地存在先发优势和后发优势，各自采取不同的发展战略，并取长补短、优势结合，在互补与扩散过程中实现交融发展、协同发展，又产生了新的发展优势，结合实际对经济社会发展优势和生态环境优势进行相互转化，提升生态文明经济发展水平，在生态文明观指引下，生态文明经济进入了一个更高层次的相对均衡发展。生态文明经济就这样在遵循其自身发展规律的基础上不断升级、优化，在梯度式、跳跃式、双向式扩散与互补中交融并呈现螺旋式上升的发展过程。

**6-56　生态文明经济的观念导引机制是如何发挥作用的？**
答：生态文明观念是通过政府、企业、公众、媒体、非政府组织、院校和科研机构良性互动发挥作用，从而促进生态文明经济的发展。

生态文明观念通过生态文化的不断扩散而逐渐形成与优化。院校和科研机构的研究揭示人类文明的发展规律，说明工业文明不可持续的原因，同时，产生绿色科技成果，形成知识，通过教育传播生态文化；政府及非政府组织为广大社会公众获取生态文化提供渠道和路径；企业产学研进行生态文化建设，将绿色科技成果产业化；媒体传播生态文化，并通过引导舆论监督形成社会评价机制，使社会大众自觉抵制并抛弃不符合社会价值标准的观念而使生态文明观念更易于强化和发扬，为生态文明经济的发展奠定观念基础。

**6-57　如何完善区域利益协调机制？**
答：区域内难以实现"集体理性"的关键问题在于各城市政府对自身利益的追求。

要实现主体间利益的协调，首先必须建立跨区域利益协调机构并建立行之有效的协作制度；其次必须遵循利益分享原则，通过分工合作、利益补偿等方式实现区域间的互利多赢与利益共享和责任分担；再次要采取多元治理取向。

**6-58　自然环境资源社会再生产所需要的劳动包括哪几类？**
答：自然环境资源社会再生产所需要的劳动包括两类：

第一类是生态环境受到破坏后，为改善生态环境状况而进行的劳动，如治理污染、植树造林等，这类劳动可以称为直接劳动。

第二类是在某项自然资源开发行为发生前预见到其将对生产环境产生不利影响，为保护生态环境，改变该项行为本身所付出的劳动、或伴随该行为发生的同时而附加的劳动等，如开发替代品、提高技术水平从而减少对生态环境资源的消耗等，这类劳动可以称为间接劳动。

**6-59　我国"自然资源无价或低价"现象产生的原因是什么？**
答：我国的自然、生态资源归国家或集体所有，长期以来以行政权、经营权管理代替所有权管理，资源所有权受到多元条块分割，存在产权主体虚位与责任主体虚位，所有权、行政权与经营权混淆现象。

国家与集体作为资源所有者代表的地位模糊，产权虚置或弱化，各种产权关系缺乏明确界定，各利益主体之间经济关系缺乏协调，造成权益纠纷迭起，自然、生态资源得不到应有的保育和管理。也产生"自然资源无价或低价"的现象，导致资源浪费严重，综合利用效率低下。

**6-60 我国自然资源价格扭曲的表现是什么？**
答：资源价格既存在内部扭曲，也存在着外部扭曲的局面。

内部扭曲在微观经济行为上表现为资源深加工企业无须技术创新、管理创新，就可以稳获利润甚至是暴利；宏观上表现为经济增长方式粗放，经济发展被锁定在资源低价与能力劣势之间的路径依赖上，缺乏自主创新、科学发展的相应压力和动力。

外部扭曲微观上体现为很多国内资源企业不顾国内严峻的资源供求形势和中央的宏观调控意图，或明或暗的出口资源套取国内外市场价差；宏观上实际是我国的低价资源在补贴世界其他国家，"大进大出"外贸表象的背后，是中国在承担高能耗、高污染的资源与环境成本，而附加值却流向西方发达国家的严峻现实。

**6-61 如何建立发展生态文明经济的财税金融机制？**
答：（1）实施绿色税收政策。利用税收对资源和生态环境进行保护，促进资源、生态环境与经济的协调发展，减少对经济、社会发展的负干预，促进生产发展、效益提高，社会就业、生活保障等问题，实现经济、社会、自然的可持续发展及税制本身"绿化"。

（2）实施绿色财政政策。把保护环境的相关财政工具，与促进经济社会发展、改善民生的各项财政政策有机结合，通过区域协调发展、可持续发展的财政政策以及与国土面积相关的财政政策的绿色化，来综合解决生态环境问题。

（3）建立健全绿色信贷制度。结合绿色价格机制与生态产业政策，促进生态文明经济发展。实行贷款优惠政策为企业生态化技术创新等筹集资金。

**6-62 如何实施绿色财政政策？**
答：（1）在政府与市场关系层面，形成以强化社会环境责任为主体的绿色财政政策体系。

（2）在政府间关系层面，形成以强化政府环境责任为主体的绿色财政政策体系。

**6-63 如何建立健全绿色信贷制度？**

答：（1）政府筹集企业生态化技术发展的资金。

（2）政府对企业和相应科研机构直接拨款，接受拨款的单位可以专心致力于生态化技术的创新与发展。

（3）实行信贷优惠政策，对于企业从研究发展生态化技术到商业应用的各个环节提供低息或无息的优惠贷款。

（4）建立完善的风险投资体系。

**6-64 如何完善生态文明经济发展制度的落实机制？**

答：（1）通过教育、唤起与操练来改变相关主体的认知结构。让利益相关主体知晓和熟悉新的制度安排所承载的教育意义在于改变了大部分社会成员的认知结构，起到了教育、唤起和操练的作用。认知结构的改变往往是制度变迁的第一步。

（2）利益博弈格局的调适。新的制度安排会改变当事者的博弈结构，使得原来一些既得利益集团在某种程度上丧失优势，而给某些新的利益群体以机会。利益博弈格局的调适过程也就是新制度落实的过程。

（3）正式制度的确立所形成的合法化压力迫使人们去适应。新的形式主义的制度安排，往往会产生一种无形的"合法化"压力，迫使当事者调整自己的行为方式，来适应新的制度安排。

**6-65 什么是技术创新的生态化？**

答："生态化"是指事物之间平衡相依、相互协调、相互促进的状态和过程。它不单纯是指生态学意义上的生态化，而是将生物有机体的各组成要素在相互作用中形成的协调有序的状态提升为一种方法论原则，组成包括自然生态化、经济生态化、社会生态化和人的生态化四大子系统相互依存、相互作用、相互制约的动态系统。每个子系统不能以牺牲其他子系统的发展为代价，在追求经济效益的同时要追求生态效益、社会效益和人的生存与发展效益。

**6-66 传统的技术创新和生态化的技术创新的成功标志分别是什么？**

答：传统的技术创新是否成功的唯一标志是创新成果的商业价值。这一评价标准只看重经济效益，而不顾生态效益和社会效益，会诱导人们过度消费。

生态化技术创新是否成功的标志是整个系统融合与协调，最终目标是实现自然—人—社会复合生态系统和谐协调、全面、持续发展。

**6-67 生态化技术创新包含了哪些层次？**
答：生态化技术创新是一个动态的多层次创新系统，包括了技术层次生态化技术创新、管理层次生态化技术创新和人文层次生态化技术创新。

**6-68 什么是技术层次生态化技术创新？**
答：技术层次生态化技术创新是指技术创新朝着节约资源能源、改善资源能源结构、提高经济效应，避免或减少生态环境污染、提高人类健康和社会福利水平的目标发展，包括单项生态化技术的出现、生态化技术结构的改变和生态化技术平台的产生三个层次。

**6-69 什么是管理层次生态化技术创新？**
答：管理层次生态化技术创新是建立一种生态、经济和社会相协调的过程管理模式，促使企业生产经营活动与生态环境和人的发展相协调。

**6-70 什么是人文层次生态化技术创新？**
答：人文层次生态化技术创新是将绿色人文精神融入技术创新的整个过程，考虑技术使用中的非理性因素，通过技术调整人与自然、人与人、人与社会之间的关系，使人朝向自身全面发展的目标。

**6-71 生态化技术创新应遵循什么要求？**
答：生态化技术创新应遵循协调发展的基本原则。

首先，技术创新应促进各个子系统的各构成要素的协调。在自然生态系统中，通过技术创新实现人与自然的和谐，资源的利用与开发的协调；在人文生态系统中，依靠技术创新实现人类物质与精神的互促、科学与人文的同尊、功利与道德的统一等；在社会经济生态系统中，社会进步与稳定相应、经济增长的速度与质量相当、规模与效益相适。

其次，技术创新应能促进自然生态系统内部诸要素之间、人文生态系统内部诸要素之间、社会经济系统诸要素之间的协调。

再次，技术创新应能够促进自然生态系统、人文生态系统和社会经济系统三者之间的协调，使三者构成的复合生态系统协调发展。

**6-72 加强高校生态文明教育，对促进生态文明经济具有什么作用？**
答：一个是直接作用，即表现为高校为发展生态文明经济提供思想理念、科学技术、实践模式方面的支持；另一方面是间接作用，即表现为人才培养方面，提高大学生生态文明经济的意识，掌握生态文明经济的技术、实践能力。

**6-73  为什么需求在发展生态文明经济中是不可或缺的？**

答：需求决定消费，消费决定市场，市场决定生产，这是经济运行的基本规律。创新活动是由技术和需求两者共同决定的，技术决定创新的可行性及研发成本。在起步阶段，技术推动的作用很明显，在技术成熟和广泛应用阶段，需求拉动则超过技术推动。需求决定创新的预期收益，缺乏市场需求是影响技术创新生态化的最主要因素，因为市场将决定创新的收益，如果缺乏市场需求的拉动，持续的生态技术创新就不可能实现。消费需求不仅具有拉动作用，而且具有导向作用。因此，需求在发展生态文明经济中是不可或缺的。

**6-74  生态文明创新经济的内涵是什么？**

答：生态文明创新经济的内涵表现为两方面：一方面是在经济发展中最大限度地发挥知识资源（主要是人的创造性），最小限度地利用自然资源，以此达到最小限度污染环境；另一方面是创造和发展高新技术体系（主要是生态化技术体系），改造和提升传统经济，最终实现生态效应、经济效应和社会效应的相统一和最优化。

**6-75  生态文明创新经济包含哪些内容？**

答：创新是遍布整个企业的思维方式，呈现出网络化协作的特征，研发和设计部门、合作企业、用户、供应商、大学、政府，甚至竞争对手，都可能参与其中。创新不止是技术创新和产品创新，还包括业务流程创新、商业模式创新、管理创新、制度创新、服务创新以及创造全新的市场以满足尚未开发的顾客需要，甚至新的营销和分销方法等，还包括外观设计变化这类渐进性创新、结构式创新、跳跃式创新等。创新还意味着正确寻找和选择创新构思、有效组织实施创新，并在适当的时间限度内把创新带向市场，也就是企业创新方式的创新。

**6-76  工业文明经济系统的缺陷有哪些？**

答：一是为了创造出越来越多的物质财富，依赖自然资源的高投入。

二是为了获得越来越多的货币财富，把经济活动的"成本—效益"最大化的核算放在最根本的地位上。

**6-77  为什么创新经济是生态文明经济的核心形态？**

答：(1) 生态文明创新经济是历史的必然。在竞争激烈的经济环境中，对国家而言，创新不仅可以实现国家制定的目标，还可以提高国家竞争力，从全球中吸引更多资源；对公司而言，创新将创造一种有战略意义的市场优势。

（2）生态文明创新经济助推生产力的第二次飞跃。发展生态文明创新经济是优化经济结构、实现产业升级、转变发展方式的关键，通过创新发展方式、改善发展要素的组合，在同一时期内以优化的进程助推生产力的第二次飞跃。

（3）生态文明创新经济是提高国家综合竞争力，抢占世界经济科技制高点的关键。世界各国都把科技创新作为国家战略，把超前部署和发展战略技术及创新产业作为带动经济发展的关键举措。

（4）生态文明创新经济是建设生态文明，实现生产力跨越式发展的重大举措。在创新的第二次飞跃阶段，利用生态文明创新经济的理论和方法来指导工业化，用生态化技术体系和信息化技术体系来改造、武装工业，把生态效应、社会效应和经济效应三者相结合并实现最优化，是推动有中国特色产业跨越式发展的重要举措。

（5）生态文明创新经济是实现"三大效应"相统一和最优化的突破口。生态文明经济是实现生态效应、经济效应、社会效应相统一和最优化的新兴经济系统，创新就必然成为发展生态文明经济的关环点与突破口，经济创新与创新经济也必然成为发展生态文明经济的核心。

**6-78 生态文明创新经济有哪些发展阶段？**

答：（1）生态文明创新经济的初期阶段。初期阶段是生态文明观念树立的阶段，着重于转变传统的生产理念、强调科技创新，提高劳动者素质、创建绿色诚信市场、实现粗放型增长向集约型经济增长方式的转变。

（2）生态文明创新经济的中期阶段。中期阶段是生态文明创新经济的增长阶段，可维持较长一段时期。

（3）生态文明创新经济的后期阶段。后期阶段是生态文明创新经济的繁荣阶段，表现为创新经济活动占绝对优势而传统经济持续收缩或经过调整转向生态文明经济。

**6-79 我国生态文明创新经济发展有何特点？**

答：特点：①中国区域创新能力自东向西呈梯次分布；②创新能力各要素在不同地区分布不均衡；③各地区的创新能力震荡发展，总体平稳；④沿海地区表现出强劲的创新能力；⑤东部与中西部区域创新能力差距明显。

**6-80 我国生态文明创新经济发展过程中存在哪些问题？**

答：（1）三大产业结构不合理。第一、二产业比例仍然偏高，第三产业明显偏低，远低于全球平均水平。

(2) 生产方式仍以粗放型为主。第二产业中资本、能源、资源密集型的重化工产业机构特征明显，高技术产业比重偏低，整体上仍未摆脱高投入、高消耗、高污染、低产出的粗放经营方式。

(3) 产业创新能力不足。装备制造业大而不强，创新能力差，产品竞争力弱，大量的先进装备仍主要依靠进口。

### 6-81 我国生态文明创新经济发展策略有哪些？

答：(1) 根据不同地区的特点，采取不同创新发展模式。由于各地区经济发展水平不同，资源不同，文化不同，因此应结合实际来制订本地区的创新战略，创造出不同的创新业绩。

(2) 理念创新和制度创新决定区域创新能力高低。某些东部地区在改革开放之初的创新能力不及中西部的一些地区，但由于具备体制优势和政策优势，使其创新能力很快超过中西部地区。

(3) 企业成为技术创新的主体是提高区域创新能力的关键。创新是与市场密切相关的活动，只有善于在市场上生存的企业，才会把握创新的时机，才会有创新的动力，才会敢冒创新失败的风险，才会真正将创新计划付诸实施。

### 6-82 什么是生态文明经济发展的方法论？

答：生态文明经济发展的方法论，是指运用生态文明的世界观去分析目前复合生态系统中存在的问题，并用生态文明观的方法去解决这些问题。

### 6-83 生态文明经济发展的方法论有哪些特点？

答：生态文明经济发展的方法论与工业文明观的方法论不同，具有整体性、联系性、协调性的特点。具体表现：①生态文明经济发展的方法论反映了整体论的思想；②生态文明经济的方法论反对工业文明的割裂论、暴力论；③生态文明经济的方法论体现了协调论的思想。

### 6-84 工业文明经济的方法论有哪些？

答：工业文明经济的方法论：①"主客二分"的方法；②还原论的方法；③线性的思维方法。

### 6-85 生态文明经济发展的方法论有哪些？

答：生态文明经济发展的方法论是"自然—人—社会复合生态系统共生共荣、共同发展"的生态文明观指导下形成的理论，它的核心特点是多向、多维、循环，主要包括整体论的方法、系统论的方法和非线性的方法。

**6-86　为什么循环经济是生态文明经济的方法论形态？**

答：循环经济把生态系统物质循环运动和能量梯级利用的规律，运用到经济社会发展中，在生产环节中、消费系统中、复合生态系统中实现循环，循环经济是一种典型的生态文明经济发展的方法论。

（1）循环经济是整体论的方法。在循环经济当中，没有所谓的主体和客体，所有的对象都处在系统循环当中，构成系统循环的一个环节。

（2）循环经济是系统化的方法。循环经济的本质是一个闭路循环的系统，上一级的"流"是下一级的"源"，在系统中进行物质的循环利用和能量的梯级传递。

（3）循环经济是非线性的方法。循环经济是一种新的生产模式和消费模式，其本质是一种"资源—产品—再生资源"的物质闭环流动和能量梯级利用的生态文明经济，是非线性的方法。

**6-87　什么是生态文明经济方法论的循环经济？**

答：生态文明经济方法论的循环经济，即从方法论层面理解的循环经济，是以物质循环为核心特质，以提高资源的利用率，减少排放，提高产出作为一个整体的协同运行，达到节约资源（低投入），增加产品（高产出），减少排放（甚至零排放）的要求，实现自然—人—社会复合生态系统大循环的重要方法和途径，故称之为"系统循环经济"，以区别于传统理解的循环经济（这里把它称为"微循环经济"）。

**6-88　"系统循环经济"可以从哪些层面去理解？**

答：（1）生产系统的循环。人们把生态系统物质循环运动和能量梯级利用的原理、模式运用到生产领域，把提高资源利用率，减少排放，提高产出，作为一个整体协同运行，在生产环节中实现闭路循环。

（2）消费系统的循环。一方面，尽量延长消费品使用的时间和周期；另一方面，对消费领域的"废物"回收、分类，进行再生产（称为再循环或资源化），达到变废为宝的目的。

（3）自然—人—社会复合生态系统的循环。复合生态系统的循环是循环经济中最高层次也是最大层次的循环，将各层次的循环和系统中的各子系统相结合，形成复合环状，从而组成内部作用机制复杂的，但却是稳定的、协调的复合生态系统大循环。

### 6-89 "系统循环经济"有哪些特征？

答：（1）宏观性。"系统循环经济"是一种方法论经济形态，贯穿于生态文明经济各具体形态当中，为它们提供理论基础和发展方法基础。

（2）系统性。地球生态母系统是一个大的系统，在这个系统内包括了自然、人、社会三个子系统，各子系统及系统构成要素间通过复杂的作用机制，形成动态、联系、互相制约的自然—人—社会复合生态系统。

（3）复合环状。区别于"微循环经济"的单环状，"系统循环经济"是由"微循环经济"的单环相互作用组成的复合环，各微循环通过复杂的作用机制相互联系、相互制约，真正把所有的物质都循环利用于系统循环内，实现零排放、零废物、零污染的目的。

（4）应用生态化技术体系，研究实施产品、产业的共轭，尽量多地延长产品链（网）和产业品链（网），是循环经济的重要内容，也是重要特征。

### 6-90 "系统循环经济"和"微循环经济"有哪些联系？

答：（1）核心特质相同。"资源—产品—再生资源"的物质闭环流动和能量梯级利用是二者共同的核心特质。

（2）追求和效益相同。二者的目的都是通过物质和能量循环，保持系统的稳定，达到经济效益、生态效益和社会效益的相统一和最优化。

（3）循环理念相同。二者对于循环过程调控严格，对系统资源消耗和废弃物的排放进行控制，尽可能把对环境污染物的排放直接消除在生产过程中。都是"标本兼治"循环理念，区别于工业文明经济"末端治理"的消极方法。

### 6-91 "系统循环经济"和"微循环经济"有哪些区别？

答："系统循环经济"的阐述是基于方法论形态的分析，具有宏观、系统的特征，是对"微循环经济"更高级别和更深层次的认识。主要区别在于：

（1）研究基点不同。在"微循环经济"的研究中，侧重在微观上对循环经济本身内质方面的研究；"微循环经济"在实践中的运用，也局限于在企业、产业及区域间的循环。而"系统循环经济"侧重于在宏观上对复合生态系统特质的研究，注重系统的稳定与协调，以及系统内部各循环子系统、各组成要素的协调与发展；"系统循环经济"的实践研究，则主要包括复合生态系统循环、生产系统循环、消费系统循环等宏观循环系统的研究。

（2）创新角度不同。"微循环经济"最大的创新在于提出了将"资源—产品—再生资源"的物质闭环流动和能量梯级利用发展模式运用到社会经济发展系统中，并且提出了在发展中必须遵循减量化、再利用、资源化（再循环）的"3R"原则。"系统循环经济"最大创新在于从方法论形态去分析循环经济，为生态文明经济发展提供理论基础和发展方法基础。

**6-92 "系统循环经济"的创新点有哪些？**
答：（1）研究角度的创新，即从方法论形态去分析循环经济。"系统循环经济"认为"资源—产品—再生资源"的物质闭环流动和能量梯级利用发展模式在经济社会发展这个子系统的运用是不够的。还应当从复合生态系统的层面分析循环经济，并且将其作为生态文明经济发展的方法论形态。

（2）增量化原则的创新。"系统循环经济"认为必须通过人的作用，将自然生态系统和社会经济系统进行有机结合，形成复合生态系统的大循环。人类不仅利用自然、从自然系统获取资源，而且要反哺自然，发展自然力，让自然系统保持生机、蓬勃发展增加资源存量，提高资源质量，增加生态环境承载力。同时，人类还要善于把生态和环境的优势转化为经济社会发展的优势，以形成自然、人、社会子系统的良性循环和复合生态系统稳健发展的态势，即增量化原则（或称为协同演进原则）。这个原则比"微循环经济"中的减量化原则更为本质也更为重要。

**6-93 循环经济与各生态文明经济形态有什么联系？**
答：创新经济、体验经济、生态经济、绿色经济、低碳经济、生态文明消费型经济和循环经济都是生态文明的经济形态，都是根据现代生态学的基本原理，遵循现代生态学的基本规律，运用现代生态学的基本方法，创新生态化技术体系，以促进资源能源、生态环境与经济社会的全面、协调、持续发展，都贯穿于整个实体经济、统一于生态文明经济体系当中。

**6-94 循环经济与各生态文明经济形态的区别是什么？**
答：循环经济是生态文明经济发展的方法论，是整体论的方法、系统论的方法以及非线性的方法，它与作为经济实体的各生态文明经济形态有所不同。

一方面，循环经济作为方法论经济，横向贯穿于各经济形态当中，为它们提供方法论基础。另一方面，创新经济、体验经济、生态经济、绿色经济、低碳经济、生态文明消费型经济作为生态文明经济的各经济实体，在具体的实践过程中，为循环经济方法论的落实提供了丰富的素材，同时为推进生态文明经济的完善和深化提供广泛的路径。

**6-95 体验经济是什么？**
答：体验经济（experience economy）是一种继农业经济、工业经济、服务经济形态之后的第四种经济发展模式，也有人把它认为是服务经济的延伸。它以服务为舞台、以商品为道具，以消费者为中心，通过多种方式，创造欢乐气氛，使顾客参与其中，引起共鸣，最终创造出令消费者值得回忆的经历与体验，从而使消费者获得心理上的愉悦。

**6-96　体验经济与其他经济形态的不同在哪里？**
答：体验经济与其他经济形态的最大不同就在于：农业经济的经济提取物是产品，它是从自然界开发出来的可互换的材料；工业经济的经济提取物是商品，它是公司标准化生产销售的有形产品；服务经济的经济提取物是服务，它是为特定顾客所演示的无形活动；体验经济的经济提取物是体验，它是使每个人以个性化的方式参与其中的事件，当体验展示者的工作消失时，体验的价值却弥留延续。体验经济关注的是消费者体验的满意程度，它使消费者为其所获得的情感体验和心理感受而付费，消费者是用货币交换感受、快乐和体验，而不是传统意义上的换取物品或服务。从体验经济的角度来看，企业以提供最终的体验为目标，给顾客留下难忘的美好回忆，被服务者的满足程度越高，则体验感就越强，价值越大。

**6-97　体验经济的外延是什么？**
答：体验经济的外延主要体现在服务经济基础发展起来的产业，如健康产业、休闲产业、文化创意产业、高新科技普及产业、网络产业、生态服务产业等，它们都将成为我国经济发展的新引擎。

**6-98　体验经济的基本特征有哪些？**
答：（1）能够满足人们高层次需要，因而是高层次经济。
（2）能够满足个性化需求，因而是多样性经济。
（3）体验经济是规模经济。体验经济具有极强的"长尾效应"，是多样性的组合，形成"长尾集"，并出现规模效应，所以体验经济是多样性经济和规模经济的有机结合。

**6-99　服务经济与体验经济的联系与区别在哪里？**
答：服务经济与体验经济的关系是：
（1）联系。二者的经济提供物都是无形的，在市场交换中不表现为实物与货币的交换，而表现为无形的劳动成果与货币的交换；它们的生产与消费一般是同时发生的，其提供物中许多是不可储存的，某时多余的供应能力无法成为将来的供应能力；二者的提供物具有非实物的性质，提供物的收入需求弹性高于实物产品的收入需求弹性，当利润增加时，资源将更多地流向服务业和体验业。

(2)区别。其一,依托载体和需求的满足类型不同。服务的产生可以与某种有形产品联系在一起,也可以毫无关联。服务带给消费者的是享受,可以摆脱繁重事务的束缚与压力,可以轻松享受生活。服务人员帮助消费者从事他们想做却又不愿意,或不能亲自去做的事情,而产品在某种程度上只是提供了媒介。而体验则依附于产品及服务,通过参与获得个性化的满足,是比服务更高一层的需求满足类型。消费者购买体验是为了获得理想生活化的一种体验,体验理想的生活方式,感受理想自我下的价值追求。其二,满足的表现形式及消费关注的焦点不同。服务的提供解决了消费者想做却又不愿意,或不能亲自去做的难题,摆脱繁重事务的束缚与压力,因此消费者以服务是否快捷、省力、方便、安全、舒适等方面感知服务利益。消费者不太关注服务本身属性,而关注其使用过程。而体验是一种感觉,当体验展示者的工作消失时,体验的价值仍然弥留延续,是难忘的,并且感知利益的停留远远超过对产品、服务的认知。消费者在体验过程中关注购买、使用以及操作过程中的体会与感觉,享受的是体验的过程,而不是结果。其三,消费者的参与程度不同。在提供服务的过程中,消费者需要在场或者也可以不在场,消费者重视的是服务效果,参与程度低。而要进行体验,消费者在整个体验过程都必须在场,融入体验供给者所策划的场景,获得难忘的感受,参与程度高。

## 6-100 为什么体验经济是生态文明经济的高级形态?

**答:** 首先,体验经济也称为人本经济,一方面它能够满足人的个性化和多样化需求,为实现人的健康和全面发展提供经济基础。另一方面它特别需要充分发挥人的创意,实现经济发展从主要依靠自然资源到主要依靠人力资源的转变,推进走资源节约型环境友好型发展道路。

其次,体验经济是服务经济的进一步发展,是社会经济发展的新阶段,是高端经济形态,是产业高级化、经济结构优化的结果。

再次,由于体验经济能够满足人们高层次的文化和生态的需求,体验经济可以充分发挥人的创造性,满足人的个性化和包括物质、精神、生态等的多样化、高层次需求,能够促进人的心态和谐并进而促进社会和谐。体验经济代表着先进的经济形态,是生态文明经济的高级形态。

## 6-101 体验经济发展的层次性是怎样的?

**答:** 体验经济是服务经济的进一步提高与升华,首先必须在提供的产品和服务加入体验因素,并且不断加强,然后是体验成为独立的经济提供物。体验往往从较浅层的参与度较低的感官、情感体验类型,到较深层的参与度较高的思维、行动体验类型,最后是综合的关联体验类型,体验经济在社会经济中的比例也是从小到大、从不明显到明显、从个别行业萌芽、发展并逐步扩散到所有其他行业，最后在社会经济中占主要地位。

**6-102　体验经济发展的两面性是怎样的？**
**答**：体验经济发展的两面性主要指体验供给方可能提供有利于社会的积极的体验产品，也可能出于一味迎合消费者低级趣味而提供不利于社会的消极的体验产品；消费者进行体验时可能是主动的也可能是被动的，可能是有益身心健康的也可能是对身心有害的。

**6-103　体验经济发展的不平衡性表现在哪里？**
**答**：首先表现在体验经济在发展中国家和发达国家的不平衡发展。体验经济首先在发达国家兴起并得到较快发展。发达国家的经济发展表现出农业经济—工业经济—服务经济—体验经济的发展路径。而发展中国家的服务经济还不发达，还比较难以发展体验经济，但并非要等服务经济高度发达后才能发展体验经济。

其次，体验经济发展的不平衡性还主要体现在时间、空间、数量、质量和结构等方面。时间方面，体验供给在一定时期内是比较稳定、缺乏弹性的，有的还可能出现"锁定效应"，而体验需求却可能时而集中时而分散，具有易变特点，因此有时会供不应求有时却供过于求。空间方面，由于区域经济差异，体验资源与设施等供给要素在地域空间上分布不均，且这些要素往往难以实现空间转移，而体验需求方在空间选择上具有一定指向性且随着环境变化会发生改变，因此会出现甲地供不应求而乙地供过于求，有时却会相反。数量方面，在一定条件下所能提供的体验供给数量较为固定，而体验需求量却不稳定。质量方面，体验具有多层次性，某种体验对一个顾客来说是高度体验，而对另一个顾客却可能只是低度体验；某种体验，对同一个顾客而言起先是高度体验，逐渐也会变成低度体验，因此可能会出现所提供的体验产品的质量因人们感受不同而无法达到消费者的体验预期。结构方面，主要体现在体验供给的内容和项目、档次和级别、方式和程序与体验需求的不相适应。

**6-104　加快我国体验经济发展的对策有哪些？**
**答**：对策有：①进行与体验经济相适应的政府管理创新；②根据形势发展情况积极引导产业融合；③提高消费者信心指数，以需求结构升级促进体验经济发展；④加强生态文明建设，保障体验经济朝健康方向发展。

**6-105 生态经济和生态文明经济的区别是什么？**

答：（1）两者分析的理论基础和逻辑起点不一样。生态经济是以深生态学为理论基石，研究范围就集中在自然与经济两个系统，忽视人的主观能动性；而生态文明经济借助马克思主义的生态观，以生态文明观为基础，强调在生产过程中，人和人的关系同人和自然的关系必然相互联系、相互制约，强调自然—人—社会复合生态系统的和谐协调，重视人的主观能动性的发挥。

（2）两者的可操作性和结果不同。生态经济强调人类经济活动系统的低流通率，人口和物质财富的稳定，让人们接受目前的物质生活水平，以维持地球生态母系统的平衡，它所倡导的是基于一种片面现实的"危机呼吁"，缺乏实际操作性，从而表现出其空想性；而生态文明经济立足历史和辩证的唯物主义，认为环境问题在本质上是一个经济发展问题，是一个生产方式、经济结构和消费模式的问题，发展经济是解决生态危机的物质基础，它强调生态保护，并不是靠放弃发展来消极地保护环境，而是要努力做到用最小的生态环境成本实现生态、经济、社会三大效应的相统一与最优化。

**6-106 绿色经济与生态经济、循环经济、低碳经济的区别在哪里？**

答：（1）研究的核心和侧重点不同：

绿色经济以生命健康和可持续发展为宗旨，以市场为导向，积极促进经济绿色化，其重点是"绿色"直接体现于产品之中，使绿色产品具有很强的竞争优势。

生态经济的核心是实现生态系统和经济系统的可持续发展，注重两大系统的有机结合，强调宏观经济发展模式的转变，追求两大系统的平衡发展。

循环经济是生态文明经济发展的方法论，目前侧重生产领域和生活领域即消费系统中实现循环，但真正核心是如何在自然—人—社会复合生态系统中实现良性循环。

低碳经济的本质是新能源经济，主要是研究、开发、应用新能源，提高能源的利用效率，是碳生产力达到一定水平的经济形态。

（2）实施控制的环节不同：

绿色经济重视对生产、加工、营销、消费、废弃等各个环节的控制。

生态经济主要研究自然系统与经济活动的相互作用，从控制经济系统入手使经济活动不突破生态系统的承载力。

循环经济重视实现经济活动从"三高一低"向"三低一高"的转化，有方法论的意义。

低碳经济则强调对经济活动的能源创新，提高能源利用效率，实现低碳化或碳中和。

**6-107 低碳经济的内涵是什么？**

答：低碳经济的本质是能源经济，发展低碳经济的关键是解决能源问题，即提高能源利用效率和发展可再生新能源。发展低碳经济的最终目的是为人类的发展寻找到更大经济效益、更低生态成本和更多人类福利。

**6-108 发展低碳经济的内生力量有哪些？**

答：发展低碳经济的内生力量，有三点：第一，发展低碳经济是实现国家能源安全战略的需要；第二，发展低碳经济将产生一系列战略性新兴产业群，由此产生的经济效益将激发低碳经济的发展热潮并带动其他新兴产业发展；第三，发展低碳经济将促进世界经济转型，进而可能改变世界经济运行秩序、国际贸易方式等等。

**6-109 我国和发达国家低碳经济发展侧重点有何不同？**

答：发达国家发展低碳经济侧重于对新能源技术的开发和探索，及生活与消费方面的低碳化。我国现阶段低碳经济发展的侧重点，一是加大对低碳经济发展在政策、资金和技术上的支持，二是生产生活方面的低碳化。

**6-110 当前我国发展低碳经济的基本要求有哪些？**

答：主要有五个方面：一是改善能源结构；二是提高能源利用效率；三是实施新的《环境空气质量标准》；四是增加森林碳汇；五是加强二氧化碳的回收与利用。

**6-111 生态文明消费型经济的内涵是什么？**

答：生态文明消费型经济是指在生态文明观指导下，通过倡导生态文明消费观，实施生态文明消费模式所产生的一系列经济活动，它是生态文明经济体系的基本经济形态之一。生态文明消费型经济包括三种生态文明消费观和与之相对应的三种生态文明消费模式，即"以人为本"的消费观和全面发展的消费模式，资源节约环境友好的消费观和绿色消费模式，和谐消费观和公平消费模式。

**6-112 什么是"以人为本"的消费观和全面发展的消费模式？**

答："以人为本"的消费观是以人的身心健康为基础，以人的全面发展为目标而实施的消费活动和生活方式。"以人为本"消费观强调以人的全面发展促进自然—人—社会复合生态系统的全面、协调、持续地发展；强调消费的目的是为了人的全面发展；强调以促进人全面发展的健康产业、创意产业和文化产业，促进经济更好更快地发展。

　　促进人的全面发展的消费模式主要有：健康消费、素养消费和能力消费。健康消费是指促进人的身心健康的消费，包括满足基本生理健康需求的物质消费和满足心理健康需求的文化、生态产品的消费（包括与自然和谐相处产生的消费），身心健康是实现人全面发展的基础。素养消费，是在健康消费基础上的提升，着重培养人自身、人与人、人与社会、人与自然关系协调的能力，更多属于精神、文化和教育的消费。能力消费，是层次最高的消费，强调的是人自身的可持续发展的能力，其中最重要的是人的创造性的能力和人推动自然—人—社会复合生态系统全面、协调、持续发展的能力。

**6-113　什么是资源节约环境友好的消费观和绿色消费模式？**
答：资源节约环境友好的消费观，主要指消费者注重消费资源节约和环境友好型产品的消费观念，并以此观念指导消费者的消费行为进而引导生产者生产更多这样的产品，从而达到以生态文明消费引导生产，以生产促进生态文明消费的目的。

　　与资源节约环境友好消费观相适应的消费模式是绿色消费模式，包括绿色消费、循环消费和低碳消费。绿色消费是指有利身心健康、符合可持续发展和不污染环境的消费，它遵循资源阈值、环境阈值、经济阈值和以不浪费为准绳的适度消费这四个原则。循环消费主要是指对消费品的循环利用。低碳消费则是指在消费过程中尽量选择低能耗、低碳产品，以促进企业低碳生产或在生产过程中节能减排等，同时减少因消费产生的有毒有害气体或二氧化碳等温室气体的排放。

**6-114　什么是和谐消费观和公平消费模式？**
答：和谐消费观主要是指在消费领域实现自然、人、社会的和谐协调；代内和代际消费的和谐协调；物质消费、精神消费和生态消费的和谐协调。

　　公平消费模式是实现和谐消费观的主要模式。在自然—人—社会复合生态系统层面，要求在进行个人消费和社会消费时，也要满足自然生态平衡所需的消费，反哺自然、善待自然。在社会层面，要求在资源配置和利益分配中实现代际和代内公平；在个人层面，要避免"人类中心主义"的消费观，树立"生态整体主义"的消费观。

**6-115　生态文明消费型经济有什么特征？**
答：一是以人为本，通过提高人的整体素质，实现人自身、人与人、人与社会及人与自然在消费过程中的和谐协调。

二是通过消费者在日常生活中绿色消费行为的养成，促进资源节约环境友好型产品的生产，借助于绿色产品的消费促进资源能源节约，生态环境保护。

三是通过树立和谐的消费观，突破以往狭隘的消费关系，把消费关系从人与物、人与人扩展到人与社会和人与自然之间，从而实现人与人、人与自然、人与社会在消费上的公平与和谐。

**6-116 发展生态文明消费型经济有哪些意义？**

**答：**（1）有利于调结构、促提升、转变经济发展方式。生态文明消费型经济通过内需拉动，促进新型消费产业的发展、新型消费领域的拓展进而推进经济发展方式的转变、产业结构的调整和产业提升。

（2）有利于树立正确的消费观和养成文明的消费行为。生态文明倡导的是"生态整体主义"，消费不能破坏而应该更好地促进自然—人—社会复合生态系统的协调发展，以生态文明消费观为指导，促进生态文明消费型经济发展的同时，也有利于文明消费行为的养成。

（3）有利于推进民生工程建设。生态文明消费型经济提倡"以人为本"消费观和人的全面发展消费模式，提倡资源节约和环境友好的消费观及绿色消费模式，提倡和谐的消费观和公平消费模式，这些都有助于缓解目前社会存在的矛盾，为推进社会和谐的民生工程建设起到一定的作用。

**6-117 传统经济发展方式存在哪些内在矛盾？**

**答：**（1）资源能源与传统经济之间的矛盾。传统经济的资源观认为资源是无限的，地球中的资源可以任意消费，而不用支付成本。工业文明生产力是建立在煤炭和石油为主要动力基础之上的，它的发展理念和发展方式造成了资源消耗和资源有限之间的矛盾，而且自身无法解决这个矛盾。

（2）生态环境与传统经济发展之间的矛盾。生态环境有一定的自净能力和承载力，一旦人类活动对生态环境的影响超过了自净和承载的阈值，导致生态环境的不平衡和不协调，就会产生生态环境危机。

（3）人类健康与传统经济发展之间的矛盾。传统经济不仅在发展模式上对人类健康发展造成了危害，而且在生产方式上对人类的身心造成影响。

**6-118 为什么生态文明经济是社会经济系统发展演变的必然趋势？**

**答：**人类社会从原始的采猎文明经济，发展到农业文明经济，再发展到工业文明经济时，人与自然的关系日益恶化，资源的日益短缺，环境不断被破坏。到了工业文明后期，虽然人类开始反思，提出了"末端治理模式"，但这不能从根本上解决人与自然的矛盾。生态文明经济在这样的背景下被提出来，它是农业文明经济、工业文明经济之后社会经济发展系统的必然趋势。

　　生态文明经济提出处理人与自然关系要以自然—人—社会复合生态系统共生共荣、共同发展为目标；以生态文明观为指导，发展生态生产力为社会推动力；以创新经济为核心，以循环经济为方法论贯穿生态文明经济的各种形态；从生态文明观在全社会牢固树立、生态生产力的发展、生态文明消费观及其模式的确立、生态系统的恢复与建设、生态文明建设机制的确立和实施这五个子系统的建设，协同推进地球生态母系统繁荣发展。因此，它是一种全新的社会经济发展方式，必将取代工业文明经济发展方式，为全人类所认同。

# 第七章

# 生态文化知识问答

**7-1 生态文化产生的背景有哪些?**
答:经济社会背景、哲学与文化背景、文学背景。生态文化的出现并非偶然,它是伴随工业化进程产生的生态危机所激发的全球环保运动而发展起来的一种文化形态,生态文化与工业文化相互对立,又息息相关。

**7-2 哲学与文化背景内容有哪些?**
答:重要的是探讨决定人类对自然态度和行为的思想文化因素,历史揭示文化如何影响自然生态,进而在文化审视过程中进行文化重构和文化变更,即建立一种整体的、综合的、有机统一、和谐共生的现代生态文化,已成为当代的一个重要任务。

**7-3 文学背景内容有哪些?**
答:作为意识形态的文学必然要对当下人类的生态危机给予关注,从而产生生态文学;而从生态维度对文学作用进行的审视,必然产生生态批评。生态理论向文学方面延伸无疑极大地推动生态文化的出现和发展。

**7-4 生态文化的性质包括哪两个方面?**
答:从纵向上,生态文化是中华传统文化的一部分,中华文化包含丰富的生态文化内涵,值得借鉴。从横向上,要把生态文化看作社会主义先进文化的一部分,它是针对我国工业化、城镇化进程中日趋严重和恶化的生态环境问题而提出的。

**7-5 如何理解生态文化是中华传统文化的一部分?**
答:其一,中国文字——汉字是在绘画基础上简约的方块字,尽管世界上所有文字已拼音化，唯独汉字还保留着原生状态。其二，中国的宗教虽以儒、释、道为主，但在中国人的骨子里，是对天地、祖先的敬仰和崇拜，天地和祖先在国民的心理结构中占有崇高位置。其三，"天人合一"的整体性世界观。其四，道家倡导的"无为"思想产生的影响。其五，文学作品中的自然主义倾向，田园歌吟，寄情山水。其六，一整套有效的有机农业耕作制度，包括轮作、套种、秸秆返田、施用人畜肥粪等，保证农业持续稳产。其七，以家为单位的，超稳定的中国社会结构等。

### 7-6　如何理解生态文化的内涵？

**答：**其一，生态文化指的是人和自然和谐发展，共同生存和繁荣的生态意识、价值取向以及社会适应。它由生态哲学、生态伦理、生态美学、价值观念和思维方式、生产方式、生态制度等构成。其二，生态文化是呈现生态主题的文化形态。其三，生态文化是遵循生态规律的文化形态。其四，生态文化是以实现自然与人和谐为目标的文化形态。

### 7-7　如何界定生态文化学的学科性质？

**答：**生态文化学属文化学范畴、生态学范畴、是文化学与生态学交叉的学科、一个文化学科体系、涵盖各类文化形态的文化学。

### 7-8　如何理解生态文化学属文化学范畴？

**答：**生态文化学是有关生态文化的学说，是以生态为对象，研究生态文化的起源、本质、范畴、形式和规律，并运用这些规律维护、完善和创新生态文化的科学。生态文化学的学科性质和落脚点在文化上，生态只是表明生态文化学的研究对象，并用来规定或修饰文化的。生态文化学首先是文化的、属文化学或应用文化学范畴。

### 7-9　如何理解生态文化学属生态学范畴？

**答：**生态文化学是以生态为研究对象，以地球生物圈为物质载体，显现生态文化的学说。生态学是生态文化学的理论基础。显然，离开或脱离生态学，生态文化便失去生态文化本身固有的价值和意义。但生态学作为生态文化的理论基础，并不要求人们从自然科学角度出发去研究生态，那是生态学家的事；也不是要求从经济角度出发去研究生态，那是生态经济学家的事。生态文化学要求从文化角度，去研究生态，构筑符合时代需求的生态文化体系。

**7-10　如何理解生态文化学是文化学与生态学交叉的学科？**

答：生态文化学既是文化学的，是文化的理论形态；又是生态学的，以生态为研究对象，探讨和研究生态文化的理论形态。从文化学角度，生态文化属应用文化学；从生态学角度，是生态文化，是文化学和生态学相互交叉、交融、嫁接的一门边缘学科，是人类从人文视域对生态的一种审视。生态学不再单纯属自然学科，而是包括生态哲学、生态经济学等社会学科在内的完整的生态科学体系。

**7-11　如何理解生态文化学是一个文化学科体系？**

答：一般文化学由文化理论、文化史和应用文化学三部分组成。生态文化学显然属于文化学下的应用文化学。但问题在于，作为生态文化学本身，要阐述生态文化的形态、本质、范畴规律等，这属于文化理论；生态文化本身有生成和发展的历史，这属于文化史；生态文化的创造，这属于应用文化范畴。这就是说，生态文化学本身作为一门独立学科，又包含文化理论、文化史和应用文化三大部分。

**7-12　如何理解生态文化学是涵盖各类文化形态的文化学？**

答：生态文化学不但要研究物质、精神和制度层面的生态文化，还要研究城市生态文化、乡村生态文化等，这些属人类生态文化。另一方面，还有研究非人类存在物的生态文化问题，包括生态系统、物种、非生物环境等生态文化形态，它们的生存智慧和生存状况，与人类息息相关，人类理应予以关注。生态文化是一个整体，缺席非人类存在物的生态文化，其生态文化体系是不完整的。

**7-13　生态文化学有哪些研究方法？**

答：哲学思辩的方法、社会学的方法、生物学的方法、比较学的方法、系统科学的方法。

**7-14　生态文化学的研究方法要与什么原则保持一致？**

答：生态文化学的研究方法主要坚持理论与实践相结合的原则，以及逻辑与历史相统一的原则。

**7-15　为什么说生态文化学的研究方法要坚持理论与实践相结合的原则呢？**

答：生态文化学的研究必须以生命生存的实践，尤其必须从人类经济社会活动的实践出发。实践是主体和客体、物质和精神的交叉点，是认识的出发点和归宿。实践中包含大量活生生的感性材料，生态文化学研究就是要以实践为基点，把实践中的感性认识，按照逻辑进行概括梳理，形成条理化、系统化的生态文化概念、范畴、形式、原理，进而利用这些生态文化理论，去指导生态文化的实践，并接受生态文化实践的检验。

**7-16　为什么说生态文化学的研究方法要坚持逻辑与历史相统一的原则呢？**
答：生态文化本身就是历史，有自己生成、发展和变化的历史过程。对于生态文化学的研究，既要从生态实践中进行逻辑和理论的概括，又要结合人类历史的客观进程，加以分析和校正，从生态文化视角，看待历史的兴衰。这就是说生态文化学研究，既不能只是单纯的逻辑推理，使生态文化理论成为概念的堆砌；又不能囿于简单的历史叙述，而缺乏理论的概括。要使逻辑和历史的方法有机结合起来，使生态文化呈现本来面目。

**7-17　发展生态文化的目的和使命有哪几个方面？**
答：第一方面既是生态文明建设的重要内容，又是重要基础；第二方面是维护地球生物圈的需要；第三方面是促进国民素质的提高；第四方面为世界和人类作出更大贡献。

**7-18　生态文化的基本范式有哪些方面？**
答：第一，自然先于人类。自然或地球生物圈在先，人类在后，人类及其他生命形态皆由地球生物圈派生。第二，自然大于人类。自然指地球生物圈，无论从物质或能量，自然都远远大于人类这一物种。第三，自然优于人类。包含两层含义：其一，人类永远难以穷尽自然的奥秘和真理，尽管自然简单但是多样，尽管世界有序但是复杂。其二，必须遵循自然总规律、大规律，这不但为经济、社会等提供良好的生态环境，也是必备的前提和条件。

**7-19　什么是生态文化的基本范畴？**
答：生态文化范畴指对生态文化最一般或最基本的看法或概念。生态文化与工业文化是两种不同的文化形态，有着自身不同的范畴。生态文化范畴有整体、共生、循环、平衡与和谐。

**7-20　为什么说生态文化本身是一个有机整体？**
答：生态文化以生态学为理论基础，又客观反映自然生态，故生态文化本身也是一个群落，一个超级有机体，生态文化的各要素，同样相互依赖依存，具有系统的所有属性。世界是一个整体，自然生态是一个整体，作为真实、客观反映世界或自然生态的生态文化，也是一个整体。整体与部分的区别只具有相对意义，它们之间的相互联系才是最基本的。

**7-21 如何看待生态文化范畴之共生？**
答：作为生态文化范畴的共生，共生就意味着对差异的认同，意味着不同形态或形式文化都有平等存在的权利，意味着对不同形态或形式文化的尊重和认可，意味着生态文化与其他文化的并存。而尊重和认可其他的文化，正是生态文化自身价值实现的标志。

**7-22 生态文化把循环作为其基本范畴有何意义？**
答：其一，一部成功的生态文化作品不可被一次性消费掉，不同时代不同读者群会进行不同的文化解读与意境领会，形成一个文化生物链。其二，在生态文化领域，既有生态文化生产者一方，又有生态文化消费者一方，同时还存在第三方的生态文化的分解者。其三，任何一种文化形态或形式都不可能是永恒的。其四，循环既是简单的重复，还包含时代的创新，以及对以往文化的回眸和回顾。

**7-23 如何理解生态文化把平衡作为其基本范畴？**
答：以平衡作为基本范畴的生态文化，要完整自身、协调生态文化内部各要素之间的平衡，把生态文化自身调整到最佳状态，还要协调与其他文化形态的关系，使整个社会的文化大系统平稳运行。既满足人类的文化需求，又要兼及非人类的文化需求。平衡不是不变或静止不动，平衡也不是墨守成规，不图创新。世界总在运动和变化中，生态文化亦然。这里所谓的平衡，是统筹与协调，是节奏与合拍，是有序与统一，是变化与图新。

**7-24 生态文化视域中的和谐目标有哪三个方面？**
答：一是人与社会的和谐，即建构一个政治上民主自治，经济上合作共赢，文化上多元并存，没有歧视没有剥削，平等共享的社会。二是人与自然的和谐，要求人类不破坏环境，不滥用自然资源，不做违背自然规律的事，维护自然生态的稳定，实现人与自然的和谐。三是人与自身的和谐，以简单、理性和绿色的生活方式，以求自我内心的淡泊与宽容，实现人与自身的和谐，真正兑现恩格斯所说的做社会的主人、自然的主人和自己的主人。

**7-25 生态文化的基本形式有哪两种形式？**
答：一种真正意义上的文化，应包括人类文化和非人类存在物两种文化基本形式，而不能仅限于人类文化一种形式。人类文化位于生态文化结构的顶端，其基础恰恰是地球生物圈文化。地球生物圈文化支撑整个文化，包括人类文化和非人类存在物文化。

**7-26 人类文化是指什么？**
答：人类文化是追求"真"的文化，体现对科学和真理的追寻；人类文化是追求"善"的文化，体现对自身人格和品位的锻造；人类文化是真、善、美的统一。人类既追求真，追求善，还追求美，追求心灵的自由和自我价值的实现，而审美是迈向这一道路的唯一途径。

**7-27 非人类存在物文化包括哪几种形式？**
答：非人类存在物文化包括：物种（生物）文化、生态系统文化和地球生物圈三种文化形式。

**7-28 物种（生物）文化包含哪些方面？**
答：植物文化：植物是地球表层的最初居民，植物首先是绿色的美，植物的绿色架构为地球表层一切生命的到来铺平道路；动物文化：人类黎明时期，人少兽多——动物曾经是地球这个生态舞台的主角；微生物文化：微生物是一个庞大的群体，又是一个无处不在的群体。

**7-29 生态系统文化主要包含哪些方面？**
答：海洋生态文化：海洋生态占地表面积约71%，是生物圈中最大的系统。
森林生态文化：森林是陆地生态的主体，又是地球表面最雄伟壮丽的景观。
湿地生态文化：湿地是处于水域与陆地过渡形态的自然体，一个生物多样性最丰富的地区。

**7-30 地球生物圈文化包含哪些方面？**
答：大气圈文化：广义指地球表面的大气圈，狭义指离地表最接近的对流层；岩石土壤圈文化：岩石土壤圈即地球表层的陆地部分，这是人类及其他生命栖居的地方；水圈文化：地球表层处处是水。

**7-31 生态文化的基本特征有哪些？**
答：生态文化的基本特征指生态文化在外在和内涵上所具有的共同和一致的特征，这些特征能够包容或涵盖生态文化。生态文化的一个基本特征是整体性，生态文化即是一个独立和具有自我修复能力的文化体系，其内部组成文化的诸因素，以及与外部文化因素的联系，构成一个整体，是不能被分割的。

**7-32 生态文化结构的整体性主要体现在哪三个方面?**

答:其一,生态文化体系自身的整体性,即生态文化体系自身内部结构的完整性。其二,生态文化体系自身与自然生态系统的整体性,生态文化以生物圈或自然生态系统为研究基础,不能摆脱自然对生态文化自身的制约。其三,生态文化体系与其他文化体系的整体性,在现实社会中,有诸多领域及其文化体系,例如经济文化体系、政治文化体系、社会文化体系、精神文化体系以及生态文化体系等。

**7-33 生态文化个体的多样性包括哪三个层面?**

答:第一层面,指作家、艺术家、思想家、诗人、记者等专业的生态文化创作人员;第二层面,指民间和业余的生态文化创作人员创作的生态文艺作品;第三层面,不同组织形式的民间环保团体和广大民众,他们是生态文化得以存在的基础和真正的实践者。

**7-34 如何理解生态文化民族的多样性?**

答:"民族"相当于生态学上"种群"或"群落"概念,指有着共同文字、语言、习俗和信仰认同的族居群体。一个国家往往由多个民族组成,换句话说,多个民族文化形态融合成一个统一的文化共同体,这便是生态文化民族的多样性。各少数的文化几乎无一雷同,但又那么清新自然,纯朴厚实,是最接近原生态的文化形态。

**7-35 如何理解生态文化地域的多样性?**

答:指不同地域的自然地理对生态文化的制约和影响。自然地理对生态文化的影响和作用是巨大的,甚至可以说是不同自然地理造就不同形态的生态文化。生态文化地域的多样性是显而易见的,以至某一山脉、某一村落、某一生态位都有自己的文化表述。地域的多样性与生态文化的多样性紧密的联结,构成生态文化的一道独特风景线。

**7-36 如何理解生态文化空间的多样性?**

答:生态文化上层的精神文化,下层的物质文化以及中层的制度和行为文化相互叠加。尤其需要指出的是,传统文化以人类社会为视角,其空间局限在人类社会,呈现的是不同地域、民族、宗教和国家的文化多样性。生态文化把视角扩大至地球生物圈,故生态文化的多样性还呈现人类社会以外其他生命、物种、种群、群落和生态系统的文化多样性。

**7-37　生态文化是非宗教的,生态文化应遵奉什么原则?**
答:生态文化应遵奉范围更广泛的平等原则和博爱精神。

**7-38　如何理解生态文化遵循的平等原则?**
答:首先,人类要把自身置于自然界的平等位置上,人既不比其他物种高贵,也不比其他物种更坏。其次,这里的平等不是绝对的平等,而要划分不同界别,分类对待。再次,对人类社会、动物社会、生物社会以及生态社会,四个社会或界别要一视同仁、倍加爱护,但毕竟是不同社会规范和行为准则的四个社会或界别,要有所区别和侧重,不是等同。

**7-39　如何理解生态文化遵奉的博爱精神?**
答:生态文化同样表达爱,是对包括人类在内的所有万物生命的爱。世界在变,爱未曾改变。生态文化表达的爱,是一种整体之爱,普世之爱。生态文化反对战争,主张"非暴力"。生态文化的普世之爱,还体现在提出具有现代科学意义上的生态伦理。人类对动物及其大自然的所应承担的道德责任和关爱,是由动物及其大自然本身固有的内在价值所决定的,而非人类的一种赋予或人类为自身利益所作出的一种价值判断。

**7-40　生态文化在时间上除了呈现一度性、阶段性和周期性等特征外,还呈现生态文化本身固有哪些特征呢?**
答:超前性:指生态文化作为一种理论形态具有的超前或前瞻意识,任何一种社会实践都要求有一个先进的理论形态发挥引领作用。一个先进的,经得起时间推敲的理论,不仅要切中时弊,还要洞见未来,给未来指明方向,这就是超前性,即超越当下时间的给予人们的警示。但在某一历史时期,即一定的时间内随着生态文化主题或主旨的改变或转换,生态文化形式也会发生变化,不可能凝固不变。

**7-41　如何理解生态文化的开放性?**
答:文化本身就是多元和包容的。在多元文化结构中,不可能不对外传播文化,对其他文化而言,这就是入侵或渗透。而在传播文化过程中,必然要接纳其他和外来文化中新鲜元素,吸收有益营养,丰富自身的文化内涵,这就是吸收和接纳。开放显然是不同文化体系间互动和相互交流、接纳的过程。

**7-42　生态文化的发展规律有哪些?**
答:更替律:挑战与应战;平衡律:冲突与协同;融和律:渗透与融合;多一

律：独立与互为依赖。

**7-43 如何辩证理解生态文化与生态环境的关系？**
**答：** 生态文化与生态环境的关系构成正比，生态文化越发展，民众环保意识越觉醒，环境执法越严格，生态环境越趋好；反之，生态环境问题便日渐严重。因此，一方面要批判和抑制工业文化，不使其过分膨胀，避免盛极而衰，导致文明自身消亡；另一方面，极有必要从生态文明视域，唤醒民众环保意识，重视生态文化建构，切实把生态文明建设与经济、政治、文化、社会建设形成"五位一体"。

**7-44 如何辩证理解生态文化的竞争性与妥协性？**
**答：** 文化的竞争性与妥协性是一对矛盾的两面，既相互矛盾，又造成两者之间的相互依存和相互促进。要遵循文化发展规律，既要有激励机制，要允许竞争，开展积极健康的文化批评与批判，支持新兴文化形态，使文化呼应社会需求，体现社会主义文化核心价值观，表明时代的主流和方向。另一面，又要注意到不同文化形态或形式之间存在的妥协，要显示灵活，允许非主流和方向的其他文化形态或形式的存在。

**7-45 如何理解生态文化的渗透性？**
**答：** 文化的渗透首先体现在文化理念与自身文化体系的相互渗透作用。一是精神层面的理念、信仰、思想等意识形态，即核心价值体系，对文化体系自身的渗透和引领。二是在各领域及其文化体系，都有各自的面对领域等运作机制和目标方向，是一个独立运作的文化体系，但又相互渗透和相互作用。三是文化的渗透性还体现在高一层面的文化体系与低一层面文化个体、单位、团体之间的相互渗透和作用。

**7-46 生态文化的基本要素包括有哪些？**
**答：** 文化的基本要素包括文字、语言、哲学、美学、文学、艺术、宗教、政治等等，生态文化的基本要素同样包含上述内容。但生态文化与一般文化的不同在于，这些基本要素是在生态文化的视域下的一种呈现，而不是一般的文化要素表述，它要求体现生态特征、生态理性和生态责任，诉求在生态文化视域下，组成文化的诸多要素实现一次生态转向——由工业文化向生态文化转型。

**7-47 生态美学的主要特征有哪些？**
**答：** 以生态系统为主要审视对象；在工业文明社会中竟然成为人们追求和向往

的一种审美理想和奢侈。而美学增加生态维度，不但大大拓宽美的视野，也使艺术的审美更生活化，更符合人类在当下的需求。呈现生态的审美主题：在生态美学看来，自然生态才是审美最主要和最基本的对象，自然生态过程才是审美最重要和最本质的内容，只有呈现自然生态及其生态过程，才能真实而又生动，平实而又神奇地展示自然万物的生存状态。

**7-48　生态美的范畴有哪些？**
答：宁静、和谐、壮丽、神奇、诡秘、野性。

**7-49　生态美的形态分为哪几种？**
答：生态美的形态可分为三种：未经人类加工改造的自然生态（自然美）；按社会需求加工改造的社会物质生产生态（社会美）；按艺术原则塑造的精神文化生产生态（艺术美）。

**7-50　生态美学的内涵有哪些方面？**
答：①"生"的意识：生态美学以生态系统为审视对象，要凸现生态的审美主题，展示其生态过程。②平等意识：生态美学要传递的另一内涵是平等意识。③家园意识：当代生态审美观中作为生态美学的重要内涵"家园意识"。④场所意识：所谓"场所意识"，即物所在的空间性问题。⑤参与意识：指人的所有感官积极参与的审美观念，这是美学学科上的一种突破与建构。⑥世界的"复魅"：进一步解放人的思想，打破人与自然之间人为的界限，使人融于自然之中。

**7-51　什么是生态文学？**
答：以生态或环境为主题的一种新的文学形式。

**7-52　生态文学的特点有哪些方面？**
答：①主要以纪实的文学形式，通过典型的公害案例，揭露环境污染造成的危害，抗议破坏环境的恶行，唤起民众的环保意识，表达大众对环境的诉求。②文学题材从关注人转向自然界。③艺术样式也转向生态题材，表现生态的样式更加多样化和个性化，更贴近民众。④生态文学（艺术）以"生"为主题。⑤生态艺术还为创作材料的创新提供条件，用以表达各具个性特质的生态题材。

**7-53　生态文学和传统文学有何区别？**
答：(1) 生态文学拓宽文学的表现题材。

（2）生态文学提升文学的思维结构。即由人类中心主义转变和提升到全人类意识和地球村意识，诉求用全球观念看待文学问题。在整体性的思维结构中，呈现自然与人两者相互依存又相互联结的关系。

（3）生态文学转变文学的思想观念。生态文学在思想观念上，将由对自然的索取、征服和统治，转为对自然的保护，遵从和固守，以逐步实现自然与人之间的和解。

## 7-54　什么是生态文学的目标？

答：生态文学的本质是文学的视野和目标的生态转向，或文学由仅仅重视人向诞生和养育人类的母亲——自然生态系统转向，这就是自然的守望。文学走向自然，回归自然，守望自然，从而摆脱工业社会过度物质追求的生活带来的种种烦忧，回到人类的正常生活轨道，一种本色本真的生活，这就是精神的守望。

## 7-55　如何建构生态文学？

答：建构符合中国国情的生态文学，既要"走出"，又要"回归"。"走出"就是走向基层，走向民间。在民间在基层，有最生动的生态文学素材。"走出"就是走向自然、走向荒野。在自然在荒野，有最鲜活的生命呈现和最朴实的价值考量。"回归"就是回归中国文化的传统。生态文学的根在本土，既走向自然荒野，又回归中国文化传统，中国的生态文学定能走出一条符合中国国情的路子。

## 7-56　如何理解建构生态文学的"回归"？

答：中国文学传统中很多优秀东西，值得借鉴。其一是从楚辞汉赋、唐诗宋词、明清小说，以及近代文学中，都留有很深的生态足迹，十分明显的自然主义倾向；其二是物我合一的精神追求；其三，中和圆通的人生态度。中国文学尤其是戏剧，往往以团圆作为结局。

## 7-57　如何理解科技是一把双刃剑？

答：现代科学技术作为第一生产力，是一种伟大的革命力量，它在本质上是"善"的，是服务于人类社会的，这没有疑问。但自20世纪中叶，经过第二次世界大战浩劫和当下全球性的生态危机，学术界提出"科学技术的负面作用"的问题。这就是说，科技作为人类的工具，其价值不是中立的，它既可以用于为善，也可以用于作恶；既有正价值，正面作用；又有负价值，负面作用，一把利剑的两面性。

**7-58　科学技术需要承担的自然与社会的责任有哪些？**

答：技术上成功并不等于生态上的成功。相反，随着越来越多的科技发明，越来越多的人工合成物质出现，会有越来越多且成分越来越复杂的化学物质，进入自然系统，并给自然生态系统造成损害，给当代和未来的人们带来难以预料的严重后果。因此，科学技术仅仅考虑人的当下利益是不够的，还要考虑自然的存在，承担对自然的责任。科学技术除了要承担对自然的责任，还不能忽略社会的存在，要承担社会的责任。

**7-59　科学技术的生态转型包含有哪些内容？**

答：第一是科学技术目标的转向。

第二是科学技术观念的转变。科学技术观念的转变包含两点：一是确立和谐的自然观，从对自然界的控制和通胀，转为对自然界的遵循与和谐；二是确立整体的科学观。

第三是科学技术的生态转向。首先，要充分发挥科学技术自身的优势，积极开拓新能源领域；其次，积极发展循环技术或系统技术；再次，开发废弃物处理技术、水污染处理技术及其产品和设施；最后，严格和完善科学技术成果的应用机制。

**7-60　如何理解工业文化与生态文化的冲突与融合？**

答：人们注意到工业文化与生态文化有矛盾与冲突的一面，又有和解和融合的一面。批判和扬弃工业文化并非否定工业文化本身，而是探讨决定人类对自然态度和行为背后的思想文化因素，历史揭示文化如何影响自然生态，进而在文化审视过程中，注入生态因素，进行生态文化的变更与重构。工业文化以物为本，生态文化以人为本；工业文化唯发展主义，生态文化强调理性发展；工业文化唯技术至上，生态文化走绿色技术路线。

**7-61　如何理解生态文化是时代的必然选择？**

答：生态整体主义的基本走向决定生态文化的选择：保护了环境，维护了生态的整体性，使万物生命共享自然资源，体现生态整体主义的旨意，全球生物圈的安全与稳定，是人类生存与发展最基本条件与诉求。多样共生的普适理念决定生态文化的选择：多样共生的普适理念不但适用于自然界，同样适用于人类世界。

**7-62　发展生态文化应处理好几个关系呢？**

答：物质与精神的关系、本土与外来的关系、主流与非主流的关系、先进性与多样性的关系、传承与批判的关系。

**7-63　如何理解生物社会的生态文化？**
答：生物社会的所有成员几乎同人类一样，都有各自的生存智慧和生存高招，遵循竞争与妥协、遗传与变异、选择与适应等生存法则；另一方面，各类生物之间又往往相互妥协，达成和解，共处共荣。生物社会中的所有成员不但相互竞争和妥协，还在生命的世代传续中，既承接母体的所有基因，这是遗传；又在对变化着的地球环境的挑战中，增添新的元素，这是变异。

**7-64　如何理解原始文明社会的生态文化？**
答：当时的人类已经有最初的语言交流和文字符号，正在向着文明的门槛迈进。当时的人类由于人口稀少，对自然索取不多，远远未能达到生态阈值，生态环境极好，且限于生产力，所获得食物只是够用，并无多余，社会分配几近平均，也免除了世俗的欲望和纷扰。在原始文明社会，人类的确渡过一个相当长的物质匮乏，但分配平均，生态良好的原始共产主义生活时期。

**7-65　如何理解农耕文明社会的生态文化？**
答：农耕文化在工业文明视域中，无疑是贫困、落后和愚昧的代称，但从生态文化视域，农耕文明社会已能建立和控制农田、牧场、经济林和湖沼在内的半人工生态系统，虽然生产力相对不高，但基本自给或自给有余。但是由于封建社会的制度和经常的战争，造成广大劳动人民的生活极其苦难。

**7-66　如何理解工业文明社会的生态文化？**
答：工业文明社会拥有人类历史上最先进的生产体系，却生产了人类历史上最不安全的产品和食品；工业文明社会掌握了人类历史上最尖端的科学技术，却用来制造屠杀人类自己的武器；工业文明社会最具理性的人类，却犯下破坏自身生存根基的最大错误；工业文明社会的人得到人类历史上最好的物质享受，却不得不面对人类历史上最糟的生态环境，工业生产过程产生的一切，把上帝赐予人类的生存权、健康权全剥夺了。

**7-67　工业文化向生态文化转型要经历几个阶段？**
答：生态文化的转型是一个渐进的历史过程，大致要经历生态文化生成、发展和成熟的三个阶段。

**7-68　创建生态文化应遵循的基本原则有哪些？**
答：第一，有为原则。第二，有所为有所不为原则。第三，无为原则。

**7-69　创建生态文化有哪些形式？**
答：随着生态意识的普及，生态文明建设活动的深入开展，各地创造出诸多创建生态文明的形式。这些形式扎根实践，有强大的生命力。主要有产业、区域、单位和个体四个层面的生态文化形式。

**7-70　从产业层面上如何创建生态文化？**
答：从产业层面，有生态工业、生态农业、生态服务业和生态文化产业等形式及传达的文化。

**7-71　从区域层面上如何创建生态文化？**
答：从区域层面，依次有生态省、生态城市、生态县、生态镇等创建活动。在当下的工业化、城镇化的进程中，生态城市及其文化尤其引人关注。其一，应坚持生态功能优先的原则，对城市绿地整体空间进行合理生态配置。其二，师法自然。城市森林的主体应当是自然和近自然的森林绿地。其三，林网化与水网化结合。根据城市特点，全面整合林地、林网、散生木等多种模式。其四，城市森林建设应与城市园林、城市水体、城市基础设施建设结合起来。

**7-72　从单位层面上如何创建生态文化？**
答：在单位层面，有绿色校园、绿色医院、绿色企业、绿色机关单位的创建活动。以绿色高校创建为例，绿色高校创建包括和谐的人际关系、绿色校园环境和人性化管理环境三个方面。绿色高校一切以学生为本，做到教书育人、环境润人，两者互为补充。

**7-73　从个体层面上如何创建生态文化？**
答：在个体层面，即要求现代社会的每一成员要"修身"，要重塑自身。这就是说，社会每一成员通过践行生态、履行作为地球生物圈普通一员应承担的责任和义务，从而成为社会的"生态人"或"绿色成员"。一种既满足自身需求，又体现共享和尊严的生活方式，一种绿色、理性和健康的生活方式。而当这种生活方式成为全社会普遍的行为规范，生活在其中的每一个个体，便自觉或不自觉地完成自身的道德修养，成为生态文明社会的真正一员。

**7-74　什么是生态文化产业？**
答：生态文化产业是工业化生产体系催生的产物，是文化产业的一个部门，是现代社会产业群的重要组成部分。在社会主义市场条件下，生态文化产业具有两重属性，既有经营性或商业性的一面，又有公益性或公共性的一面。

## 7-75　什么是生态文化产品？

**答**：作为一种具体的生态文化形态，指生态文化产品，生态文化产品包含"魂"和"体"两个方面。生态文化产品要表现出特定的精神内涵，如价值取向、审美情趣和道德诉求等精神方面的东西，以体现文化认知、教化、娱乐等功能，这是生态文化的"魂"。而生态文化的这种精神内涵的呈现，又总要依托一定的物质载体，表现为一定的物质形态，这是生态文化的"体"。

## 7-76　生态文化产品分成哪几类？

**答**：按照人类对自然物抽象和加工深浅程度，生态文化产品依次可分为：第一类，生态文化理论形态产品。第二类，生态文艺产品，凸现生态主题等文学作品。第三类，生态工艺产品。第四类，生态博物馆形态产品。第五类，生态旅游文化产品。第六类，自然保护区文化产品。

## 7-77　生态文化产品有哪些特征？

**答**：生态文化产品与一般文化产品比较有以下特征：其一，生态文化产品与其他文化产品一样，具有教化和娱乐功能。其二，生态文化产品与其他文化产品一样，具有低物耗低能耗的特点。其三，生态文化产品与其他文化产品比较，还有一个特征就是自然的背景性。其四，生态文化产品与其他文化产品比较，具有自然的原始性。

## 7-78　如何界定文化产业的内涵？

**答**：2003年9月，中国文化部制定下发的《关于支持和促进文化产业发展的若干意见》，将文化产业界定为：从事文化产品生产和提供文化服务的经营性行业。文化产业是与文化事业相对应的概念，两者都是社会主义文化建设的重要组成部分。文化产业是社会生产力发展的必然产物，是随着我国社会主义市场经济的逐步完善和现代生产方式的不断进步而发展起来的新兴产业。

## 7-79　如何界定生态文化产业的内涵？

**答**：生态文化本身就是一个产业。这就是说，生态文化不仅仅是一个形而上的概念，而是有产品，有生产多种多样生态文化产品与文化企业和营销生态文化产品的流通渠道。生态文化产业应当自觉承担社会责任，要通过媒体、广告和文化会展等形式，普及企业、政府、广大民众的生态环境知识，自觉保护生态环境，维护自身的生态权益。生态文化产业应当使生态文明的宏大叙事，转为民众可见的生态产品和服务，从而为民众所接纳。

**7-80  如何理解生态文化产品的两重属性？**
答：生态文化产品有两重属性。首先，具有经营性或商业性。生态文化产业是从事生态文化产品和提供生态文化服务的经营性行业，在社会主义市场经济条件下，生态文化产业必须面向市场，遵循价值规律，发挥价值规律在优化生态文化资源分配中的基础性作用。生态文化产品除了具有经营性或商业性一面外，还有它的公益性或公共性的一面。

**7-81  如何理解发展生态文化产业的战略选择？**
答：生态文化产业是可持续战略的选择、体制机制战略的选择、创新战略的选择、品牌战略的选择、特色战略的选择、重点战略的选择、人才战略的选择。

**7-82  什么是文化建设的生态导向？**
答：文化建设的生态导向作为新定义的概念，包含人与人、人与社会、人与自然、人与经济等，这些都是人的生活环境。不只是自然环境，也有经济环境，还有人文环境，人与社会、自身、经济、自然之间的复杂关系都依靠文化建设的生态导向来平衡和协调，其强调的是各个系统和谐的共处，是一个动态的平衡，而不是静止不动的，是人们不断在实践中总结经验的结果。

**7-83  文化生态导向的背景意义包含哪些方面？**
答：生态危机——全球各国重点关注的对象。生态危机不只是自然灾害的问题，它指的是生态环境被严重破坏，使人类的生存与发展受到威胁的现象。生态导向文化——社会持续发展的文化选择。认为社会一旦出现退步，社会就不会发展了；认为只有经济发展了，社会才会得到发展。人类文化进步的新渠道——生态导向的文化。人类文化的进步与创新需要以文化建设生态为导向，以改革作为转变的手段从人类生产生活的各个方面入手。

**7-84  生态文化和文化生态有哪些共同点？**
答：其一，二者均以生态学理论作为基础；其二，二者均将自然生态的问题延伸到社会、文化以及精神层面，认可人类文化所具有的生态性质，从人类生态系统的角度审视"文化"所面临的问题；其三，二者都从哲学和人类学层面着手探讨生态观，将生态学当做考察人类文化的方法论。

**7-85  生态文化和文化生态有哪些不同点？**
答：生态文化与文化生态二者的内涵是完全不同的，不能混为一谈。"生态文化"的重点在于"文化"二字。"文化生态"的重点在于"生态"二字。

**7-86　大众文化的产生依赖于哪三个条件？**

答：一是经济条件。当社会的商品经济较为发达，市场体制发挥其应有的作用时，经济全球化的目标更容易达成，各国的经济文化交流也日益密切。二是政治条件。文化在人们生活中扮演的角色越来越重要，与文化相关的信息也逐渐增多，人们受教育的情况得到改善，文化水平不断提高。三是技术条件。数字信息技术的发展，大众传播媒介和渠道的形成使全球形成了信息一体化的传播网络。

**7-87　社会文明有哪些特点？**

答：（1）结构性。社会文明的内容丰满，结构复杂。
　　（2）动态性。社会文明是动态的，会发生量变，随着量变的积累逐渐发展成为质变。
　　（3）世界性。世界各地的文明相互交流，文化因子相互吸收，和各自的文明相融合，从而变成自己文化中的一部分。
　　（4）民族性。这些文明可能是受地理位置、气候环境、人文气息等影响。
　　（5）现代文明在某种程度上可以称作古代文明的辩证继承。

**7-88　如何描述森林文化的特点？**

答：应该对森林文化赋予人格化的意义，森林文化必须把人的活动有机地统一起来。森林文化有着自身特有的演替规律，目前已经经历了从人与森林本然一体的古代形态生态文化，到人与森林关系异化二分的近代形态生态文化，再到人与森林融洽和谐的现代形态生态文化等三个阶段。在各个阶段中，造成森林文化的因素众多，且又不完全相同，其发展过程呈现出由肯定到否定、再到否定之否定的规律性特征。

**7-89　如何描述森林文化的内容结构？**

答：森林文化的内容结构包括物质、精神和制度三个层面的文化形态。物质层面的森林文化，也叫表层森林文化。制度层面的森林文化，也叫中层森林文化。即针对森林所制定的法律法规，组织机构、相关规定等。精神层面的森林文化，也叫深层森林文化，是森林文化的核心。指森林文化的理念、道德、审美等，它体现了森林的世界观、审美观、价值观等，从而导致了以森林哲学、森林美学、生态伦理学等为标志的人文林学学科的出现。

**7-90　森林文化主要作用有哪些？**

答：森林文化主要有唤醒作用、凝聚作用、渗透作用、陶冶作用、引领作用等。

**7-91　如何阐述湿地文化？**

答：湿地和海洋、森林等生态系统组成了我们赖以生存的地球的生物圈，很多新的物种就是湿地孕育出来的，它也见证了很多物种的进化。湿地文化由湿地自然生态文化以及湿地人文景观文化共同构成。其中，前者指的是湿地诞生和演变的过程、各种类型湿地的自然景观、湿地多样化的自然生态系统等；后者指的是人类在充分利用湿地等过程中创造出的全部物质以及精神方面的财富。

**7-92　如何理解湿地文化的独特性？**

答：湿地文化的独特性主要体现在如下方面：①明显的地域特色：各个地区的自然、历史、社会环境都存在或大或小的差异由此形成了差异性的生产方式以及习俗。②明显的时代特点：湿地文化是人类和自然彼此作用形成的产物。③创新性：文化总是在不断变化的，它在社会发展的推动下不断发展。④脆弱性：湿地文化是非常脆弱的，现代文明孕育出了更为多变、开放、多元的文化，这种文化所含有的很多因素都会对湿地旅游及其产品造成冲击。

**7-93　应从哪些方面开发利用湿地文化？**

答：（1）在湿地文化宣传方面投入更多的精力和资源。在湿地文化宣传方面投入更多的精力和资金，不断塑造保护湿地的观念，普及湿地文化的相关知识，提升生态意识。

（2）结合具体情况，不断发展具有特色的湿地文化。在大力开发湿地文化时，我们应该从其特征方面着手，结合具体的情况具体分析。

（3）进一步健全相关的管理机构体系。各级政府相关部门要主动承担其推广湿地文化的责任，结合具体的情况完善湿地文化管理机构体系。

**7-94　如何理解海洋文化？**

答：首先，海洋文化的着重点在于人和海洋的互动关系，它是人类在海洋中开展实践活动并不断努力适应海洋所形成的文化内涵。其次，海洋文化这一概念中的海洋二字是广义的，它由精神和物质方面的财富构成。在研究海洋文化时必须注意，它的划分并未以地域为依据，并非任何一个海滨城市的文化均为海洋文化，符合这一概念的前提是源于海洋的文化。

**7-95 海洋文化有哪些特性？**

答：地域性、外向性、开放性、商业性、冒险性、开拓性、民族性、壮美性等。

**7-96 海洋文化包括哪几个方面的内容？**

答：其一，海洋物质文化包括所有和海洋元素存在关联的物质产品，比如海港以及海洋城市、渔民生产生活、渔业服饰、海洋工艺品、海洋庙宇、海洋旅游景区建设等。其二，海洋制度文化指的是和海洋有关的政治、经济、法律和生产生活方面的制度。其三，海洋精神文化，它指的是在上述两种文化的基础上诞生的和意识形态有关的文化。其四，海洋行为文化，它指的是人们在不断地和海洋互动时，逐渐产生的生活方式、行为习惯等。

**7-97 何为海洋文化产业？**

答：海洋文化产业指的是人类和海洋互相影响的过程中创造出的物质和精神方面的财富，前者主要包括了各种物质文化资源，后者主要包括了语言、习俗、信仰、艺术等。海洋文化产业不断向前发展，为海洋产业带来各种资源，同时为海洋产业的发展提供了助力。特别是海洋文化旅游产业，它是优化海洋产业结构，实现整体产业长期稳定健康发展目标的着力点和突破口。

**7-98 如何理解生态科技？**

答：所谓生态科技，是用生态学整体性观点看待科学技术发展，把从世界整体分离出去的科学技术，重新放回"人—社会—自然"有机整体中，将生态学原则渗透到科技发展的目标、方法和性质之中，以协调人与自然之间的关系为最高准则，以不断解决人类社会发展与生态环境保护之间的矛盾为宗旨，它追求的是生态经济综合效益，即经济效益最佳、生态效益最好、社会效益最优的三大效益的有机统一，其最终目标是社会的可持续发展。

**7-99 生态科技是如何实现社会的可持续发展？**

答：①自然生态化，指的是利用生态科技增强节约资源、保护资源、开发资源的能力。②经济生态化，指的是利用生态科技对经济发展的辅助作用，促进经济全面、协调、可持续的发展。③社会生态化，指的是通过生态科技促进社会的文化、教育、政治等与经济共同发展，建设民主、有序、进步的生态型社会。④人的生态化，指的是通过生态科技实现人类个体精神与物质的互相促进，使人民拥有更加健康的体格、更高的道德水平和综合素质。

**7-100 研究生态科技应遵循哪四条原则？**

答：（1）生态科技强调多目标发展。生态科技不局限在追求经济效益上，更要求创造生态效益和社会效益。

（2）生态科技强调协调发展。协调发展是生态科技的核心原则，它是实现生态科技的根本保证。

（3）生态科技强调可持续发展。要实现可持续发展，首先要使人和自然能够全面、协调发展。要实现二者之间的协调关系，就要依靠生态科技机制的建立。

（4）生态科技强调以人为本。唯有实现人的生态化，才能建设自然、经济、社会协调发展的新文明。

**7-101 研究生态科技发展，应注意哪四条对策？**

答：（1）转变传统的科技观念，树立生态科技发展观。现在首要的任务就是改变传统的科技观念，树立新型的生态科技观念。

（2）坚持以科学发展观为指导，促进生态科技的健康发展。科学发展观是21世纪初我国提出的一种新的发展思路，它影响了我国经济社会生活的方方面面。

（3）完善生态科技的制度建设，全面激励科技创新。生态科技对于建设生态文明来说有必不可少的作用。

（4）构建完备的生态科技法律体系。

**7-102 什么是生态文艺？**

答：生态文艺是人类不同层次、不同角度的历史性存在的独特性表现形式，它能够通过艺术将人的本质呈现出来。生态文艺探讨了文学艺术和生态系统之间的关系。

**7-103 生态文艺的实践目标一共有哪四个？**

答：第一，生态文艺必须避免技术理性走向歧途，成为革除异化的有力工具。第二，生态文艺是以生命经验为方向，帮助人类达到优化生态状态的一种体验形式。第三，生态文艺是深化生命自由精神、独立且完美人性观念的必经途径。第四，生态文艺必须让人们摆脱欲望的束缚，从而超越现实的存在，实现心灵的升华，获取精神超越的生态审美体验。

**7-104 生态文艺的建设方法有哪些具体实践？**

答：第一，对于审美的生态文艺而言，生态系统实现最高价值后，自然就会摆脱对人的依赖，从而形成自己的体系，重获自由，成为独立的灵性整体，然后在该基础上建立和人之间的关联，将人和生态双向对象化。第二，如今的生态文艺的重点放在生态危机的客观思考上，人们跟踪关注生态冲突这一现象下隐藏的人性矛盾，不断地对各种破坏环境的行为进行谴责，同时将批判和想象的诗意拓展到人类所需的深层次领域。第三，营造生态审美观以及生态理想人格。

**7-105　生态教育可分为哪几种类型？**

答：生态教育内涵非常丰富，可以分为社会教育、专业环境教育、在职环境教育、基础教育四种。

**7-106　生态教育的内容有哪些？**

答：一是以社会公众为教育对象。社会公众主要包括个人和各种社会群体，他们是生态文明建设的直接实施者和受益者。二是以家庭教育、学校教育、社会教育为主要方式。开展生态教育，家长应该重视和掌握生态教育内容。三是以生态道德教育、生态知识教育、生态实践教育为重点内容。生态教育中不仅考虑让公众获得知识，而且更要注重公众获得情感的体验、技能的掌握，从而促进公众生态道德的发展。

**7-107　实施生态教育有哪几点意义？**

答：第一，生态教育是提高生态意识、塑造生态文明的根本途径。通过生态教育，培育公众的生态意识，改变公众错误的生态观念，继而引导公众在更广的范围和更深的意义上参与生态管理。第二，实施生态教育是我国经济可持续发展的现实要求。要使我国的现代化建设持续健康地发展下去，必须培育公民节能降耗意识、生态保护意识，走节约利用资源、保护生态环境的生态发展之路。第三，生态教育状况和质量是衡量一个国家文明程度的重要标志。

**7-108　实施生态教育应注意哪些方面？**

答：第一，完善生态教育体制。生态意识的培养并不是一朝一夕就能完成的，培养新世纪的人才必须把这一任务作为一个系统工程来抓。第二，营造生态教育良好的社会氛围。实施生态教育，离不开公众的广泛参与和支持。第三，创新生态教育手段。我们必须通过多种途径创新生态教育手段。第四，重视生态教育实践。生态教育的实践，关键在于每一个公民参与。

**7-109　生态文化的内涵在纵向上和横向上分为哪几个方面？**

答：生态文化的内涵在纵向上大体可分物质、行为、制度、精神四个层面；在横向上可分为森林文化、湿地文化、环境文化、产业文化、城市文化等。

**7-110　如何理解生态文化载体？**
答：生态文化载体便是承载或传递生态文化的事物。文化本身具有双重性：一是其抽象性，指围绕核心价值观的意识形态；二是其具象性，指其能够表征为一定的具象形态。文化具象形态即文化载体，它承载着文化的核心价值观，是对文化的直观而具体的表达。对应而言，生态文化载体即生态文化的具象表征形态，承载人与自然和谐共存、协调发展这一生态文化的核心价值观。

**7-111　不同角度下的生态文化载体有哪些类型？**
答：从载体的范畴角度，可以将生态文化载体按照其涉及的资源本底或立足的技术本底细分到不同的领域，如林业及其相关领域、工业及其相关领域等。从载体的功能角度，可以将生态文化载体按照不同的主导社会功能作出细分。从载体的属性角度，可以将生态文化载体划分为物质载体和非物质载体。这也是目前研究生态文化载体较为成熟和系统的划分方式。

**7-112　如何看待文化载体作为建设生态文化的切入点？**
答：文化载体使文化抽象的意识形态表征为能够为人所接触的实体，是认知生态文化的等同概念，亦是建设生态文化的切入点。一方面，它提供了一种认知文化的方式，使一种看不见摸不着的"无形"的意识形态转变为可见闻可触及的"实在"的事物；另一方面它提供了一种建设文化的途径。载体的塑造是使生态文化的核心价值观从深度和广度上更清晰地为人接触、被人认知的最直接途径。

**7-113　文化创意产业的内涵是什么？**
答：文化创意产业本质上是以文化产业为基础，以创意或者智力成果作为锦上添花的辅助而形成的一个新的产业；而且还可以是以创意产业为基础，整体围绕着文化这个中心进行服务。文化创意的新产业应当是文化以及创意这两个产业相交的结果，也可以看作是二者更高层次的一种模式。

**7-114　文化创意产业有哪些作用？**
答：文化创意产业有优化产业结构、促进经济增长、增加就业人数和加快文化建设四种作用。

**7-115　中国文化创意产业要想获得长足发展，必须高度重视哪几个方面？**
答：第一，始终奉行经济先行原则。文化创意产业与所在地经济的发展密切相关，经济的迅猛发展势必能带动文化创意产业的发展。第二，认清并定位好政府和市场的关系。政府和市场的职能、作用、地位并不相同，必须对这一点有明确认知，才能有效防范政府权责不清的问题。第三，人才、资金与环境之间应当和谐统一。文化创意产业的发展离不开人才，必须不断提升国民素质，培养并吸引更多创意人才，展现人才的集聚效应。

**7-116　如何从广义上理解非物质化的内涵？**
答：非物质化在总体上看，指的是社会经济发展进入全新的模式和阶段。非物质化不再像过去一样将物质财富作为衡量标准，而是使社会经济的发展不再仅仅依赖于消耗自然资源，直到使人类生产和消费所必须消耗和占有的自然资源低于地球生态环境可承受的极限。在这样的转型过程中，也使人们将沉溺于物质的需求逐步转向为对精神、文化的需求，从而实现自然、人类、社会等众多方面的和谐发展。

**7-117　如何从狭义上理解非物质化的内涵？**
答：从狭义方面来看，非物质化通常广泛地用来表示工业产品所用材料重量减少的特性。人们也可把非物质化定义为工业产品中"内在能量"的减少。现在的经济发展方式越来越先进，对材料和资源的利用更加充分，浪费的现象也大幅好转，非物质化将会成为发展的必然趋势。但是需要明确一点，为了物质生产，我们在追求经济增长的同时一定会使用资源能源，所以非物质化生产的宗旨应是少消耗、少浪费，直到达成无资源浪费的目的。

**7-118　如何理解非物质化产业的内涵？**
答：非物质经济产业是一种高福利的经济发展方式，目标是在确保人类经济不断进步、人民生活水平不断提高的条件下，保证生态不被破坏、环境不被污染、资源不被浪费，从而实现地球生物圈的可持续发展。

**7-119　要实现经济产业的非物质化,需要做到哪几点？**
答：第一，人们应该在物质生活得到基本保证的基础上改变其一味追求物质享受导致的过度消费的生活方式，而转变为追求精神满足、追求文化发展、追求社会保障的生活方式。第二，产业发展应该进行从生产到服务的转变。从生产、销售者的角度来看，应该把重点放在生产、销售服务而非商品上，应从服务的角度扩大宣传。第三，应大力促进先进的科学技术的创新。创新是一个民族的灵魂，也是实现可持续发展和生态文明过程中极为重要的一个方面。

**7-120　如何理解非商业性文化活动内涵?**

答：我们先将其定义为一种依靠公共财政及公共服务，或者通过个人及公益性团体筹备资金，以培育和弘扬民族精神、传承民族文化、提高个人的精神修养为宗旨，不以营利为目的的文化服务项目。

**7-121　非商业性文化活动有哪些类型?**

答：①政府主办的非商业性文化活动，承办机构主要是政府机关及其文化事业单位以及国有的文艺院团；②文化类社会组织主办的非商业性文化活动，展办机构主要是文广影视行业的社会组织；③民营文艺院团主办的非商业性活动，承办单位主要是民营的文艺表演团体；④群众文艺团体主办的非商业性活动，承办团体多为居民自发自愿组成的合唱团、舞蹈团、书画团队等。

**7-122　国家要想大力发展非商业性文化活动,应该从哪些方面着手?**

答：一方面，我们应该注意发挥政府的文化职能；另一方面，我们要重视民间文化团体的力量；最后，非商业性文化的发展与繁荣离不开社会的参与。

**7-123　非商业性文化社团有哪几种类型?**

答：可分为三种：第一种是民营性质的文艺院团。民营的文艺院团最先在文化体制改革中转型，成为属于群众的社团。第二种是文化类的社会组织。它们覆盖了文广影视的各行各业。第三种是群众文化团体。群众文化团体大多诞生在居民区内，是群众自发组织、自愿参加的组织，多举行健身娱乐、文化欣赏、社区公益等活动，不满足社会团体和民办非企业单位的登记条件，多是非营利性的社区组织。

**7-124　如何说明非商业性文化社团的生存环境是不容乐观的?**

答：第一，扶持力度不够，资金问题明显。众多的非商业性文化社团却还面临着资金短缺的问题。第二，公共资金不足，活动没有场地。随着加入到社团的人数越来越多，这就造成了人数和场地上的严重不匹配。第三，社团内部规章制度不健全。一些规模稍大的文化社团，缺乏专业化的管理团队，内部管理混乱等导致社团不能良性发展。第四，社团缺乏优秀人才。非商业性的文化社团一向较难吸引到优秀人才且人才的流失现象也较为严重。

**7-125　如何促进非商业性文化社团的进一步发展?**

答：进一步完善政策法规。应继续建设文化圈，要有效利用已有的空间和资源（如公园、广场等），真正让人民群众享受到身边的文化活动。加大培训力度，吸引人才。任何文化类社团都离不开人，人才短缺可以在很大程度上制约社团的发展。政府及文化社团本身都应该尽量避免人才流失和人才断层的情况。转变发展方式。社团完全可以通过网络，借助微博、微信、贴吧等方式进行线上的经验交流，也可以借助网络平台发起、组织活动。

**7-126　如何理解生态文化旅游的内涵？**

答：生态文化旅游：遵循可持续发展理念，专门针对自然界的生态环境，注重生态旅游与文化旅游的同步发展，以自然资源与人文资源为基础，通过不断地挖掘来满足游人多元化的旅游需求在创造经济效益的同时也有利于环保事业展开的新型产业形式。

**7-127　生态文化旅游有哪四个特点？**

答：生态文化旅游有环保性、融合性、综合性和体验性四个特点。

**7-128　生态文化旅游有哪些重要意义？**

答：促进经济发展。旅游业在地区经济发展中发挥着重大的促进作用。保护生态环境。生态文化旅游开发最初的目的在于以既有的生态与文化两大资源为依托，在可持续发展理念的指导下开发生态环境，并力求将影响降至最小，推动生态文明建设。在党的十七大报告中基本形成节约能源资源和保护生态环境的产业结构、增长方式、消费模式。生态旅游是开展生态体验、教育、认知，并产生身心愉悦的旅游形式，承载着生态文明的关键部分。

**7-129　生态文明宣传有哪三点基本内容？**

答：（1）生态意识宣传。一个人能否积极践行生态行为在很大程度上取决于是否具有强烈的生态意识。

（2）生态道德宣传。生态道德的薄弱或缺失已经成了生态文明建设的桎梏之一。生态善恶、生态良心、生态正义和生态义务共同构成了生态道德的主要内容。

（3）生态法制宣传。生态法制宣传是生态文明建设的重要组成部分。一方面，需要加强生态法制意识的宣传。另一方面，需要加强生态维权宣传。

**7-130　加强生态文明宣传要增强哪三个意识？**

答：一是资源节约意识。通过生态文明宣传教育，增强人们节约资源的意识，自觉养成节约资源的良好习惯。二是环境保护意识。通过生态文明宣传教育，帮助人们树立保护生态环境就是保护生产力、改善生态环境就是发展生产力的理念，引导人们走可持续发展的生态之路。三是生态改善意识。通过生态文明宣传教育，引导人们深刻理解人与自然相互影响、相互作用、相互制约的关系，自觉形成尊重自然、热爱自然、人与相处的生态价值观。

# 第八章

# 生态文明与政治建设知识问答

**8-1　什么是生态文明国家?**

**答：**"生态文明国家"是一个与"环境国家"概念密切关联的术语。它大致包括两个层面上的涵义，即国家生态文明建设的总体水平和生态文明建设的国家管治体系与能力。

第一个层面，生态文明国家也就是生态文明整体水平较高或"五位一体"生态文明建设目标的实现程度较高的国家。是人类社会及其现代文明大幅度生态化或"绿化"的国家，就是以人与自然、社会与自然关系的和谐共生为标志的绿色发展水平显著提高的国家。

第二个层面，生态文明国家意指生态文明建设政策实践中的国家管治体系与能力。概括地说，它至少应包括如下四个方面：一是法治框架的构建；二是党和政府的领导能力及其建设；三是国有（大型）企业的引领示范作用；四是公民主体的成长及其社会政治参与。

**8-2　什么是环境国家?**

**答：**"环境国家"是一个与"生态文明国家"概念密切关联的术语。它大致包括两个层面上的涵义，即国家环境管治的善治水平或基本目标实现程度和国家环境治理体系与能力的现代化提升。

从政治学的视角看，环境国家是指现代国家（政府）与社会之间的一种"绿色契约"关系。国家（政府）依法享有对主权辖区内生态环境的保持、保护与合理利用的管治权限和职能，而人民拥有对国家（政府）的环境管治进行赋（撤）权并行使民主政治监督与抗争的主权权利。

而广义上的环境国家，除了包括一大批掌握先进绿色技艺，又具有生态意识自觉的企业，尤其是国有（大型）企业，还包括或依托于一个不断成长的

"生态文明社会"。

**8-3 "环境国家"概念的提出,凸显了生态文明建设视野下哪些需要进一步讨论的问题?**
答:(1)环境国家与生态现代化战略的关系。一个国家要想成功实施生态文明建设的生态现代化战略,就必须同时是一个环境国家。
(2)环境国家与生态民主的关系。
(3)环境国家与生态资本主义或社会主义的关系。这方面的一个核心性问题是,是否需要进一步作出资本主义或社会主义的环境国家的区分,或者说,资本主义与社会主义的意识形态分野对于环境国家而言究竟有无意义。

**8-4 什么是生态民主?**
答:广义上的"生态民主"概念,包括两个不同层面上的意涵,即现代政治民主的生态化或"绿化"和一种全新的生态主义民主。前者更多与现代社会中国家(政府)和政治的进一步民主化相关,而后者更接近于一种涵盖社会各个层面(政治、经济、社会与文化)的综合性新型民主。

**8-5 学界目前对生态民主的探讨,有哪些是特别需要关注的?**
答:一是转型性生态民主或"生态(转型)民主"。它主要是围绕着生态民主的现代社会(文明)转型功能而展开的。
二是审议性生态民主或"生态(审议)民主"。它主要是围绕着生态民主所蕴含的不同于竞争性民主的论辩、协商和共识追求等特征而展开的。

**8-6 什么是环境公民?**
答:"环境公民"或"环境公民权",是进入21世纪以来在欧美国家中迅速扩展开来的一种环境政治社会概念或理论。它的基本设定是,生态环境保护中"公民(身份、资格)"这一政治法律维度的引入,或者说"公民"概念与"环境"(生态)概念之间的结合,是可以带来现时代所迫切需要的绿色变革的内源性动力。

**8-7 作为一种环境政治社会理论的环境公民理论,主要包括哪些派别?**
答:主要包括三个派别:自由主义的环境公民、共和主义的环境公民、生态主义的环境公民。

**8-8 什么是生态(文明)新人?**
答:概括地说,生态(文明)新人就是指与我国的"社会主义生态文明"价值取向与目标愿景相契合的"绿色公民""生态新人"或"社会主义新人"。生态文明建设的首要任务，就是培育和造就成千上万的具有生态文明素质的生态新人。从动态的角度看，生态新人只能首先来自那些率先实现了文化意识革新与生产生活方式变革的少数公民（群体），他（她）们将会成为整个社会实现生态文明性变革的引领性力量。

#### 8-9　如何培育生态新人或生态文明新人？

答：其一，充分发挥环境人文社会科学的作用。环境人文社会科学不仅构成了对环境自然科学和环境工程科学（技术）的实质性超越，而且构成了生态文明所必需的生态新人或社会主义生态新人孕育的学科母体。

其二，大力加强环境公民社会建设。如，从生态文明制度建设和体制改革的角度说，国家还需要采取更进一步的措施来促进一个健康活跃的"环境公民社会"成长。比如，组建各省的"环保联合会"；组建一批覆盖主要议题领域、学科和学术机构的国家级"绿色智库"；环保部等部委的相关机构更多地承担一种组织、协调与服务的角色等。

#### 8-10　什么是环境正义？

答：环境正义概念一方面可以理解为人们自己不愿意承担的环境不利后果或责任，也不应当让他人来承担，即所谓"己所不欲，勿施于人"，否则就是环境非正义行为，但另一方面也可以扩展到更为广泛的范围，比如环境主义者目前经常谈论的环境性别间正义、人类代际间环境正义和全球层面上的环境正义等等。不仅如此，很多深生态主义者已经将这种理解扩展到人类与其他物种之间的关系。

#### 8-11　极端经济主义的单向度"发展"，具有哪些环境非正义意蕴？

答：一是它拒绝任何价值意义上的深层拷问与检验，使得所有经济产品都被泛化为可以赚钱的商品；二是它敌视任何社会规范的约束，使得包括法律在内的各种制度性约束都成为漠视、清除和逃避的对象，而不是视为对经济行为的硬性制约；三是它无视甚至丑化这种无序而过度经济竞争中的弱者。

#### 8-12　什么是公众环境权利？

答：公众环境权利是指公众或公民所拥有的，与身处其中的生态环境的质量相关的基本性权益。而依据观察视角的不同，既可以将其区分为宪制性的基本人权或"环境人权"和与政治权利、经济权利和社会文化权利相并列的重要权益，也可以将其划分为个体性权利和集体性权利、物质性权利和精神性权利、当代人权利和后代人权利等。

**8-13　从方法论上说,关于环境权利的著述可以分为哪几类?**
答：一是将现行国际法和国内法（尤其是宪法）的人权或基本权利概念直接应用于环境领域；二是对现行国际法和国内法（尤其是宪法）的人权或基本权利概念做重新阐释后扩展到环境领域；三是创设独立的环境人权概念并涵盖环境领域，从而达到保护生态环境、改善人们生态环境质量的目的。

**8-14　什么是环境公益诉讼?**
答：环境公益诉讼是指有关生态环境保护方面的公益性诉讼，当由于自然人、法人或其他组织的违法行为或不作为，使环境公共利益遭受侵害或即将遭受侵害时，法律允许其他的法人、自然人或社会团体为维护公共利益而向法院提起的诉讼。

**8-15　完整的或合法的环境公益诉讼,包括哪些基本性元素?**
答：其一，它是为了保护社会公共的环境权利和其他权利而进行的诉讼活动，因而有别于针对个体环境权利及相关性权利的"环境私益诉讼"。

其二，它包括起诉人（涵盖公民、企事业单位、符合法律规定的社会团体等的社会成员）诉讼对象（有关民事主体或行政机关）和裁决者（法院）等3个法律行为主体，其中世界各国对起诉人资格的规定各不相同。

其三，它并不要求起诉人与案件有着直接利害关系，也就是不必是法律关系当事人，因而有时也被称为"环境公民诉讼"或"环境民众诉讼"，不仅如此，环境公益诉讼的利益归属于社会，因而诉讼成本应由社会承担，原告起诉时可缓缴诉讼费，若判决原告败诉，则应免交诉讼费，若判决被告败诉，则应判决由被告承担。

**8-16　环境公益诉讼的特点是什么?**
答：一是宗旨的公益性：在环境公益诉讼活动时，权利人通常代表公众利益来行使诉求，在行使环境公益诉讼过程中，应该综合衡量，谨慎思考经济社会等多重利益。

二是主体的广泛性：在行使司法救济的过程中，环境公益诉讼的原告主体表现出了显著的广泛性。

三是内容的预防性：环境公益诉讼的目的是保护环境公众权益，保护环境并不是发生了污染才去保护，而是应该把即将发生的环境污染扼杀在萌芽中。

四是权利的失衡性：在环境公益诉讼中，原告方往往是受到侵害的普通平民，而被告方一般是具有庞大财力的大集团企业，这可能会致使诉讼维权取证难现象发生，诉讼主体双方在诉讼过程中遭受到不平等的待遇。

**8–17　泰州环境公益诉讼案，有哪些标志性和突破性意义？**
答：环保组织作为原告提起诉讼并获胜，势必会对其他环保组织带来示范性效应；法院、检察院和环保行政部门等机构之间的开放合作态度，反映了我国环境司法与执法系统更强的环保理念与社会责任；环境污染损害评估的规范化以及专业机构的有效参与，充分彰显了环境法治的专业性特征；赔付履行方式与赔款管理方式上的手段创新，也具有一定的推动引领作用。

**8–18　我国环境公益诉讼制度中存在哪些体制性缺陷或障碍？**
答：现行《民事诉讼法》第五十五条，只把法律规定的有关机关与组织列为环境公益诉讼的原告主体，却排除了个人，这不仅显得范围过于狭窄，而且具有很大的模糊性。

现行环境民事诉讼中的"举证责任倒置"应进一步明确，因为，在环境民事诉讼中，污染者和侵害公益的违法者一般拥有信息、资金和技术优势，而原告相对来说处于劣势地位，不易收集证据。

国务院所公布的《诉讼费交纳办法》，没有把公益性的诉讼案件明确纳入其中，这显然不利于对大额索赔的环境公益诉讼案件的起诉和提高律师参与环境公益诉讼的积极性。

**8–19　什么是环境公众参与？**
答：指公众或公民作为社会政治主体对生态环境保护以及相关性议题的政策决策及其落实过程的民主参与和监督。这其中既包括政治民主制框架下的制度化民主参与机构、机制与程序，也包括大众社会政治运动性的合法民主表达与抗争。前者比如与生态环境议题相关的政党政治、选举政治和议会政治，以及政府机构组织实施的民主咨商，后者比如各种形式的集体性社会政治动员与抗议或诉诸相关司法机构的行动（环境公益诉讼）。

**8–20　什么是环境行政管理？**
答：环境行政管理是指，国家采取行政、经济、法律、科学技术、宣传教育等手段，对各种影响环境的行为进行规划、调控和监督，以协调环境保护与经济、社会发展之间的关系，达到保证和改善生态环境、保障公众身体健康的目的的行政管理活动。

**8-21　环境行政管理的范围有哪些?**
答：环境行政管理的范围，是对我国主权辖区内的工业污染防治、城市环境综合整治、自然生态环境保护及与我国承担有关的全球性生态环境保护义务的工作，包括大气污染、水污染、土壤污染以及有害废物、有毒化学品、噪声、振动、恶臭、放射性、电磁辐射等污染的控制，也包括对生态环境、生态农业、海洋环境保护和自然保护区、野生动植物、濒危物种监督管理。

**8-22　什么是环境立法?**
答：狭义上的环境立法，是指一个国家的立法机关通过制定法律法规规范人与环境之间关系的法律行为，主要表现为保护自然资源、限制自然资源使用。严格意义上的环境立法，仅限于直接的自然环境保护和限制自然资源使用。

**8-23　我国的环境立法已经实现了哪几方面的阶段性突破?**
答：一是环境保护主要领域基本有法可依。我国的环境法律制度框架已经基本形成，各环境要素监管主要领域已得到基本覆盖。

二是环境保护主要法律制度基本建立。环境法律制度按其性质，可以分为事前预防、行为管制和事后救济等三大类。

三是环境保护行政许可门类较为齐全。根据国家法律、法规和国务院决定，各级环保部门实施了37项行政许可，覆盖了环保行政管理的主要领域。

四是近年来迅速扩展的地方性立法实践。这其中主要包括环境地方实施性立法和生态地方创制性立法。

**8-24　环境法律制度按其性质可分为哪几大类?**
答：环境法律制度按其性质，可以分为事前预防、行为管制和事后救济等三大类。

事前预防类制度，是预防原则在环境立法中的具体体现和适用，主要包括环境规划制度、环境标准制度、环境影响评价制度、"三同时"制度等。

行为管制类制度，其目的在于为环境监管提供可操作的执法手段和依据，主要包括排污申报登记制度、排污收费制度、排污许可制度、总量控制制度等。

事后救济类制度，其目的是防止损害扩大、分清责任和迅速救济被害方，主要包括限期治理制度、污染事故应急制度、违法企业挂牌督办制度、法律救济制度等。

**8-25　我国的环境立法、司法和行政执法，存在哪些缺陷与不足?**
答：在立法方面，环境立法精神与原则的严重滞后已成为一个十分突出的问题。

在司法方面,生态环境法律的"软法"或"二等法"地位虽然是一个世界性现象,但在我国表现得尤为严重。

在行政执法方面,对法律渠道本身的不信任和对行政处罚手段的偏爱("以罚代法"),在进一步损害环境法律本身权威的同时,也严重弱化了环境行政执法的权威性与效力。

## 8-26 如何解决我国的环境立法、司法和行政执法存在的缺陷?

**答**:解决问题的总体思路,按照党的十八届三中全会《决定》、党的十九大报告的要求,既要进一步改善我们的生态环境立法质量与水平,使之更加契合我国应对严重环境挑战和推进生态文明建设的现实需要,又要花大力气提高我们的环境司法与环境执法的质量和水平,实质性克服现实中依然存在的有法不依和以罚代法问题。

更具体地说,提高环境立法的重要路径之一,是更广泛地开展相关议题立法的民主讨论和公众参与,而改善环境司法和行政执法的关键,则是真正保证司法与执法系统的独立性,同时要大力强化对司法与行政系统的法律和民主监督,并对各种形式的渎职、失职或违法行为严加惩处。而实现所有这些改革的关键性环节,就是进一步推进环境信息公开,使大众媒体、社会团体与普通公众可以更充分和有序地介入。

## 8-27 什么是政府环境政策?

**答**:在广义上泛指一个国家的环境立法、司法和执法部门依据其法定权力所制定实施的各种形式政策,而在狭义上主要是指政府的行政执法部门为了贯彻落实国家环境法制目标及其法律要求而采取的各种形式的行政管理手段。

## 8-28 我国环境政策体系是如何划分的?

**答**:我国的环境政策体系可以大致划分为基本方针、基本国策和基本政策三个层次。

基本方针类的环境政策包括如下三个:一是环境保护的"三十二字"方针。二是经济、社会发展与环境保护"三同步、三统一"方针。三是环境与发展"十大对策"。

基本国策类的环境政策,即"环境保护是中国的一项基本国策"。

基本政策类的环境政策包括如下三项:一是预防为主、防治结合。二是谁污染谁治理。三是强化环境管理。

**8-29 第一次全国环境保护会议上,我国政府提出了"三十二字"工作总方针是什么?**

答:全面规划、合理布局、综合利用、化害为利、依靠群众、大家动手、保护环境、造福人民。

**8-30 我国政府于 1992 年 8 月提出了"环境与发展十大对策",包括哪些?**

答:(1) 实行持续发展战略。

(2) 采取有效措施,防治工业污染。

(3) 深入开展城市环境综合整治,认真治理城市"四害"(废气、废水、废渣和噪声)。

(4) 提高能源利用率,改善能源结构。

(5) 推广生态农业,坚持不懈地植树造林,切实加强生物多样性保护。

(6) 大力推进科技进步,加强环境科学研究,积极发展环保产业。

(7) 运用经济手段保护环境。

(8) 加强环境教育,不断提高全民族的环境意识。

(9) 健全环境法规,强化环境管理。

(10) 参照联合国环境与发展大会精神,制定中国行动计划。

**8-31 什么是环境经济政策?**

答:所谓环境经济政策,就是指按照市场经济规律的要求,运用价格、税收、财政、信贷、收费、保险等经济手段,调节或影响市场主体的行为,以实现经济建设与环境保护协调推进的政策手段。

**8-32 环境经济政策如何划分?**

答:依据控制对象的不同,环境经济政策可以分为控制污染的经济政策,比如排污收费;用于环境基础设施的政策,比如污水和垃圾处理收费;保护生态环境的政策,比如生态补偿和区域公平。

依据政策类型的不同,环境经济政策可以分为市场创建手段,比如排污交易;环境税费政策,比如环境税、排污收费、使用者付费;金融和资本市场手段,比如绿色信贷、绿色保险;财政激励手段,比如对环保技术开发和使用给予财政补贴,等等。

**8-33 我国生态文明建设领导体制的组成结构是什么?**

答:就我国而言,生态文明建设领导体制同时包括执政党即中国共产党的各级党委和国务院及各级政府中的有关组织机构、决策机制、规章制度和政策工具等组成的一个统一性整体。

**8-34  什么是联合国环境治理体制？**
答：主要是指以联合国相关机构及其活动为核心而逐步建立起来的全球性环境合作与治理架构，其中，不定期举行、主题略异的联合国环境大会发挥了一种特殊的潮流引领和制度规范的奠基性作用。

**8-35  联合国第一次人类环境会议的主要成果有哪些？**
答：联合国第一次人类环境会议的主要成果，可以概括为"一个宣言、一个计划和一个机构"：一个宣言是指大会通过的《人类环境宣言》，一个计划是指包括109条具体政策建议的《环境行动计划》，而一个机构是指于1973年初成立的联合国环境规划署（UNEP）。

**8-36  1992年6月3~14日，联合国环境与发展大会的主要成果有哪些？**
答：这次会议的主要成果，也可以大致概括为"一个宣言、一个计划和一个机构"。一个宣言是指会议通过的《关于环境与发展的里约热内卢宣言》，简称《里约宣言》或《地球宪章》；一个计划是指会议接受的《21世纪议程》，这份长达800余页的政策框架文件包括多达2500余项方方面面的具体行动建议，勾画了一个旨在鼓励发展的同时保护环境的全球可持续发展的行动蓝图；一个机构是指此后成立的作为联合国经济及社会理事会下属机构——"可持续发展委员会"，它与20年前成立的"联合国环境规划署"分工协作，共同致力于世界性环境与发展相关议题的应对与协调。

**8-37  国内应对与治理层面上，中国政府的全球气候变化政策举措主要体现在哪些方面？**
答：一是高度重视应对气候变化国家战略的制定与实施。
二是大力推动节能减排与碳减排工作的协同推进。
三是积极推进应对全球气候变化的国家能力建设。

**8-38  中国逐渐加入以联合国为核心的全球环境治理体制的过程，大致区分为哪几个阶段？**
答：1972~1992年、1992~2015年和2015~2030年。

**8-39  中国政府在2009年哥本哈根气候大会上的立场是什么？**
答：一是维持《京都议定书》中关于工业排放削减的"双规"体制而不是合并

为单一体制。

二是发达国家应该（继续）承担温室气体排放削减的主要责任，并向发展中国家提供资金与清洁技术上的实质性援助。

三是中国承诺单位 GDP 排放量的相对性减少，而不是排放绝对量或人均排放量的削减，并将通过本国的自愿自主行动来实现。

**8-40 一个中国所偏好的全球环境治理体制包括哪些关键性元素？**
答：一种更新后的"共同但有区别责任"原则、一个以联合国为核心而不是少数大国或区域集团主导的多边共治体制、一种充分考虑到民族国家间能力差异和生态区域间差别的责任分担机制，等等。

**8-41 什么是"共同但有区别责任"原则？**
答："共同但有区别责任"原则的基本涵义，首先是指"共同的"责任，即当今世界每个国家都要承担起应对全球气候变化的责任，但与此同时，这种"共同的"责任的大小与分担（理应）是"有区别的"。

**8-42 "共同但有区别责任"原则在政策意蕴及其贯彻机制层面上存在的"弹性"具体表现在哪些方面？**
答：任务的确定及其分配或认领（如何来分担或分享责任？）；任务或目标实现的时间表（何时实现哪些阶段性的任务或目标？）；各国行动的约束性（力度）与自主性（透明度）（由谁来监督谁的实质性工作与进展？）。

**8-43 什么是左翼政党环境转向？**
答：指世界各国尤其是欧美国家左翼政党自 20 世纪 80 年代中后期开始逐渐调整其传统政治意识形态，试图将社会主义与生态主义的政治理念和主张结合起来的过程。

**8-44 依据西欧社会民主党的地缘关系和对环境问题观点立场的差异，可以划分为哪些类型？**
答：一是北欧诸国的瑞典、挪威、丹麦等社会民主党；二是德国社会民主党；三是英国、荷兰工党；四是西南欧的意大利、西班牙社会民主党。

**8-45 西欧社会民主党借助绿化以实现其政治目标的自身更新有哪些进展？**
答：一是初步树立了社会民主党的绿色形象。瑞典社会民主党的党纲更新充分体现了这一主旨：将优良环境作为社会民主党主要政策目标之一，将生态关心与传统的意识形态有机结合起来,从环境取向阐释修改经济政策。

二是提出和论证了绿色经济增长理论。社会民主党对环境问题新中心地位的认同最关键的是,对经济增长、科学技术和生态环境之间关系作出理论上的阐释与说明,对此,德国社会民主党的纲领更新做了较为成功的努力。

三是确立了与传统政治基础特别是工会关系上的积极态度。各国社会民主党在处理与工会关系上采取了日趋超脱的姿态,或者说逐渐采取了积极推行环境保护目标的立场,既坚持了自己的政治革新目标,又维持了与工会的传统同盟关系。

# 第九章

# 生态文明与社会建设知识问答

**9-1 什么是资源节约型社会?**

**答:** 资源节约型社会,是以能源资源高效率利用的方式进行生产、以节约的方式进行消费为根本特征的社会。它不仅体现了经济增长方式的转变,更是一种全新的社会发展模式,要求在生产、流通、消费的各个领域,在经济社会发展的各个方面,以节约使用能源资源和提高能源资源利用效率为核心,以节能、节水、节材、节地、资源综合利用为重点,以尽可能小的资源消耗,获得尽可能大的经济和社会效益,从而保障经济社会的可持续发展。

**9-2 如何创建资源节约型社会?**

**答:** 资源节约型社会可从体制、技术、意识、消费模式、法制等多方面建设:

节能省地城市化发展模式、节约型的交通运输体系、垃圾分类制度、经济结构改革。

倡导和推行简朴生活方式,在消费原则、消费结构、消费水平、消费对象、采取的形式和方法等方面,克服消费至上主义,遵循节约资源原则,约束奢侈浪费的行为,把节约习惯上升为一种生活状态和消费理念。

要从制度上杜绝公用资源的浪费,在各级机关、企事业单位形成节约资源的文化氛围。

要加强环境资源、粮食资源、水资源及各种主要矿产资源保护法的制定和完善。

**9-3 什么是环境友好型社会?**

**答:** 环境友好型社会,是人与自然和谐共处的社会形态,是指人对自然环境持友好态度、友好行为的文明社会,是环境友好型的技术、产品、企业、社区、城市等组成的复合体。它要求全社会都要以环境承载力为基础，以遵循自然规律为准则，以绿色科技为动力，倡导环境文化和生态文明，奉行对环境友好的生产方式、生活方式和消费方式，构建经济社会环境协调发展的社会体系，实现可持续发展。

**9-4 如何创建环境友好型社会？**

答：环境友好型社会需要社会共同推动。要改变以往的生活、消费习惯，反对不符合国情、追求奢侈生活的观念，倡导环境友好的伦理理念，倡导节约、公平的伦理价值观。在新的社会转型期，要制订必要的保障条件，建立以绿色政绩观为指导的考核制度，建立绿色国民经济核算制度、战略环境影响评价制度和环境决策公众参与制度。

积极推行企业循环经济发展模式，按照"减量化、再利用、资源化"原则，实行清洁生产。

推行绿色消费，拒绝高耗能、耗资源消费。

推进绿色科学技术发展，从末端治理转向源头和过程控制，是建设环境友好型社会的重要手段。

建立公众参与制度，在传统的立法、监督、信访等途径的基础上，加强听证制度、公益诉讼、专家论证、传媒监督、志愿者服务等多种途径。

**9-5 什么是生态文明社会风尚？**

答：生态文明社会风尚是生态文明社会所推崇的一种人人、事事、时时崇尚生态文明的一种绿色、向上的社会风气，是社会文明程度的重要标志，也是衡量社会发展是否有序和谐的标准之一。

**9-6 崇尚自然的道德风尚有哪些？**

答：就是倡导尊重自然、保护自然、关爱自然、亲近自然的理念，确立人与自然友好相处、和谐共生的理念，反对掠夺性开发资源，节俭使用自然资源。

**9-7 尊重生命的道德风尚有哪些？**

答：就是敬畏生命，反对无故伤害生命，保护地球的生命力和生物多样性，保护和拯救濒危野生动植物，取利除害要适度，支持生物多样性保护公益事业。

**9-8 生态公正的道德风尚有哪些？**

答：就是倡导公正地对待生物和自然界，主张所有个人都应享有环境上的权利，在代际之间公平分配资源和环境，在代内公平分担环境的权利和义务。

**9—9 清洁生产的道德风尚有哪些？**

答：就是倡导保护环境的责任意识，在生产过程中采用少废、无废的生产工艺和高效生产设备，尽量少用、不用有毒有害原料，防止对环境的污染和破坏。

**9—10 循环利用的道德风尚有哪些？**

答：就是倡导节约资源减少浪费，倡导综合利用、最优利用、回收利用，减少一次性用品，延长产品的使用周期，杜绝假冒伪劣产品。

**9—11 合理消费的道德风尚有哪些？**

答：就是倡导适度消费，反对无节制的高消费，崇尚简约生活，反对奢侈浪费，倡导绿色消费，抵制有害生态环境的产品，倡导对环境友好的精神消费。

**9—12 如何培养绿色生活方式？**

答：（1）引导绿色饮食。

（2）推广绿色服装。遏制将珍稀野生动物毛皮作为服装原料的行为。限制含有毒有害物质的服装材料、染料、助剂、洗涤剂及干洗剂的生产与使用。加强对干洗行业的环境监管。完善居民社区再生资源回收体系，有序推进二手服装再利用。抵制珍稀动物皮毛制品。

（3）倡导绿色居住。

（4）鼓励绿色出行。

培育绿色生活方式是一项长期复杂的系统工程，不仅需要人们从理念上认识其重要性、必要性，同时需要从政府政策导向、法律保障制度、文化自觉机制等方面多管齐下、共同努力，让人们在充分享受绿色发展所带来的便利和舒适的同时，履行好应尽的可持续发展责任的方法，实现广大人民按自然、环保、节俭、健康的方式生活，为生态文明建设奠定坚实的社会、群众基础。

**9—13 什么是绿色消费？**

答：绿色消费是当代人类消费的一种新境界，它以节约资源和保护环境为特征，要求在消费过程中自觉抵制对环境有影响的物质产品和消费行为，购买在生产和使用中对环境友好对健康无害的绿色产品。主要表现为崇尚勤俭节约，减少损失浪费，选择高效、环保产品和服务，降低消费过程中的资源消耗和污染排放。

**9—14 绿色消费有什么意义？**

答：促进绿色消费，既是传承中华民族勤俭节约传统美德、弘扬社会主义核心价值观的重要体现，也是顺应消费升级趋势、推动供给侧改革、培育新的经济增长点的重要手段，更是缓解资源环境压力、建设生态文明的现实需要。

首先，绿色消费反映了消费者参与环保的自觉要求。

其次，绿色消费增加了企业保护环境的责任和压力。

## 9-15 什么是乡村民俗生态化？

答：乡村民俗生态化，是指以生态文明为导向，以当代生态学原理为理论基础，以维护环境权益和促进可持续发展为目标，按照生态系统管理的基本要求，对现今流行的民间的乡村民俗进行改造的趋势和过程。

## 9-16 乡村民俗生态化的要求是什么？

答：实施乡村民俗生态化，最基本的要求是，树立生态系统管理和生态化调整机制两大理念。

## 9-17 什么是生态系统管理？

答：所谓生态系统管理，是指在对生态系统组成、结构和功能过程加以充分理解的基础理念上，制定适应性的管理策略，以恢复或维持生态系统的整体性和可持续性。

## 9-18 生态化调整机制是什么？

答：所谓生态化调整机制，是指区别于传统法律调整机制的、具有特色的、环境法所特有的调整机制。生态化调整机制的主要特点是，在基本理念上主要强调环境正义、环境公平、环境安全、环境秩序（人与自然和谐相处）、环境效率（生态效益、经济效益和社会效益的统一），在方法上主要采用生态法学的分析方法和综合生态系统管理方法，在内容上主要由大量禁止性环境资源行为规范和系统性的环境法律制度组成。

## 9-19 什么是绿色城镇化？

答：城镇化是人类生产、生活方式由农耕文化向工业文明转变，由乡村型向城市型转化的必然过程；是指第二、第三产业在城镇集聚，农村人口不断向非农产业和城镇转移，使城镇数量增加、规模扩大，城镇生产方式和生活方式向农村扩散、城镇物质文明和精神文明向农村普及的经济、社会发展过程。

绿色城镇化是城镇化过程中绿色发展观念的具体法制化；从绿色（空间）规划、绿色能源、绿色交通、绿色建筑、绿化覆盖等各方面作出努力。

**9-20  绿色城镇化的主要要求有哪些？**

答：绿色城镇化的城镇分区要绿色化。要按照主体功能区、而不是单一功能区的思想进行分布设计。城镇规划和功能区的设计，要体现包容性、有记忆，要包容农业，包容农田，包容村庄和居民。

绿色城镇化的城镇建设要绿色化。城镇供水、交通、能源、防洪和污水、垃圾处理等基础设施系统，要按照绿色、低碳、循环理念进行规划设计，减少水泥化的工程性措施。

**9-21  什么是社会管理绿色化？**

答：社会管理作为社会建设的重要组成部分，是执政党、政府和其他社会主体为了化解社会矛盾，维护社会秩序，以及为经济社会发展提供兼具秩序和活力的运行条件，运用法律、法规、政策、道德、价值等社会规范对社会事务进行治理，并公平合理地配置社会资源和社会机会的服务、协调、组织与监控的过程和活动。社会管理绿色化就是将生态文明理念融入进社会管理的全过程。

**9-22  社会管理绿色化有何必要性？**

答：社会管理绿色化是生明建设对社会管理提出的新要求，是社会管理适应生态文明建设的必然选择。

社会管理绿色化是改善民生的需要。

社会管理绿色化是化解社会矛盾的需要。

社会管理绿色化是生态文明制度建设的需要。

**9-23  什么是环境纠纷调解？**

答：环境纠纷调解，是指环境污染、破坏引起纠纷的双方或多方当事人邀请第三方，或者经当事人同意第三方主动介入，以非对抗方式使矛盾和冲突通过协议得到解决的一种活动。

**9-24  环境纠纷调解需要遵循的基本原则有哪些？**

答：一是合法原则。必须在法律、法规授权或者规定下进行，调解过程中也必须以相应的具体法律、规范来判明是非和责任。

二是自愿原则。即必须以双方当事人的调解需求为前提，并且双方自愿接受调解协议，不加以任何形式的强迫。

三是持平等协商原则。在环境纠纷调解中，当事人拥有同等的地位和权益。调解必须在第三方的引导下公平地进行。

四是坚持国家、集体、个人利益相结合的原则。环境纠纷在涉及国家、集体和个人的利益时,要求调解既维护国家资源环境和公共财产,又要保护个人的合法权益。

**9—25 环境纠纷调解类型有哪些?**

答:调解的类型根据第三方主体、调解方式和调解协议效力的不同,可分为司法调解、行政调解和人民调解。

司法调解是指在人民法院审判人员主持下,对环境纠纷方面的民事案件、经济案件,通过协商,达成协议,解决纠纷的一种程序。

行政调解则是由国家指定的环境行政主管部门主持,促使环境纠纷双方当事人依据环境法律规定,在赔偿责任和赔偿金额纠纷中,以自愿原则达成协议,解决纠纷的程序。

人民调解包括由双方当事人自行调解、律师调解以及人民调解委员会调解等,不具有司法和行政地位。

**9—26 环境纠纷调解如何持续、有效地发挥作用?**

答:环境纠纷调解要持续、有效地发挥作用,一方面,必须更加重视环境纠纷调解的制度完善、法律法规的统筹协调、调解结果强制执行力的加强,以及环境纠纷调解理论的创新等;另一方面,鼓励先行先试,努力建构强制性与非强制性有机统一的调解机制,在理论联系实践中谋求创新发展。

**9—27 绿色教育的内涵是什么?**

答:绿色教育是生态文明建设的基础工程。绿色教育就是以环境保护、可持续发展等相关知识为内容的教育,旨在培养学生的环境意识和环境保护的相关技能,使学生毕业后无论赴任何岗位,都能具备环境意识,具有基础的环境知识,为改善中国的环境、继续可持续发展事业打下基础。

**9—28 如何更好地开展绿色教育?**

答:就绿色教育本身而言,它是一项基础性、系统性、长期性的伟大工程,它的发展与完善需要多个方面的支撑,如政府引导、资金投入、技术跟进以及政策支持等等。但是,在环境教育的所有环节中,最不能缺少的三个环节就是家庭、学校和社会。走绿色发展之路,必须建立起家庭、学校、社会三位一体的环境教育合力网络,使各种力量相互强化、互为补充。一是要注重家庭环境教育,奠定绿色发展的基础。二是要完善学校环境教育内容,普及绿色发展常识。三是要丰富社会环境教育形式,践行绿色发展行为。

## 9-29 什么是生态文明先行示范区？

**答：** 生态文明先行示范区是对生态文明建设高度重视，在体制机制建设、管理制度创新等方面进行了探索实践，在生态和环境保护方面取得突出成效，具备一定先行示范的基础，具有辐射带动作用和推广价值作用的地区。

## 9-30 什么是生态文明先行示范区建设？

**答：** 生态文明先行示范区建设就是在全国范围内选取不同发展阶段、不同资源环境禀赋、不同主体功能要求的有代表性的地区先行先试，总结有效做法，创新方式方法，探索实践经验，提炼推广模式，完善政策机制，以点带面地推动生态文明建设。

## 9-31 生态文明先行示范区建设有什么意义？

**答：** 生态文明先行示范区建设，促进了建设地区生态明建设水平明显提升，引领带动了全国生态文明建设和体制改革。

## 9-32 什么是国家生态文明试验区建设？

**答：** 国家生态文明试验区建设是生态文明先行示范区建设的深化。国家生态文明试验区将中央顶层设计与地方具体实践相结合，集中开展生态文明体制改革综合试验，规范各类试点示范，完善生态文明制度体系，推进生态文明领域国家治理体系和治理能力现代化。

## 9-33 开展国家生态文明试验区建设有什么意义？

**答：** 开展国家生态文明试验区建设，对于凝聚改革合力、增添绿色发展动能、探索生态文明建设有效模式，具有十分重要的意义。

通过试验探索，必将推动生态文明体制改革总体方案中的重点改革任务取得重要进展，建成较为完善的生态文明制度体系，形成一批可在全国复制推广、有效管用的生态文明制度成果，资源利用水平大幅提高，生态环境质量持续改善，发展质量和效益明显提升，实现经济社会发展和生态环境保护双赢，形成人与自然和谐发展的现代化建设新格局，为加快生态文明建设、实现绿色发展、建设美丽中国提供有力制度保障。

## 9-34 什么是全民参与的行动体系？

**答：** 全民参与的行动体系就是指在生态文明建设中，所有公民，不分年龄、性别、职业、民族、地域等的差异，按照一定的指导原则与工作机制，积极主动、有序、理性地参与到生态文明建设中，并以自己的实际行动影响周围人的生态文明模式。

### 9-35 生态文明建设全民参与的行动体系的特点有哪些？

答：一是主体的广泛性。全民参与生态文明建设的社会行动体系不仅需要环境保护部门发挥作用，建立组织、监督、实施的环保长效机制，而且需要政府、媒体、公众之间形成联动协调的配合机制。

二是形成的长期性。构建全民参与生态文明建设的社会行动体系至少要跨越"十二五"和"十三五"两个阶段，而且由此形成的环保优良传统要代代延续下去。

三是实践的创新性。全民参与环境保护社会行动体系是立足于当前的实际情况，着眼于未来的发展趋势和目标、任务以及具体行动做出的深谋远虑的规划，它的实现将为中国探索环境保护新路提供一个新的范本。

### 9-36 如何构建全民参与生态文明建设的社会行动体系？

答：构建全民参与生态文明建设的社会行动体系，需要建立一个政府主导、市场推进、公众参与的新机制。

首先，要加强生态文明宣传教育，把生态文明和资源环境保护纳入大中小学的教育课程和各类社会培训体系之中，增强全民节约资源和保护生态意识，营造爱护生态环境的良好风气。

其次，积极鼓励全社会绿色和低碳消费，形成绿色消费、适度消费的社会风尚；大力推进以"节水、节电、节地"为核心的绿色家庭、绿色社区建设，通过能源消费革命推动绿色和可再生能源发展，加快建设资源节约型和环境友好型社会。

再次，完善和建立生态文明建设的信息公开制度，保障公众在生态文明建设中的知情权、决策权、监督权和受益权，全面维护公众享受美丽健康生态环境的权益。

### 9-37 什么是绿色 NGO？

答：绿色 NGO 是将促进环境保护和环境管理作为基本目标的绿色非政府组织。

绿色 NGO 是丰富公众参与内容，提高公众参与有效性，创建和谐社会，促进可持续发展的一支不可忽视的力量。绿色 NGO 的原动力是绿色志愿精神，这种志愿精神力的实质，是人们基于一定的绿色公共意识、绿色关注意识、绿色责任意识、绿色参与意识和为绿色奉献精神的基础之上的自觉努力。

### 9-38 绿色 NGO 的特征有哪些？

答：绿色 NGO 除了具有 NGO 的一些基本特征如：独立性、公益性、非政府性、非营利性、志愿参与性、组织性和合法性等等之外，与其他非政府组织相比，还具有一些自己的特点，如专业性强、关联性强、发展速度快。

### 9-39 什么是绿色志愿者？

答：绿色志愿者是以绿色志愿精神为主要动力，不计物质报酬，自愿贡献个人的时间、精力、资源、技能，从事生态文明公益事业的人。

### 9-40 绿色志愿者的意义有哪些？

答：绿色志愿者具有志愿者所属的不为物质报酬，基于良知、信念和责任，志愿为社会和他人提供服务和帮助的一般特征，绿色志愿者还具有环境危机意识、自然关怀意识、环境责任意识、环保参与意识，通过自觉的奉献，把个人需求与生态文明公益事业很好地联结起来，努力实践绿色志愿精神。

绿色志愿者是生态文明的倡导者。

绿色志愿者是绿色生活的实施者。

# 第十章

# 建设美丽中国知识问答

**10-1　可以从哪三个维度研究美丽中国？**

**答**：①从视野的时间维度研究美丽中国：走向天常蓝、地长绿、水长清、经济长繁荣、社会长和谐、人民长幸福、子孙后代长受益的生态文明新时代，实现中华民族永续发展的美丽中国。②从视野的空间维度研究美丽中国：形成人与自然和谐发展的新型"四化"建设格局的美丽中国，并且成为全球生态文明的参与者、贡献者和引领者。③从视野的科学维度研究美丽中国：建设美丽中国是多学科有机融合形成的复合系统，必须遵循生态优先、按自然规律进行经济社会生态建设的原则。

**10-2　建设美丽中国理念的基本内容是什么？**

**答**：把握"生态兴则文明兴，生态衰则文明衰"的历史轨迹，坚定建设美丽中国，走向生态文明新时代的基本信念。树立"绿水青山就是金山银山""尊重自然、顺应自然、保护自然""保护生态环境就是保护生产力、改善生态环境就是发展生产力"的基本理念。掌握转变生产方式实现创新驱动，在保护中发展，在发展中保护；构建山水林田湖草命运共同体的实践理念。

**10-3　生态文明新时代人民的新期待是什么？**

**答**：生态文明新时代，人民对美好生活的新期待具体表现在从要温饱到要健康的新期待、从要生计到要生态的新期待、从生活的单一性到多样性的新期待、从量的增长到质的优化的新期待，这四个"新期待"反映了人们的需要从生存需要—安全需要—健康需要—幸福需要，不断向高层次发展的客观规律，生态产品的需求快速全面增长，登上市场舞台，绿色在人民群众幸福指数中的权重越来越大，以绿色为基调的美丽中国越来越为人民群众所期待。

**10-4　如何理解美丽中国的内涵？**

答：全面理解美丽中国的深刻涵义，是建设美丽中国的首要问题。为了人民过上更加幸福的生活，为了当代人和子孙后代的幸福，是建设美丽中国，推进生态文明的本质所在。和谐协调是自然界运行的重要规律，是生态文明的本质特征，是人与自然的本质统一，是建设美好社会的基础。和实生物美丽存，同则不继美丽亡。建设美丽中国，满足人民群众对天蓝、地绿、水净的美好家园的基本诉求，提升人民群众的福祉；实现经济繁荣、生态昌盛、环境友好、社会和谐、人民幸福，永续发展的目标。

围绕美丽中国形成"新型四化"建设的新格局，需要新的引擎和支撑。

新的产业支撑：建设美丽中国的"新型四化"，需要产业支撑，积极调整优化产业，形成有利于美丽中国的产业结构新格局。

发挥新科学技术体系的引擎作用：建设美丽中国的"新型四化"，特别需要创新科学技术体系，得到新科学技术体系的支持，即创新现代生态化技术体系。

创新经济管理：实现从末端管理走向过程管理、从直线管理走向循环管理、从行为管理走向和谐管理、从低效益管理走向高效益管理。

建设美丽中国是绿色低碳循环发展的转型，是发展先进的生产力的过程，从世界范围看，跨越发展的本质要求是从工业文明发达的生产力发展成为生态文明先进的生产力（以下简称生态生产力）。发展生态生产力是形成节约资源和保护环境的空间格局、产业结构、生产方式、生活方式，从源头上扭转生态环境恶化趋势，为人民创造美好生产生活环境，为全球生态作出贡献的本质要求，是建设美丽中国的核心任务。

**10-5　理念创新对建设美丽中国、推进生态文明有什么重要作用和意义？**

答：理念创新是建设美丽中国推进生态文明的灵魂，具有先导、引领和指南作用；它凝聚着我国人民新的文明价值体系，在建设美丽中国推进生态文明进展中坚定实践的信心；它体现出党和人民对行动的意志和力量，是美丽中国生态文明向前发展的支撑和保障。建设美丽中国推进生态文明是我党我国执政治国的新理念，它对于满足人民新期待、有利后代新发展、激发经济新引擎、占领科技新高点、闯出发展新道路等都会起到重要作用。

**10-6　尊重自然、顺应自然、保护自然的理念的内涵是什么？**

答：尊重自然必须树立和谐协同的理念。和谐协同是生态文明的本质特征，是人与自然的本质统一，是美丽的基本元素。顺应自然必须树立遵循自然法则的理念。自然法则是建设美丽中国的重要法则，是顺应自然的本质要求。保护自然必须树立"地球村"理念。在保护中发展,在发展中保护的理念。将节约资源作为保护生态环境的根本之策的理念。

**10-7　需要理论对建设美丽中国有何指导作用?**

答:需要理论对建设美丽中国具有指导作用:正确对待人的生存的需要、发展的需要、享受的需要是解决当前生态问题的关键;发展生态生产力以满足人们物质与生态产品需要,是建设美丽中国的前提条件和物质基础;构建良好的社会关系以满足人们的社会需要;生产先进的文化产品以满足人们的精神需要,为美丽中国建设提供精神动力及智力支持;正确处理我国发展中存在的需要异化现象;科学把握需要的结构,促进自然—人—社会和谐。

**10-8　美学理论对建设美丽中国有何指导作用?**

答:建设美丽中国要以美学理论为指导,通过对美学基本理论的了解,在审美教育中达到对美的种类、美的内涵的正确认识,掌握正确的审美观念后,将理论融入实践,指导实践中审美活动的实施。遵循"天人合一"思想,实现自然—人—社会的和谐。正确对待审美的普遍化趋势,避免审美过度及审美不足,确保人们的精神需要和生态需要得到满足。建设美丽中国,要求生态美育有全局性、战略性、前瞻性,发展全民性的生态美育。建设美丽宜居城市。

**10-9　美丽城市的内涵是什么?**

答:美丽城市是人们充分发挥主观能动性,按照自然生态系统和社会生态系统的客观规律建立起来的,能够获得生态、经济、社会三大效益相统一和最优化,人与自然、人与社会可持续和谐发展的城市。具体而言,美丽城市要求生态美,生活美,人文美,科技美。美丽城市首先是视觉上要美,其次是生活的幸福,最后是城市要有竞争力。

**10-10　美丽城市的基本特征有哪些?**

答:美丽城市具有持续性、多样性、共生性、和谐性等基本特征。①持续性——美丽城市必须是可持续的,包括生态的可持续、经济的持续和社会的持续。生态持续是基础,经济持续是条件,社会持续是目的。②多样性——表现为基因多样性、物种多样性、生态系统多样性和景观多样性。③共生性——通过多系统的共生,实现城市生态环境、能源利用、经济社会、人居生活的可持续性。④和谐性——人与人之间的和谐是美丽城市和谐的重要内容。

**10-11 美丽城市的建设目标是什么？**

答：美丽城市建设的整体目标是转变生产和生活方式，使城市复合生态系统结构优化和良性运行，获取生态效应、经济效应与社会效应相统一，满足城市居民的多层次、多样化需求，实现城市的持续发展。它有三个层次的分目标：一是基础性目标：改善人与自然关系，美化城市环境，夯实民生基础。二是中期目标：发展特色城市，挖掘城市底蕴，搞好邻里关系，促进城市和谐发展。三是远景目标：公众更幸福、社会更公平，极大提高城市的国际竞争力。

**10-12 美丽乡村的内涵是什么？**

答：美丽乡村是以实现经济、社会、生态效益的最优发展，建设一种布局精美、生活和美、环境优美、生态优良、社会和谐为目标的乡村形态。美丽乡村是多种多样的，千姿百态的。坚持生态富民的理念，追求生活富裕、生态良好，有着和谐的乡村人居环境和优美的生态环境。饱含浓郁的乡村文化，具有地域特色和个性之美。

**10-13 为什么说建设美丽中国的出发点和落脚点是建设美丽乡村？**

答：综合地衡量中国现阶段各方面的发展，建设美丽乡村对建设美丽中国至关重要，它是建设美丽中国的出发点和落脚点，对建设美丽中国具有重要的支撑作用。美丽乡村是美丽中国的重要组成部分，是建设一个美丽中国的最大舞台，是需要我们用最大努力和更加积极的态度来自觉保护和建设的空间。建设美丽中国是惠及每一个中国人的伟大事业。有了美丽的乡村才有美丽的中国，建设美丽乡村是建设美丽中国的出发点和落脚点，是建设美丽中国的重中之重。

**10-14 现代农业含义是什么？**

答：现代农业是规模化、产业化、标准化、生态化、安全化与科技化的农业，是以市场为导向，广泛应用现代科学技术、现代工业装备、现代市场理念以及现代管理方法，充分合理利用资源环境，完成各种农业要素的最优组合，最终实现经济、社会、生态综合效益最佳的新型农业。

**10-15 现代农业对美丽乡村建设有何意义？**

答：现代农业有机的把生产、加工和销售相结合，产前、产中和产后相结合，生产、生活和生态相结合，不仅能提高农业的经济力，而且能改善乡村生活环境品质，提升乡村活力，增加村民福祉，是建设美丽乡村的必然选择。

**10-16 精细农业的内涵是什么？**

答：精细农业是一种信息化的现代农业，需要信息来带动农业发展，主要是利用 GPS、GIS、RS、DSS、先进传感技术、智能控制技术、计算机软硬件技术、网络技术、通讯技术等高新技术手段，实现在农业生产全过程中对农作物、土地、土壤进行实时监测，精细探察其差异，根据实际需要确定对作物的投入，以最经济的投入获得最佳产出及减少对环境的污染，使经济效益、社会效益和环境效益达到全局最优化的一种农业生产管理方式。

**10-17 乡村生物多样性的层次和分类有哪些？**

答：生物多样性是生物及其与环境形成的生态复合体以及与此相关的各种生态过程的总和。乡村生物多样性包括乡村物种多样性、乡村遗传多样性和乡村生态系统多样性三个层次。乡村物种多样性可划分为植物多样性、动物多样性。乡村生态系统多样性依据利用类型分为森林生物多样性、草地生物多样性、农田生物多样性以及湿地生物多样性。

**10-18 乡村生物多样性保护措施有哪些？**

答：政府、地方组织应采取积极措施，致力乡村于生物多样性的保护与持续利用工作。首先，应建立生物多样性保护优先区，尽量把人与要保护的生物隔离开来保护，保留生物原生境；其次，对于某些濒临灭种的生物，建立物种基因库；再次，转变农业生产方式，发展现代生态农业；第四，要谨慎引进外来物种，以免扰乱生态平衡；最后，运用法律手段使上述各项措施能够很好地实施，最终使乡村生物多样性得到有效的保护。

**10-19 乡村文化的构成包括哪些？**

答：乡村文化，是指在乡村社会环境中形成的，以乡村村民为主体，建立在乡村社会的生产方式、生活方式基础上的文化，包括语言、风俗习惯、思想道德、情感心理、生活情趣、处世态度、人生追求、行为准则、娱乐、竞技、民间艺术等。其构成层面主要包括乡村独特的自然生态景观；建立在生态之上的村民的生产、生活方式；乡村生活孕育传递的文化精神与邻里情感。

**10-20 乡村文化的功能是什么？**

答：乡村文化作为美丽乡村建设的"软实力"，对村民个体、群体以及整个乡村社会等不同层面起着不同的作用。乡村文化不仅可以丰富和提高农民的精神生活，提高村民素质，还有助于乡村形成以和为真、以和为善、以和为美的社会风气，规范群体的行为，维持乡村社会秩序。它是陶冶情操、净化灵魂的载体，同时又具有重要的经济价值，是长久的文化资源和文化资本，可以作为生产力的要素。

**10-21 如何破解美丽乡村建设中乡村文化发展的困境？**

答：一是要解决思维上的误区。按照"城市要像城市，乡村要像乡村"的原则，建设一种具有现代化气息的、属于乡村的、独特的新乡村文化。二是要尊重乡村风俗，保护乡村优秀传统文化。可以通过文化生态区域性保护，还可以把传统文化纳入现代文化产业链中进行加工、销售以实现保护。三是要有效发挥政府在乡村文化建设中的主导作用。四是要培育乡村文化承载主体。"人"是文化的创造者和承载者，也是"文化自觉的主题和根基"。五是要发展乡村文化产业。

**10-22 建设美丽森林的战略意义是什么？**

答：第一，建设美丽森林关系到人类的永续发展，是中华民族伟大复兴的基础。森林兴则生态兴，森林衰则生态衰。第二，森林对于减少人类贫困具有重大意义，有助于减少贫困促进公平。第三，美丽森林是建设美丽中国的重要内容之一，是美丽中国的重要基础。第四，森林以其独特而重要的多重生态效益为绿色发展提供了重要的基础，对于促进绿色经济具有重大意义。第五，森林对缓解全球气候变暖，应对生态危机有重要贡献。

**10-23 建设美丽森林的途径有哪些？**

答：美丽森林美在森林的形式美，更在于森林的本质美，建设美丽森林，二者缺一不可，要从本质美与形式美的有机结合上构建美丽森林。加强森林生态修复工程的建设，构建国土森林生态空间规划体系，落实森林生态补偿。加强森林保护的制度保障。合理开发森林资源，推动绿色发展。注重森林的深度开发，完善森林碳汇市场，大力发展林下经济，壮大绿色林业规模等。发扬森林生态文化。

**10-24 美丽海洋的内涵是什么？**

答：美丽海洋的内涵主要是：①生态美——保护海洋生态环境，维护海洋生态系统的稳定性，让蔚蓝的海洋永葆美丽是我们人类共同努力的目标。②人文美——美丽海洋之人文美应该包括独具特色的海洋文化，即开放文化、包容性文化和拼搏文化，摆脱封建思想，开放思维，公正公平，接纳国外各种创新技术的传入，达到人际和谐、人海和谐。③生活美——建成小康社会，人民安居乐业、生活多姿多彩，无须担忧子孙后代的生活，人民得到物质和精神上的满足。

**10-25 建设美丽海洋的目标是什么?**

答:近期目标:发展海洋经济的同时,同步构建海洋生态屏障。总体来说,建设美丽海洋的近期目标是实现经济与生态美同步进行。中期目标:美丽海洋建设的中期目标,应当转变用海方式,转变生产和生活方式,集约节约海洋资源,合理规划布局海洋产业,提升公众海洋意识,逐步实现经济效益、社会效益和生态效益相统一。长远目标:建设美丽海洋,长远目标应该是建成海洋强国的同时,还要真正实现海洋"生态美""生活美"和"人文美",实现海洋资源可持续发展。

**10-26 建设美丽海洋的原则应坚持哪些?**

答:建设美丽海洋,必须坚持海陆统筹原则,用海并养海,陆域产业与海洋产业共同促进、共同发展,切实实现海美和人美。建设美丽海洋,应坚持开发保护并进的可持续发展原则,在发展经济的同时切实保护海洋生态没建设美丽海洋。建设美丽海洋,需要坚持"五个用海"原则,即规划用海、集约用海、生态用海、科技用海、依法用海。建设美丽海洋,必须通过实现"三大效益"的相统一和最优化,以实现自然—人—社会复合生态系统的持续、协调全面发展。

**10-27 建设美丽海洋可采取哪些对策?**

答:建设美丽海洋,需要统筹兼顾,合理利用海洋资源,协调发展海洋经济。依托海洋生态承载力,合理利用海洋资源;构建海洋生态太安全,促进海洋生态平衡;发展海洋优势产业,培育壮大新兴产业;重视蓝色文化的软实力作用,发展海洋文化产业;倡导"人海和谐"理念,增强海洋生态文明意识;构建海洋生态补偿机制,完善海洋经济发展政策法规,推动海洋真正实现生态美、生活美和人文美。

**10-28 中国发展海洋强国的对策有哪些?**

答:海洋强国的发展必须是生态、经济和社会效益相统一的过程,要实现海洋可持续发展,关注海洋经济增长的同时还需要同步进行海洋生态环境保护。只有将生态环境与经济发展相辅相成,才能真正实现海洋强国。中国建设海洋强国的建议主要有:重点保护生态,发展海洋绿色产业;强大科技力量,优化发展海洋油气业等支柱产业;重点扶持海洋新兴产业,为海洋经济输入新鲜血液;提高涉海就业率,促进人海和谐。

## 10-29 美丽草原的功能是什么？

**答：** 草原关系到我国的生态安全和政治稳定，甚至关系到全球生态系统的平衡。全方面认识草原的生态与经济功能对于建设美丽草原有重要意义。保护草原是维护生态平衡的自然基础。草原生态系统的能量和资源是我国草原地区生态平衡的自然基础，有"地球皮肤"的美称。草原是国家粮食来源的重要补充。"藏粮于草"，草可以肥土增粮，草原是我们的另外一个粮仓。草原碳汇功能对缓解全球气候变暖有特殊作用。草原地区的可持续发展，关系到国家的稳定。

## 10-30 建设美丽草原的对策有哪些？

**答：** 加快建立草原生态建设的有效形式，构建"草原增绿、牧业增效、牧民增收"的发展格局；发展草原生态文明经济，实现美丽与发展并存；发展草原体验经济；建设美丽草原新村；弘扬草原文化，挖掘草原文化内涵，树立生态文明观，发展草原生态旅游业；转变政府观念，建立生态 GDP 考核系统；合理开发南方草地资源，加强南方草地资源的整合，合理开展轮作，草粮相互配合，做到以草促农，以草增收；鼓励绿色消费，建立绿色诚信市场，发展草原绿色经济。

## 10-31 湿地的生态功能有哪些？

**答：** 第一，湿地具有十分强大的生态净化功能，能够有效地分解各种污染物质，就像人体的肾脏一样，具有"排毒"功能，对维护全球生态系统的健康有重要意义，因此被人们誉为"地球之肾"。第二，湿地生态系统兼具水陆系统的双重特征，独特的生态环境为众多的动植物提供了生存的条件，拥有高度的生物多样性和复杂多样的生态群落，被誉为"生物基因库"。第三，湿地面积占全球陆地生态系统面积的 6%，但是却有 7700 亿吨的碳储量，占陆地生态系统碳储量的 35%，具有巨大的碳汇功能。

## 10-32 湿地的经济功能有哪些？

**答：** 第一，淡水之源。湿地为人类提供了大量的水资源，人类的生产生活都离不开湿地。湿地作为最重要的淡水资源，直接关系到人们的生活生产。第二，湿地提供丰富的生物资源。湿地具有强大的物质生产功能，为人类提供种类繁多的物质产品，是初级生产力较高的生态系统。第三，湿地提供矿物资源。湿地中拥有大量的矿砂资源和盐类资源。第四，湿地提供能源和水运。湿地蕴含着丰富的水能资源，开发潜力巨大。湿地还承担着我国重要的水运任务，有着重要的水运价值。

**10-33　湿地的社会功能有哪些？**

答：第一，观光旅游价值。湿地的自然风光优美，让人流连忘返。第二，科研教育价值。湿地优美的景色与多样化的功能，是进行环境教育的好基地。湿地文化是生态文化的重要组成部分，是弘扬生态文明观的重要场所。第三，天然调水器。湿地蕴含丰富的水资源，是水量的天然调节器。湿地在防洪蓄水、调节径流方面有着重大意义。

**10-34　建设美丽湿地可采取哪些现实途径？**

答：落实"圈地保护"，加快湿地恢复，建立湿地生态系统环境容量预警系统，提高湿地生态系统的修复能力，这是建设美丽湿地的前提。加强湿地保护法制建设，明晰湿地保护区土地所有权，加大湿地保护资金投入，理顺管理体系，为建设美丽湿地提供保障。深入湿地科学研究，充分利用国际资源，开展国际合作，为湿地保护提供技术支撑。加强湿地保护的全民参与。坚持湿地适度开发原则，让人为干扰度在湿地生态系统可承受的阈值之内，确保湿地生态系统的可持续发展。

**10-35　美丽沙漠的内涵是什么？**

答：美丽沙漠是指沙漠地区生态良好，通过转变生产和生活方式，经济得到发展，满足人民日益增长的物质和精神需求，人民安居乐业，医疗水平和教育水平跟上发达地区的水平，社会公平，人际公平，人人和谐及人沙和谐，沙漠生态效益、社会效益和经济效益相统一，最终实现生态美、生活美、人文美这"三美"一体化。

**10-36　建设美丽沙漠的目标是什么？**

答：总的来说，生态环境得到改善，资源实现可持续发展；发展沙漠产业，促进沙漠地区经济发展；提高人民生活水平，促进社会和谐安定；建成生态文明沙漠，建成和谐沙漠，建成美丽沙漠，增强综合国力和国际竞争力，促进民族复兴，提升人民幸福感，展示中国民族的风范。

**10-37　建设美丽沙漠需坚持什么原则？**

答：建设美丽沙漠，要求包容沙漠的恶劣生态环境，化解冲突，坚持宽容，实现包容，最后才能达到融会贯通各项技术进行沙漠治理，建设美丽沙漠。以人沙和谐为原则，把沙漠人民的幸福生活和安全放在第一位，实现人民真正意义上的美丽。以可持续发展为重要指导，遵循生态系统的演进规律，不能着眼于眼前的利益而忽视了长远的利益，更不能只做外表工程，而忽视了其内在的美丽建设。坚持"三大效益"相统一原则,在保障生态效益的同时,能创造经济效益,继而带来社会效益。

**10-38　建设美丽沙漠的对策有哪些?**
答:建设美丽沙漠,要从生态美、生活美和人文美三方面进行。在生态美方面,应当加快荒漠化治理的速度,引进各种先进的生物化学技术,尽最大努力维护沙漠生态系统的稳定,构建人沙和谐的生态环境。在生活美方面,应当利用独特的资源禀赋发展沙漠现代农业、能源开发、生态旅游等产业,通过三产并举,推动沙漠地区经济发展,提高人民的生活水平,满足人们更高层次的需求,实现生活美。在人文美方面,要构建生态补偿机制,实现社会公平,提高沙漠人民的生态文明意识,真正实现人人和谐和人沙和谐。

**10-39　百姓期盼的天蓝、地绿、水净的实现途径是什么?**
答:实现天蓝、地绿、水净的目标,必须要把生态文明融入经济建设、政治建设、文化建设、社会建设的各方面和全过程。同时还要实现从中央到地方、从企业到个人的全社会的共同努力,观念上、制度上,生产方式、消费方式等方面都要随之发生改变。在"美丽中国"理念指导下,以控制排放入手,以应用先进技术为上手,以社会公众参与为推手,以严格监督管理为抓手,还要有各项具体措施,天蓝、地绿、水净的美好愿景才能实现。

**10-40　天蓝、地绿、水净作为生态文明建设的具体目标,需要在哪些地方作出努力?**
答:天蓝,关键是要看空气质量好不好;地绿,就是要看植被覆盖率高不高;水净,要看水污染严重不严重。未来美丽中国,天应该是蓝的,地应该是绿的,水应该是清的,生活在其中的人们与自然应该是和谐共生的。把生态文明建设放在突出地位,融入经济建设、政治建设、文化建设、社会建设各个方面和全过程,是时代的要求,更是民意的体现。从征服自然转向尊重自然、顺应自然,从掠夺自然转向爱护自然、保护自然,是我们未来行动的导向。

# 第十一章

# 生态文明制度建设知识问答

**11-1　什么是生态文明制度？**

**答：** 生态文明制度，是指在全社会制定并施行的一切有利于建设、支撑和保障生态文明的各种指导性、规范性和约束性的准则和规范，既包括硬性制度（如法律、规章、条例和行政指导性文件等），也包括软性制度（如习俗、惯例、伦理道德等）。

**11-2　生态文明制度设计和体系完善还需要从哪些方面着手？**

**答：** 其一，加强法治管理制度的设计。推动已有法律的生态化标准和水平，切实从立法、执法、司法和守法等层面保障各项制度切实发挥作用。

其二，进一步完善各部门协调制度的设计。环保部门需要夯实其执法权力和决策权力，还需要各部门协同推进，保障生态环境管理目标的实现，保证各部门决策时充分考虑环境效应；同时，也要加强对于环保部门自身的监管。

其三，促进建立道德文化制度的确立。要将生态文明和公民环境权纳入宪法当中；在全社会牢固树立生态文明理念；加强企业生态责任意识、公众环境保护意识和社会绿色消费意识等软环境制度建设等。

**11-3　什么是生态文明统计监测制度？**

**答：** 生态文明统计监测制度，是认识和了解生态系统和环境质量，以及人类生产和生活活动对生态环境影响的重要工具。具体来讲，是指在生态系统和资源环境运行过程中，利用现代科学技术对各领域资源能源生态和数据进行全方位的统计分析、监测预警以及综合评估，通过全面把握大数据，为生态文明治理和生态文明建设提供基础支撑的制度。

**11-4 环境统计监测和生态系统指标制定方面,欧洲和美国等发达国家有哪些较为成熟的经验?**

答:其一,注重法律支撑和社会支持。美国和欧洲主要国家的环境统计监测工作都是以相关法律为基础的。公众可以通过功能强大的数据库查询国家的环境质量数据和自己居住地周围的环境状况。在数据监测质量保证方面,对公众进行教育和宣传,充分发挥公众对数据质量的监督作用;各州每年向国家环保局提交年度监测网计划,提交之前至少公示30天,公众可提出问题和建议。

其二,注重建立科学的指标体系。基于科学的理论框架设计合理的生态和环境指标,进而谋求符合环境运行的综合指数,为决策提供有效服务。目前,美国生态系统状况评价指标体系大体包括3大类共计13个指标。其指标要求统计数据质量要高、数据覆盖地理区域够大、数据来源具有连续性,即来源于已经建成的监测系统。

其三,注重数据来源的广泛性。美国对于环境数据的监测和统计,主要依靠环境保护局的政策和技术方案,还依据相关法律从外部团体等第三方获得大量数据和信息。欧盟在环境统计指标和数据的收集、测算乃至信息的报告和发布方面,也注重数据的间接来源。

**11-5 建立生态文明综合指标体系,需要从哪几个方面加强建设?**

答:一是加强生态环境监测网络建设,建设布局合理、功能完善的全国环境质量监测网络,实现生态环境监测信息集成共享等。

二是加强环境监管执法能力建设,推动环境监管服务向农村地区延伸,加强环境监管队伍职业化建设等。

三是加强生态环保信息系统建设,提升环境统计能力,建设和完善全国统一、覆盖全面的实时在线环境监测监控系统,加快生态环境大数据平台建设。

四是拓宽环境统计监测研究的领域,在原有统计基础上,结合我国实际情况,开展广义的环境监测统计研究,对环境指标进行深度开发。

五是加强基本环境统计工作。要切实做好基本环境监测统计工作,特别是数据收集和整理工作,从根本上保证生态文明统计监测研究顺利进行。

六是生态环境部、各部委建立联动机制,搭建生态文明综合指标合作平台,及时、高效共享信息资源,保证环境统计监测数据收集、整理、发布、反馈渠道的顺畅。

七是扩大环境信息公开范围和途径,健全社会监督机制,规范政府和企业的环境统计行为,保证环境统计数据的真实可靠性。

## 11-6 什么是生态文明标准体系？

答：生态文明标准体系就是以资源节约、节能减排、循环利用、环境治理和生态保护等方面为基点，建立标准化体系，从而推进生态保护与建设，提高绿色循环低碳发展水平。

## 11-7 生态文明标准体系建设存在哪些问题？

答：其一，就循环利用标准体系来看，目前现有标准还远不能满足行业发展需求，市场积极性还不够，公益类循环利用标准体系急需改进。

其二，强制性节能标准涉及国家、地方和行业等多层次，各类标准规划不一，有时交叉，有时匮乏，不利于实践操作。

其三，能效和环保等认证标准与国际不接轨，亟待升级体系。

## 11-8 生态文明标准体系的建设应该着重于哪几方面？

答：其一，加快制定能源消耗、环境治理和生态保护等方面的标准，加快标准升级步伐，针对节能的国家、地方和行业标准进行梳理分析，统一制定国家强制性节能标准，并修订能耗、能效等限额的强制性节能标准。

其二，提高公共交通、建筑等领域建设标准；加强生态环境保障的力度。

其三，修订环境质量、环境监测方法、污染物排放等标准；不同地区实行不同环境标准，尤其是生态环境脆弱、环境风险高的地区的标准要增强针对性和有限性。

其四，各类标准体系应与国际接轨，尤其是能效认证、节能减排、循环利用等领域。

## 11-9 什么是生态文明绩效评价制度？

答：生态文明绩效评价制度，是指在经济社会发展综合评价体系中，不唯经济增长论英雄，建立起的一套体现生态文明要求的目标体系、考核办法和奖惩机制。

## 11-10 什么是生态文明责任追究制度？

答：生态文明责任追究制度指的是根据有关党内法规和国家法律法规，在依法依规、客观公正、科学认定、权责一致、终身追究的原则下，党政领导干部负起生态环境和资源保护职责；对于造成生态环境损害者，依规依法追究其责任。

## 11-11 建立和完善生态文明责任追究制度还需要从哪几个方面考虑？

答：第一，要将生态文明责任追究制度和任内的评价考核制度有机结合起来，将环境利益作为地方政府及其官员做出经济和社会决策时的首要考虑指标。

第二，完善《中华人民共和国环境保护法》，在法律上明确政府的环境责任。贯彻落实生态文明责任追究制度要修改完善相关法律，从而使制度建设具有法律依据。

第三，完善公众监督机制，仅有法律、政策的监管还不够，还要完善公众参与监督机制，这样，才能保证政策的公正透明。

## 11-12 什么是自然资源资产产权制？

答：所谓的自然资源资产产权制度，指的就是依照法律制定的关于自然资源资产产权的主体及其行为、权利和利益关系方面的制度规定和安排。

## 11-13 建立和完善自然资源资产产权制度，应该重点从哪几个方面着手？

答：第一，在制度设计上，进一步改革和完善生态文明制度和体制，从总体上为自然资源资产产权制度的建立和有效运行进行制度保障。

第二，在立法上，基于自然资源的特殊性及其产权的特殊性，法律基本条文和细则要进一步朝着"为着环境利益"的方向改善。

第三，设立类似于美国环境质量委员会一类的高级政府部门，直接负责自然资源资产管理工作。

最后，建立健全公众参与机制，既让公众知晓经济主体对于资源的使用情况，也让公众了解政府管理和监督部门的工作行为，形成自然资源的透明使用、有效监管。

## 11-14 什么是自然资源用途管理制度？

答：自然资源用途管理制度，就是对既有国土空间中的自然资源，按照其资源属性、实际用途以及环境功能采取相应的管理和监督的制度。

## 11-15 建立和完善自然资源用途管理制度，可以从哪几个方面着手？

答：第一，进一步完善《中华人民共和国环境保护法》《中华人民共和国农业法》等大法，考虑出台专项法律，重点规范和管理对于不同国土空间内自然资源的使用行为。

第二，加强不同部门间协调与沟通，使自然资源用途管理工作专门隶属于相关机构，将行政权力、监管权力、问责权力等予以明确。

第三，配合官员绩效考核制度、官员问责制度等，进行综合制度建设，提升自然资源用途管理制度的实效。

第四，加强公众监督。自然资源用途管理是一项长期工作，除了政府自身努力外，还需要公众的大力监督、参与共建。

**11-16　什么是自然资源有偿使用制度？**
答：自然资源有偿使用制度，指的是在自然资源属于国有/公有的前提下，对自然资源用益权的有偿转让，即自然资源的使用者必须按照相应定价付费使用自然资源的制度。

**11-17　《生态文明体制改革总体方案》从哪几个方面对自然资源有偿使用制度进行改革和完善？**
答：第一，加快自然资源及其产品价格改革。按照成本、收益相统一的原则，充分考虑社会可承受能力，建立自然资源开发使用成本评估机制，将资源所有者权益和生态环境损害等纳入自然资源及其产品价格形成机制。

第二，完善土地有偿使用制度。扩大国有土地有偿使用范围，扩大招拍挂出让比例，减少非公益性用地划拨，国有土地出让收支纳入预算管理。

第三，完善矿产资源有偿使用制度。完善矿业权出让制度，建立符合市场经济要求和矿业规律的探矿权、采矿权出让方式，原则上实行市场化出让，国有矿产资源出让收支纳入预算管理。

第四，完善海域海岛有偿使用制度。建立海域、无居民海岛使用金征收标准调整机制。建立健全海域、无居民海岛使用权招拍挂出让制度。

第五，加快资源环境税费改革。理顺自然资源及其产品税费关系，明确各自功能，合理确定税收调控范围。

**11-18　自然资源有偿使用制度的建设尚存在哪些问题？**
答：其一，资源价格体系还不完善，有些资源还没有实行有偿使用制度，其定价基本只考虑了勘探、开发和运营的成本，而没有看到资源也是一种资本，未考虑其带来的投资收益。

其二，资源使用的规范性政策还不够配套，法律及其细则还不够完善，对于资源的开发和使用等方面规范性不够。

其三，资源开发利用者存在资源无价的原始理念，无偿使用某些自然资源的后果就是不珍惜资源，进而导致资源浪费、环境污染频现。

**11-19　制定架构完善的自然资源有偿使用制度体系，可以从哪几个方面着手？**
答：第一，健全资源使用的法律法规和相关政策，使自然资源有偿使用制度体系在立法上具有依据。

第二，对于不同的自然资源，依照其稀缺程度、市场供给等确立和调整相关费用和税率。

第三，资源开发的负外部性效应要予以考虑，即资源开采、加工所带来的环境破坏或污染问题以及环境保护、生态补偿等问题要考虑在内。

## 11-20　什么是自然资源资产负债表？

答：所谓自然资源资产负债表，指的就是通过记录和核算自然资源资产的存量及变动情况，全面反映一定时期（时期开始至该时期结束）自然资源的变动情况，包括各经济主体对于自然资源资产的占有、使用、消耗、恢复以及增值等情况，进而依据负债表对这一时期的自然资源资产实际数量和价值量的变化进行评价。

## 11-21　目前自然资源资产负债表建设需要解决哪些瓶颈问题？

答：其一，自然资源资产的数据普遍缺失。自然资源资产负债表涉及的不仅包括生物资源和资产，还包括生态系统服务功能；有些指标是直接性、容易反映和收集，但有一些数据则较难收集或截至目前数据匮乏。

其二，自然资源资产核算的相关制度设立还基本处于空白阶段，如统计法规和制度建设、自然资源资产负债表的编制标准和技术规范等，都亟待进行详细规划。

其三，自然资源资产核算的总体技术和方法，如自然资产存量、生态环境容量、自然资产价值等的核算方法，都还没有普遍、成型的规范体系。

## 11-22　什么是自然资源资产离任审计？

答：自然资源资产离任审计主要针对领导干部在其任期内对本地区、本部门的自然资源资产事项及其相关事宜的责任和义务，依照自然资源资产负债表等相关数据标准和制度，对其进行自然资源资产的专项离任审计。

## 11-23　自然资源资产离任审计制度的建立面临的问题和难题有哪些？

答：其一，审计的数据和依据还不够健全。自然资源资产负债表的编制本身难度较大；而制定好的负债表能否公正客观地反映被审计人的实际情况，还有待试点地区的进一步实践。

其二，审计的框架、措施还不够完善，实践经验也较为匮乏，亟须试点地区的理论和实践经验总结。

其三，队伍建设的专业性和部门合作的协调性还有待提升。

**11-24 实现对于生态安全的有效保障，需要从哪几个方面着手？**

答：第一，利用大数据加强生态安全监测和预警机制建设，建成生态安全监测网络，完善生态安全监测机制。

第二，加强生态安全法治建设。完善生态安全立法、严格生态安全执法、公正生态安全司法，同时，加强生态安全守法宣传以及生态安全意识普及，形成全社会共同维护国家生态安全的局面。

第三，进一步完善生态安全的体制机制。以生态功能区建设为载体，搭建生态安全保障的实体框架；以生态文明体制改革为契机，构建国家、地区和各部门生态安全建设的体制，在自然资源资产负债表、领导干部自然资源资产离任审计等制度中，完善生态安全的要素设置。

**11-25 目前中国国家公园体制试点有哪些？**

答：湖北省神农架国家公园；三江源国家公园；黑龙江汤旺河国家公园；吉林黑龙江东北虎豹国家公园；浙江钱江源国家公园；福建武夷山国家公园；湖南南山国家公园；四川大熊猫国家公园。

**11-26 中国国家公园体制试点区具有哪些特征？**

答：一是，有广大的生态空间，山地、丘陵和平原，河流、湖泊和沼泽，各种地理单元齐全，以及独特的地质结构，齐全、丰富和优质的矿藏；有各种各样的生态系统和生态系统的完整性。

二是，生物多样性丰富，有许多珍稀物种，是良好的地球基因库。

三是，原始森林分布区，是森林覆盖率高的绿色区域。

四是，有丰富的文化遗产，工业和农业等经济开发有一定的基础，又是人类活动对自然损害相对较小的地区。

**11-27 什么是环境治理体系？**

答：就整体而言，这就是将环境问题看成是一个整体，在整体中实现环境治理的体系化，形成政府管理体制建设、企业环境治理能力建设、社会治理建设、公众参与体系建设并行的系统完整的环境治理体系。

**11-28 按照党的十九大报告的要求，可以从哪几个方面着手积极引导社会各行为主体参与环境保护和治理中去？**

答：一是，要积极发挥环境民间组织的作用。

二是，要推动基层群众自治，基层民主是社会主义民主最广泛的实践，也是发展社会主义民主的基础性工作。

三是，要正确引导公众依法维护环境权益。

**11-29　如何进行广泛的社会动员以健全环境治理体系？**
答：第一，提高党委领导环境治理的能力和水平。
第二，提高政府主导环境治理的能力和水平。
第三，提高社会协同环境治理的能力和水平。
第四，提高公众参与环境治理的能力和水平。
第五，提高环境治理法治化水平。

**11-30　如何提高公众参与环境治理的能力和水平？**
答：首先，要加强生态价值观教育，提高公众环境保护意识，引导公众建立绿色消费方式、绿色生活方式和绿色思维方式。
其次，要引导公众参与环境保护的积极参与意识，健全环境治理信息公开制度和网络举报平台，让群众主动监督企业环境行为，使每个环境行为个体既成为环境保护的参与者，也成为环境保护的监督者和建设者。
再次，要引导社会组织和团体（环境 NGO）参与环境保护，引导环境社会运动合理合法地参与到环境治理中来。

**11-31　什么是生态环境保护制度？**
答：所谓生态环境保护制度，就是在坚持环境保护这一基本国策的前提下，注重维护国家生态安全，在生态环境领域内，建立有利于保护生态环境、打击破坏生态和污染环境行为的体制机制和法律法规等规则性的安排，包含生态环境管控、生态环境经济和生态环境法制等在内的一系列完善的制度体系。

**11-32　如何促进建立最严格的生态环境保护制度？**
答：一是要统筹建立严格的生态保护制度和环境保护制度，用严格的制度保障统筹推进生态保护和环境保护，不能割裂生态保护制度和环境保护制度。
二是要将建立严格的生态环境保护法律制度和生态环境保护规划制度统一起来，将规划理念上升到法律制度以推动法律制度建设，用法律制度来保障规划制度建设。
三是要将严格的生态环境保护制度和生态环境保护行政制度统一起来，将加大法律处罚和行政处罚统一起来。

**11-33　什么是国土空间开发保护制度？**
答：建立国土空间开发保护制度，就是以形成安全、和谐、开放、协调、富有竞争力和可持续发展的美丽国土为目标，对全国国土空间资源（涵盖我国全部陆域和海域国土）进行战略性、综合性、基础性的规划，对国土空间开发、资源环境保护、国土综合整治和保障体系建设进行总体部署和统筹安排，涉及国土空间的集聚开发、分类保护和综合整治等各类活动。

**11-34 建立国土空间开发保护制度和国土空间规划体系需要做好哪些工作？**
答：第一，完善主体功能区制度，统筹国家和省级主体功能区规划，健全基于主体功能区的区域政策。

第二，健全国土空间用途管制制度，简化自上而下的用地指标控制体系，调整按行政区和用地技术分配指标的做法。

第三，建立国家公园体制。加强对重要生态系统的保护和永续利用，改革各部门分头设置自然保护区、名胜风景区、文化自然遗产、地质公园、森林公园等的体制，对上述保护地进行功能重组，合理界定国家公园范围。

第四，完善自然资源监管体制。将分散在各部门的有关用途管制职责，逐步统一到一个部门，统一行使所有国土空间的用途管制职责。同时，要建立空间规划体系，编制空间规划，推进市县"多规合一"，形成一个市县一个规划，创新市县空间规划编制方法。

**11-35 什么是生态保护红线制度？**
答：生态保护红线制度就是在维护国家和地区生态安全的过程中，对于提升基础生态功能、保障生态系统服务功能的可持续保障能力所划定的最小资源数量、生态容量和空间范围。

**11-36 IUCN自然保护地的分类系统的类别有哪些？**
答：严格自然保护地、荒野地、国家公园、自然遗迹/地貌、栖息地/物种管理保护地、陆地/海洋景观保护地和允许可持续使用自然资源的保护地。

**11-37 在设定和落实生态保护红线制度方面，需要从哪几个方面考虑？**
答：第一，对生态红线的标准、体系进行严格设定，划定不同的生态空间红线。

第二，进行统一规划和审批，防止政出多门，权责不统一。

第三，建立有效的生态红线预警监测机制，这是保障生态红线的功能发挥的底线。

第四，继续完善生态法律法规，使生态红线制度具有法律保障。

第五，用制度保障制度，要与生态文明绩效评价制度、生态文明责任追究制度、自然资源资产负债表等制度协调一致，针对生态红线的变化，有奖有惩，赏罚分明。

**11-38  什么是耕地草原森林河流湖泊休养生息制度？**
答：所谓耕地草原森林河流湖泊休养生息制度，是在尊重自然规律和兼顾我国经济社会发展需求的基础之上，按照资源的自然特性和功能要求，对耕地实行养护、退耕还林还草、休耕、轮作和污染防控治理；对草原实行禁牧、休牧、轮牧、人工种草；对森林实行封山育林，完善天然林保护制度，扩大退耕还林面积；对河流湖泊实行治理水质、保障用水、退还合理空间、控制超采量以及保护水域生物资源等措施；实现耕地草原森林河流湖泊资源和环境的有效改善，促使生态系统健康稳定，这样一种人与自然和谐共生的制度。

**11-39  如何进一步完善耕地草原森林河流湖泊休养生息制度？**
答：其一，建立约束机制，加强制度建设的法治基础，力求权责清晰，依法有序。

其二，完善相关领域的补贴机制。通过政策引导农民按照制度规划科学种植、生态养殖。

其三，加强耕地草原森林河流湖泊的污染防控预警机制，坚持预防为主、防治并重、合理休养，进而达到预期目标。

**11-40  什么是生态修复(恢复)制度？**
答：所谓生态修复（恢复）制度，是指对于遭到破坏的资源和生态环境，采取生物技术或生态工程的措施，使受到损害的生态系统逐渐恢复到原来的或与原来相似功能和结构的状态。

**11-41  生态修复包括哪两种形式？**
答：生态修复包括生态系统的自我修复和人工修复两种形式。生态系统的自我修复指的是减少或不受人类活动的干预，利用生态系统的自然恢复能力和特性，逐渐自我修复受损的生态系统功能和结构的过程。生态系统的人工修复，则是在生态系统自我修复的过程中，强调人类的干预作用。二者的最终结果和目标则是一致的。

**11-42  建立生态修复(恢复)制度,需要从哪几方面进一步努力？**
答：其一，加强生态修复立法工作，从《中华人民共和国环境保护法》到各领域相关法律以及地方政府规章等，应出台关于生态修复的总则和细则，从法律上明确生态修复的主体及权、责、利等，为生态修复工作提供基础法律保障。

其二，生态修复虽然政府主导，但是要明确企业的责任，尤其是开发资源和破坏环境的企业主体，要积极承担生态修复的责任；与此同时，积极与大专院校和科研院所合作，研发各领域生态修复的科学技术，提高人工修复的能力。

其三，加强生态修复的社会宣传，促进公众参与，形成维护生态安全、共建生态文明的局面。

**11-43　什么是生态补偿制度？**

答：生态补偿制度指的是人类生产生活活动所产生的之于生态环境的正的外部性的补偿，也就是生态服务或产品的受益者对提供者所给予的经济上的补偿。在广义上，它还包括受益者对受损者的经济补偿。

**11-44　探索生态补偿制度的建立，还需要从哪几个方面着手？**

答：第一，进一步加强生态补偿力度。补偿标准应进一步提升、补偿范围应进一步扩大。

第二，加快完善生态补偿配套基础制度。要完善主体功能区建设，建立健全产权制度，加强生态补偿标准体系建设、建立生态服务价值核算体系等。

第三，完善多元的生态补偿方案，建立健全横向、纵向生态补偿平台和机制。

第四，进一步完善受益者和保护者的权、责、利，加快实现生态损害者赔偿、受益者付费、保护者得到合理补偿的合理运行机制。

第五，应将共享发展和共同富裕作为生态补偿的一般政策，将生态补偿与统筹城乡、区域协调发展统一起来。

**11-45　什么是环保信用评价制度？**

答：环保信用评价制度是解决突出环境问题，全面防治污染的重要制度保障。这一制度主要适用于企业这一环境行为主体，环保部门根据企业的环境行为信息，按照统一的指标、方法和程序，对企业的环境行为进行信用评价，确定企业环保信用等级，并面向社会公开，以供社会公众和环境有关部门、组织监督。在广义上，环保信用评价制度包括环境信用等级制度、环境信息公开制度、环境保护监督和举报制度、环境新闻发言人制度等。

**11-46　国外普遍运用的信用评价模式有哪些？**

答：有三种普遍运用的信用评价模式：一是以欧洲国家如德国、法国等为代表，以中央银行建立信贷登记中心为主体的公共模式；二是以美国为代表，以私营征信公司为主体的市场模式；三是以日本为代表的以行业协会为主体的会员制模式。

**11-47　环境影响评价(评估)制度的内涵？**
答：环境影响评价（评估）制度，指的是在进行对环境可能有影响的开发或建设活动时，对于这类活动可能给周边环境带来的影响，通过自然科学或社会科学的手段进行预测及评估，并拟定相应的防止或减少环境损害的有效措施、编制环境影响报告书或填写环境影响报告表，报环保部门审批通过后再进行有关开发和建设的过程的总称（环境影响评价和环境影响评估这一制度上具有等同的意义，往往不加区别使用）。

**11-48　环境影响评价书(表)的基本内容？**
答：环境影响评价书（表）的基本内容包括建设项目所在地自然和社会环境简况和环境质量状况、建设项目工程分析、项目主要污染物产生及预计排放情况、环境影响分析、建设项目拟采取的防治措施及预期治理效果以及结论和建议等。

**11-49　建立和完善环境影响评价制度可以从哪几个方面着手？**
答：一方面，加强环境影响评价的专家参与论证、公众参与监督的程序，尤其是在增加公众知情权方面，要进一步完善。
　　另一方面，在环境影响评价报告书的内容当中，进一步完善资源、环境和生态整体利益的考量，包括对于空气等环境要素的影响，都应该纳入考虑范围。

**11-50　什么是生态保护修复和污染防治区域联动机制？**
答：所谓生态保护修复和污染防治区域联动机制，指的是在探索生态环境保护部门体制改革的进程中，综合污染防治、生态修复和生态保护等任务和职能，建立起来的一种陆地、海洋领域相统筹的一种跨地区、跨领域的联动机制，其根本目的是增强区域及流域环境治理和生态保护的统筹协调能力、监督管理能力以及生态共建能力。

**11-51　建立生态保护修复和污染防治区域联动机制,还需要做好哪几方面的工作？**
答：第一，做好顶层制度设计，建立和完善陆海统筹的生态保护修复和污染防治区域联动机制。

第二，加强区域联合执法力度，在区域合作网络内，对于违法行为进行联合查处。

第三，加强大数据建设，建立生态信息共享平台，做到生态保护信息和污染防治数据的互换共享。

第四，在污染防治方面，建立区域污染监测网络和预警体系，促进综合防治和管理模式的建立和完善。

**11-52　什么是生态环境损害赔偿制度？**

答：所谓生态环境损害赔偿制度，就是将生态损害行为、生态损害范围和生态损害结果予以确定，依据相关法律和制度标准对生态损害行为做出评估，并通过生态恢复、损害赔偿等措施实现生态救济，保障人们的生态权益。

**11-53　我国生态环境损害赔偿制度的设计和运行还存在哪些不足？**

答：一方面，涉及生态环境损害赔偿的法律只有几项法律中的寥寥数语，还没有生态环境损害赔偿方面的专门法律法规。这就导致出现生态环境损害时很难从法律上充分地寻求赔偿依据，群众身体权益无法切实保障。

另一方面，我国对于生态环境损害赔偿的评估标准、评估技术体系以及量化手段等还不够健全，难以在应对生态环境损害事件时予以充分评估。

**11-54　在建立和完善生态环境损害赔偿制度方面，可以考虑哪几方面加强设计和规划？**

答：第一，加强生态环境损害赔偿方面的基础理论、技术标准的研究，不仅涉及受损群众人身和财产、生态环境的质和量的评估，还要研究对于资源和生态环境的间接破坏的评估，从而最大限度地保障资源环境和人民群众的生态权益。

第二，加强生态环境损害赔偿立法工作，抓紧出台生态环境损害赔偿专项法律，明确个体责任和义务、明确司法处理和行政处理的关系、明确生态环境损害赔偿的具体标准和进程；考虑建立生态环境损害赔偿信托基金。

第三，加强相关法律、经济和环境等领域人才队伍建设，培养一批生态环境损害赔偿领域的专家和技术人才。

第四，加强公众参与，引导公众了解生态环境损害赔偿的法律、程序以及权、责、利等，促进公众参与和支持生态环境损害赔偿，这样，有利于形成全社会共建生态环境、共享生态文明的局面。

**11-55 什么是环境信息公开制度？**

答：环境信息公开制度是生态文明制度体系的重要构成部分，主要是指政府或企业依法就有关环境的政策、工程建设或环境行为等事项公布涉及环境的有关信息，让公众享有环境知情权并能够参与监督，从而充分意识到他们面对的环境风险，并做出适当调整来确保其环境权益的实现。

**11-56 环境信息公开的主体和内容有哪些？**

答：环境信息公开的主体，主要涉及政府和企业，包括政府环境信息公开和企业环境信息公开。前者主要指环境保护部门在实施环境管理权力、履行环境保护职责时掌握并留存的环境信息。后者指企业保存的、与其经营活动相关的环境行为及其产生的环境影响的信息。

**11-57 我国环境信息公开制度的建设还存在哪些亟须解决的问题？**

答：其一，政府主动公开环境信息，虽然有利于政府转变职能和服务理念，但是，在实践中由于可能受到政府自身利益的影响，容易使环境信息公开缺乏动力，甚至只选择公布积极、正向的信息，而涉及负面影响的则不愿主动公开。

其二，针对政府环境信息公开和企事业环境信息公开，目前还仅限于国务院出台的几部条例，还缺乏一部系统的、专门的环境信息公开法。

第三，对于公众的环境信息知情权宣传力度还不够，公众更多时候还处于被动接受信息的状态。

**11-58 建立环境信息公开制度，还需要从哪几方面加强努力？**

答：第一，研究环境信息公开立法，从专项法律建设的角度，为环境信息公开制度谋求有力的法制基础。

第二，将环境信息公开制度和其他生态文明制度联系起来，通过制度规范制度，从而督促环保部门和地方政府加强环境信息公开制度建设，使主动公开更有实践意义。

第三，应进一步推动信息强制性披露，除非关乎国家安全和经济安全，任何单位和个人不得阻止信息披露。

第四，加强公众宣传，引导公众积极了解环境信息，从而更加积极主动参与政府和企事业的环境行为、保障自身环境权益，克服社会不和谐因素，共建共享生态文明。

**11-59 什么是生态环境监管制度？**

答：所谓生态环境监管制度，主要指的就是政府环境主管机构（公民、法人和其他组织具有举报监督权）为了维护国家生态安全，对于自然资源和生态环境进行监测与管理的制度。

**11-60　建设生态环境监管制度可从哪几方面努力？**

答：其一，未来要加强生态环境监测监管的大数据建设，形成全国统一的数据规划和管理。

其二，针对生态环境监管的法治基础不牢，以及监管执法存在执法不严格、执法不规范等问题，要进一步加强生态环境监管法治队伍和法治环境建设，加强生态环境守法、执法建设。

其三，要设立自然生态监管机构，统一行使国土空间用途管制和生态保护修复职责，统一行使监管城乡各类污染排放和行政执法职责。

其四，在加强环境信息公开制度建设的基础上，还要加强公众参与生态环境监管的工作建设，从而形成企事业单位自我加强生态环境责任建设、政府环保主管部门主动加强生态环境监测监管、公众积极参与生态文明监管的格局。

# 参 考 文 献

[1]《新时代热词》编写组. 新时代热词 100 个词学懂弄通做实 习近平新时代中国特色社会主义思想[M]. 北京：人民出版社, 2018.
[2]巴里·康芒纳. 封闭的循环[M]. 侯文蕙, 译. 长春:吉林人民出版社,1997.
[3]芭芭拉·沃德,勒内·杜博斯. 只有一个地球——对一个小小行星的关怀和维护[M].《国外公害丛书》编委会, 译校. 长春:吉林人民出版社, 1997.
[4]陈墀成,蔡虎堂. 马克思恩格斯生态哲学思想及其当代价值[M]. 北京：中国社会科学出版社, 2014.
[5]陈建成, 等. 推进绿色发展 实现全面小康——绿水青山就是金山银山理论研究与实践探索[M]. 北京：中国林业出版社, 2018.
[6]丹尼斯·米都斯. 增长的极限[M]. 李宝恒, 译. 长春：吉林人民出版社, 1997.
[7]恩格斯. 自然辩证法[M].北京：人民出版社,2018:8, 12, 18-19, 21-23, 28, 214, 300-301, 303, 311-316, 330-331.
[8]姜春云. 拯救地球生态圈[M]. 北京：新华出版社,2012.
[9]蕾切尔·卡逊. 寂静的春天[M]. 吕瑞兰, 李长生, 译. 长春:吉林人民出版社, 1997.
[10]黎祖交. 党政领导干部生态文明建设读本[M]. 北京：中国林业出版社,2014.
[11]黎祖交. 生态文明关键词[M]. 北京：中国林业出版社, 2018.
[12]李桂树. 经济全球化研究中的几个问题[J].北方论丛, 2009(4)：143-145.
[13]厉以宁. 经济学的伦理问题[M]. 北京：生活·读书·新知三联书店,1995.
[14]廖福霖, 等. 建设美丽中国理论与实践[M]. 北京：中国社会科学出版社,2014.
[15]廖福霖, 等. 绿色发展转化为新综合国力和国际竞争新优势研究:以福建为例[M].北京：中国林业出版社, 2017.
[16]廖福霖, 等. 生态文明学[M].北京：中国林业出版社,2012.
[17]廖福霖. 从方法论层面理解循环经济[N].福建日报,2011-5-17(11).
[18]廖福霖. 发展生态文明消费型经济[N].福建日报(求是版),2011-06-14.
[19]廖福霖. 建立健全绿色低碳循环发展的经济体系[N]. 福建日报,2019-03-04(10).
[20]廖福霖. 科学看待气候变化和低碳经济[N].福建日报,2011-3-15.
[21]廖福霖. 学习习近平生态文明思想 打造福建生态文明建设升级版[N].福建日报,2019-05-06(09).
[22]廖福霖. 再谈生态文明及其消费观的几个问题[J]. 福建师范大学学报(哲学社会科学版),2010(1)：12-17.
[23]卢风, 等. 生态文明新论[M].北京：中国科学技术出版社, 2013.
[24]马克思恩格斯文集:第1卷[M].北京：人民出版社,2009:45, 67, 76-77,79-81, 277, 295, 344.
[25]马克思恩格斯选集:第2卷[M].北京：人民出版社,1995:177, 219 .
[26]马克思恩格斯全集:第3卷[M].北京：人民出版社,1960：23, 31, 43, 68, 231, 272-273, 296, 301, 303, 306-308,324-326, 455,463-464,684.
[27]马克思恩格斯选集:第4卷[M].北京：人民出版社,1995:241, 376.
[28]马克思恩格斯文集:第8卷[M].北京：人民出版社,2009:359, 363.
[29]马克思恩格斯全集:第12卷[M].北京：人民出版社,1998：251.
[30]马克思恩格斯全集:第19卷[M].北京：人民出版社,1963：222, 244-245, 247.

[31]马克思恩格斯全集:第20卷[M].北京:人民出版社,1971:125-126, 662-663.

[32]马克思恩格斯全集:第21卷[M].北京:人民出版社,2003: 184.

[33]马克思恩格斯全集:第23卷[M].北京:人民出版社,1972: 201.

[34]马克思恩格斯全集:第25卷[M].北京:人民出版社,2001: 411, 594.

[35]马克思恩格斯全集:第42卷[M].北京:人民出版社,1979:95-97, 122, 123, 167-169.

[36]马克思恩格斯全集:第44卷[M].北京:人民出版社,2001:56, 125, 134, 207-208, 579-580, 586, 716.

[37]马克思恩格斯全集:第45卷[M].北京:人民出版社,2003:167.

[38]马克思恩格斯全集:第46卷[M].北京:人民出版社,2003:101, 288, 927-929, 997.

[39]马克思恩格斯全集:第48卷[M].北京:人民出版社,1985:476.

[40]美国自然文学经典译丛[M].程虹,译.北京:生活·读书·新知三联书店, 2012.

[41]彭福扬,胡元清,等.科学的技术创新观——生态化技术创新[J].自然辩证法研究,2006(6):62-63.

[42]人民日报评论部.习近平讲故事[M].北京:人民出版社,2017.

[43]史密特.体验营销[M].刘银娜,等,译.北京:清华大学出版社,2004:59-65.

[44]世界环境与发展委员会.我们共同的未来[M].王之佳, 柯金良,等,译.长春:吉林人民出版社, 1997.

[45]习近平.摆脱贫困[M].福州:福建人民出版社, 1992.

[46]习近平.决胜全面建成小康社会 夺取新时代中国特色社会主义伟大胜利——在中国共产党第十九次全国代表大会上的报告[M].北京:人民出版社, 2017.

[47]习近平.论坚持推动构建人类命运共同体[M].北京:中央文献出版社,2018.

[48]习近平.推动我国生态文明建设迈上新台阶[J].求是, 2019(3): 4-19.

[49]习近平.之江新语[M].杭州:浙江人民出版社, 2007.

[50]习近平谈治国理政 第一卷[M].北京:外文出版社, 2014.

[51]习近平谈治国理政 第二卷[M].北京:外文出版社, 2018.

[52]邢伯春.经济全球化问题讨论综述[J].经济理论与经济管理,2000(5):75-79.

[53]郇庆治.重建现代文明的根基——生态社会主义研究[M].北京:北京大学出版社, 2010.

[54]杨宏玲.论区域经济一体化的新趋势和新特点[J].河北大学学报(哲学社会科学版),2004(4):97-99.

[55]余谋昌.生态文明论[M].北京:中央编译出版社, 2010.

[56]张春霞.绿色经济发展研究[M].北京:中国林业出版社, 2002.

[57]张雪梅.中国西部地区产业生态化的发展路径研究[D].兰州:兰州大学, 2009:104-105.

[58]张云飞.论马克思的"自然辩证法"思想实验[J].中国人民大学学报,2018, 32(05):111-121.

[59]张云飞.新时代推进社会主义生态文明建设的政治宣言[EB/OL].(2019-02-04)[2019-05-15].http://www.cssn.cn/zt/zt_xkzt/mkszyzt/xjpxsdzgtsshzysizt/xsjchsdbj/201902/t20190204_4822955.shtml.

[60]赵建军.如何实现美丽中国梦——生态文明开启新时代[M].北京:知识产权出版社, 2013.

[61]中共中央文献研究室.习近平关于社会主义生态文明建设论述摘编[M].北京:中央文献出版社, 2017.

[62]中共中央宣传部.习近平新时代中国特色社会主义思想三十讲[M].北京:学习出版社, 2018.

[63]中华人民共和国宪法[M].北京:法律出版社, 2018.

[64]周宏春,江晓军.习近平生态文明思想的主要来源、组成部分与实践指引[J].中国人口·资源与环境, 2019, 29(01): 1-10.

[65]周宏春.绿色发展谋求中华民族永续发展[N].辽宁日报,2019-02-19(07).